现代上海研究论丛

Modern Shanghai Research Series

中共上海市委党史研究室
上海市现代上海研究中心
编

上海书店出版社

SHANGHAI BOOKSTORE PUBLISHING HOUSE

目　录

史海钩沉

中国最早的华侨团体

——上海华侨联合会史迹举隅

李 迅

在我国的政治生活中,中华全国归国华侨联合会是中国共产党领导的由归侨、侨眷组成的全国性人民团体,是党和政府联系广大归侨侨眷和海外侨胞的桥梁和纽带,1956 年 10 月在北京正式成立。

回顾我国华侨团体的历史,1912 年 2 月,在孙中山先生的赞许下,国内第一个侨联组织——"华侨联合会"(通称"上海华侨联合会")在上海宣告成立,具有开创性的意义。① 其后,在北京也成立了北京华侨联合会。② 1926 年 6 月在广州成立了"华侨协会"③,该会支持了省港大罢工和北伐战争。1937 年七七事变后,华侨以各种方式支援祖国抗战,一批批华侨青年回国参加抗日战争。1940 年 9 月,"延安华侨救国联合会"成立。以后,先后易名为"中国延安华侨联合会""中国解放区归国华侨联合会"④,为争取中华民族解放和中国民主革命胜利作出了贡献。新中国成立后,回国参加新中国建设的华侨爱国人士和华侨青年与日俱增。1956 年 10 月,在爱国华侨领袖陈嘉庚先生主持下,在北京召开了

---

① 金建华:《中国最早的华侨组织:华侨联合会》,《文史知识》1991 年第 11 期。
② 张赛群:《南京国民政府侨务政策研究》,中国言实出版社 2008 年版,第 36 页。
③ 王夫玉:《上医彭泽民》,东南大学出版社 2021 年版,第 48 页。
④ 延安市委统战部:《延安时期统一战线研究》,华文出版社 2010 年版,第 434 页。

第一次全国归侨代表大会,成立了中华全国归国华侨联合会。回顾侨联的历史,无论最初上海、北京的"华侨联合会",广州"华侨协会",还是"延安华侨救国联合会",都构成了中国爱国华侨史上浓墨重彩的一笔。

一、辛亥革命后爱国华侨集聚上海

笔者研究这一课题的缘起,是一次翻阅文献时,看到了一则珍贵的史料,1912 年 3 月 22 日,华侨联合会颁给旅日华侨王敬祥的委任状,它刊载于由福建省政协等单位编纂的《福建辛亥革命图略》①上,而这个"华侨联合会",即是上海华侨联合会。

上海华侨联合会的产生,是民初海外华侨与中国关系发展的结果。1911 年辛亥革命胜利后,海外华侨无不为之扬眉吐气,海外各地主要的华侨团体纷纷推派代表回国,也有许多侨胞自发回国"参预改革事业"②。其中受各埠华侨委派,联袂归国的吴世荣、冯自由、黄卓山、庄啸国、王少文、白濒洲等 23 人,陆续抵达上海。他们到了上海就积极筹划,谋求把海外各埠华侨都联系起来并且加强与祖国的联系。他们感到,在共和政权甫立的历史转折时期,必须将海外华侨联合起来,加强华侨与祖国的联系,为新生的国家做出更大的贡献。而当时却缺乏华侨与民国政府之间联系的机构。面对这种情况,首先由吴世荣、庄啸国、王少文、白濒洲、徐瑞霖等五人发起,筹备一个作为沟通政府与华侨之间的桥梁组织——华侨联合会。初命名为"南洋华侨联合会",后王少文认为:"南洋华侨联合会"范围比较狭小,而华侨遍布世界,最后定名为"华侨联合会"。③ 任务明确后,众代表分头筹建,吴世荣、徐瑞

①　参见《福建辛亥革命图略》,福建省人民出版社 2016 年版。
②　《华侨联合会过去一年之略史》,华侨联合会编《华侨杂志》第 2 期。
③　金建华:《中国最早的华侨组织:华侨联合会》,《文史知识》1991 年第 11 期。

霖前往南京向孙中山请示,庄啸国、白濒洲前往南京,向内务部办理注册。王少文则留在上海,负责起草联合会章程及组织机构等问题。吴世荣等致孙中山的呈文中称:

> 此次祖国光复,承华侨委任联袂归国,一方面对于政府欲补助其建设,一方面对于华侨谋未来之幸福……非组织一完全之团体不可,兹就上海设立一会,名曰华侨联合会……此事对于民国前途,如外交上、实业上及种种之政策具有绝大关系。①

1912 年 1 月 25 日,孙中山给吴世荣等人的呈文做了批示:"查该代表等组织华侨联合会,以谋各方面公益,爱国热诚,深堪嘉尚,所订简章十八条,宗旨既极正大,条理亦复分明,自应准予立案,以资保护,而促进行。"②1 月 26 日,内务部也下文认为"组织华侨联合会,以谋各方面公益,爱国热诚,殊堪嘉尚",故"应准立案,以资保护,而促进行"。③

由此,1912 年 2 月 7 日,中国最早的侨联组织——华侨联合会在被誉为海上第一名园的张园正式召开成立大会,并通过了《华侨联合会章程》,选举了领导机构。大会制定通过了《华侨联合会章程》。章程分总纲,宗旨、责任等部分,共计十章四十八条。《章程》规定:"以联合国外华侨,共同一致协助祖国政治、经济、外交之活动及研究侨民之利弊、解除外人之苛待为宗旨"。凡旅居国外的华侨,"愿意入本会者,有本会会员一人介绍,即得认为本会会员"。规定该会有"对于海外各埠华侨遇有障碍通商事故,应联合内外设法排除"的义务,及"对于民国政府一切充实财政、兵力及办理外交诸事,应尽力协助"的责任。"本会对于祖国则代表华侨协助实业政治之进行,对于华侨则联绕各界加谋保护发展之方

---

①　刘楠楠:《吴世荣与华侨联合会》,《中国档案》2023 年第 4 期。呈文目前保存在中国第二历史档案馆。

②　大总统孙文批示 1912 年 1 月 25 日,中国第二历史档案馆馆藏档,全宗号 26,案卷号 011。

③　《华侨联合会过去一年之略史》,华侨联合会编《华侨杂志》第 2 期。

法",在国外"联络海外团体互通声气以坚华侨内向之心","在国内对于华侨归国振兴实业发展商务力任提倡劝导并辅助进行"。①因此凡是华侨回国,不论是游历,还是考察商务,都由华侨联合会出面负责和指导,这在鼓励和协助华侨国投资、兴办实业方面无疑是起着积极作用。同时,我们也从联合会章程中发现:华侨联合会章程中有关华侨的概念比较宽泛,不但包括华侨,也包括留学生或者其他出国人员,如《章程·会员》一节中规定"曾经出洋者"即可入会。

大会选举汪精卫为会长,吴世荣为副会长。汪精卫担任会长是由于他在辛亥革命时的声望,华侨联合会实际工作由吴世荣负责,下辖总务、秘书、会计、报务、交际五科,另设评议部。华侨联合会考虑到上海水陆交通方便,并且距南京较近,故决定将华侨联合会设在上海泗泾路1号(后迁至上海法租界陶尔斐司路56号),因此习惯称之为上海华侨联合会。

二、在海内外发挥积极作用

上海华侨联合会是中国成立最早的华侨组织,它对于促进华侨与祖国的联系,推动华侨之间的团结起了积极作用。华侨联合会成立后,吴世荣一方面为在南洋各地成立分支机构而奔走,他与王少文联袂南渡,遍历英荷各属,备受华侨欢迎。先后在新马一带组建了29个分支机构——华侨公会。另一方面积极响应孙中山号召,致力发展实业,他常说:中国欲富强,不外"才"与"财"二字,才出于教育,而财必从商业、矿业取得。因此吴世荣成立了"上海荣公司",致力于民国政府采办事业。据记载,当时"爪哇

① 《华侨联合会简章》,参见曹必宏、许海芸:《南京临时政府保护华侨的政策与实践》,载邢建榕编:《上海档案史料研究》第13辑,上海三联书店2012年版,第76页。

各埠来糖,每月运抵上海数在七八万担,南洋侨商之见重者,可见一斑"。①

1912 年,孙中山在上海提议组织成立中华实业银行,吴世荣和上海华侨联合会积极响应,吴不但个人认股 10 万元,还发动会员和南洋商界朋友踊跃参股。1913 年 5 月,中华实业银行在上海正式成立,孙中山担任名誉总董,吴世荣则任协理。这是国内民族资本与南洋华侨合资创办的第一家银行。②

华侨联合会作为一个联合社团,兼具民间和政治双重属性,他们在团结华侨基础上,积极要求参政议政,力图通过代议制民主的渠道,用法制化、民主化来维护自己的权利。1912 年 3 月下旬,华侨联合会召开驻沪海外代表会议,决议向南京临时政府参议院呼吁,要求"华侨选派代表驻院,与议员有同等之权"。而随着南北政权的交接,问题也随之移交北京。民国政府北移后,1912 年 4 月下旬,华侨联合会致电总统袁世凯、副总统黎元洪,提出同样的要求。最终该议案得以通过,1912 年 8 月公布的《中华民国国会选举法》第二条第六款规定了华侨议员名额 6 名,而当时各省省议会选出的参议员名额也仅 10 名。今天,这些往来文电,讨论的议案,都保存在刘士木编的《华侨参政权全案》中。③

华侨联合会不但在内政上积极参与,还在推动"泗水华侨升旗案"的外交解决上发挥了重要作用。进入 20 世纪,海外华侨民族主义思想有了蓬勃发展,各类华侨社团大量出现。1900 年,荷属印尼华侨上层组建了巴达维亚中华会馆。其后,各地中华会馆纷纷成立。这些会馆号召侨胞学习中国文化,创立报纸杂志,创办中

① 郑来发:《一路向海:漳州人下南洋》,福建人民出版社 2016 年版,第 150 页。
② 刘楠楠:《吴世荣与华侨联合会》,《中国档案》2023 年第 4 期。
③ 参见印驰:《浅论民初第一届国会选举中的政治新风气——基于华侨代议权问题的分析》,载《第十一届北京师范大学世界史研究生冬季论坛论文集》(2015 年)。

文教育等,加强了华侨间的团结,促进了海外华侨对祖国的认同。民国成立后,海外华人无不欢欣鼓舞。1912年2月19日,荷属爪哇岛泗水市华侨纷纷走上街头,举行集会,升起五色旗,鸣放爆竹,庆祝中华民国的成立。荷兰殖民当局竟派军警武力干涉,开枪打死华侨三人,伤十余人,百余人被捕。愤怒的华侨采取闭门罢市的行动以示抗议,荷兰殖民当局进而出动大批军警强迫开市,又逮捕千余人,酿成轰动一时的"泗水华侨升旗案"。①

　　惨案发生后,泗水华侨即驰电南京政府及上海华侨联合会,请求政府保护华侨正当权利。华侨联合会在沪立即做出反应,自2月22日至2月27日连发7封电报给孙中山介绍泗水事件发展进程,并指出"事在危急,乞速解决对付"。1912年2月24日,上海华侨联合会在张园召开大会,会议举派林庆文等赴南京面谒孙中山共商解决办法。为联合其他力量,上海华侨联合会还在上海领衔发起多个团体参加的"国民外交后援会",为维护侨胞利益督促政府交涉而摇旗呐喊。②

　　2月26日,孙中山主持召开内阁会议,议决对荷兰交涉的四项条件:一、限三日内释放被捕华侨;二、赔偿财产损失;三、对被害者给予赔偿;四、恢复人权,华侨与欧侨和日侨一律对待。同时指出"如无满意答复,民国自有相当之对待"。在南京临时政府屡发数电之后,北京政府主政者袁世凯回电称"华侨遭厄,自必竭力拯救",北京当局屡次致电驻荷兰公使,要求其竭力与荷兰当局交涉。由于中国政府立场强硬,上海及全国各地民众情绪高昂,经反复交涉,迫使荷兰政府不得不释放所有被捕者,并答应如下条件:一、惩办杀害华侨的凶手;二、优礼安葬被害华侨,抚恤家属;三、受伤华侨除由荷兰政府负责医治外,并给予调养费;四、华侨

　　①　张坚:《民初泗水华侨交涉案研究》,《华人华侨历史研究》2008年第3期。
　　②　刘楠楠:《吴世荣与华侨联合会》,《中国档案》2023年第4期。

财产损失如数赔偿;五、荷兰政府对旅居荷属的华侨与荷兰人同等看待。此次斗争终于取得了胜利。[1]

三、连横主编会刊《华侨杂志》

华侨联合会成立后,还于 1913 年 11 月编辑出版了《华侨杂志》,[2]集中刊载有关华侨历史和现状的研究论文、调查报告等,这是国内第一本宣传、研究华侨的专门刊物,英文名为 The Chinese Overseas Magazine。1913 年 4 月,华联会报务科主任连横、协任廖嗣兰提议组织《华侨杂志》得到同仁的赞同。杂志编辑部设主干一名,总理辑务,下设撰述、翻译、调查、通信四科,由海内外通人担任。经半年筹备,是年 11 月,在连横主持下,出版《华侨杂志》两期,不久主编连横回台湾,杂志停刊。[3] 它的问世,有助于增进国内各阶层人士对华侨问题的了解,以及海外华侨与国内的文化交流。

这里有必要介绍一下著名历史学家连横先生。连横(1878—1936),台湾省台南人,祖籍福建漳州。中国国民党名誉主席连战的祖父。著有《台湾通史》《台湾语典》《台湾诗乘》《大陆诗草》《剑花室诗集》等,是台湾著名爱国诗人和史学家,被誉为"台湾文化第一人"。连横先生与上海渊源颇深,曾数次在上海工作生活。早在 1897 年,连横 20 岁时便首次负笈上海,在当时著名的教会学校圣约翰大学学习俄文。入学时,注册的名字是他自取并使用终身的"连横"二字。而在侨史上留下印记的,则是担任《华侨杂志》主编。

1912 年,连横绕道日本,先到上海,游览杭州、南京、苏州、扬

---

① 曹必宏、许海芸:《南京临时政府保护华侨的政策与实践》。
② 华侨联合会曾先后创办《华侨杂志》《华侨》《华侨旬刊》《侨友》等多种会刊。
③ 于延亮:《上海华侨联合会会刊述略》,《八桂侨刊》2020 年第 1 期。

州,后赴天津、北京。然后又作张家口之行,沿京汉铁路南下,纵览大河南北,往保定、石家庄、邢台、邯郸,经彰德、卫辉、郑州、许昌,抵汉口,游武昌、汉阳、九江,再北上奉天。其间,得到进清故宫参观的机会,在故宫逗留6天。顺便阅览文渊阁所藏的《四库全书》,以《平定台湾纪略》一书的珍贵史料充实《台湾通史》。

1914年,连横南抵南京,受清史馆馆长赵尔巽之聘,任清史馆名誉协修。入馆后,他留心阅览馆内所藏的有关台湾的档案,辑录有关资料。他曾向赵尔巽倡议增修《拓殖志》,以记述华侨出国及开拓侨居国的历史,并主动承领修纂该志之责。后来,在评价历史人物方面,与赵常有争议,于是离开南京回台湾。此后,连横潜心编纂《台湾通史》。这部《台湾通史》从1908年开始撰作,于1918年8月脱稿,11月付印,共用了十年时光。次年4月,全书分上、中、下三册出齐,有纪4、志24、传60,近60万字。[①]

由于与南洋侨团组织关系密切,所以1913年前后连横暂居上海,华侨联合会委托其主编《华侨杂志》。由于办刊时间较短,所以留存的刊物和资料较少,给我们今天的研究带来了困难。笔者从刘永文先生编著的《民国小说目录1912—1920》中发现,当时的一些反映抗击金兵入侵、清军入关的历史武侠小说,曾在连横主办《华侨杂志》时期刊登,如杏痴的《剑胆箫心》、小凤的《含元殿》等,还有一些政治小说,时事分析,研究报告等,这也反映了连横爱国主义的编辑方针。连横还曾亲自撰写《征求中国殖民史材料启》一文,刊登于《华侨杂志》。后该文收录于他的《雅堂文集》中。其中提道:

> 追怀先德,瞻顾前途,爱及子孙,用张国力,则中国殖民史之作,岂可缓哉!同人无似,谬发其议。而兹事体大,非一二

---

① 参见邓孔昭:《连横与台湾通史》,载《连横研究论文选》,厦门大学出版社2006年版,第54—62页。

人之所能为,又非一朝一夕之所能济也。敬告我多士及我友朋,搜罗旧事,网集遗闻,考证史书,旁译外史,近自九州,讫于四海,以扬大汉之天声,岂非我民族之豪举而历史之光辉哉……一地理,二种族,三沿革,四政治,五交涉,六实业,七宗教,八风俗,九社会,十人物,而注重中国殖民之事……中国殖民史为四千年未有之创作,非合四海内外之人士而分任之,恐不免诸多遗漏。兹特函请各埠之中华商会、中华会馆、民国公会、书报社、华侨公会等承担调查,以时报告,则众擎易举,三年有成。①

启事刊出之后,"期月之间,惠书盈箧",得到了热心华侨史研究人士的积极支持。

说起连横于上海的渊源,当然还不止办刊一事。1933年,连横再次携眷返回大陆定居上海。当时其子连震东已在内地服务,而大女连厦甸亦在上海②,二女连秋汉又已毕业于淡水高等女校,连横因而决意携眷返沪,打算终老祖国。令人遗憾的是,1934年,回到大陆不久的连横患了肝癌。1935年春,连横偕夫人游关中,是年夏返沪。1936年6月28日上午8时,连横在家人环伺下逝世,享年59岁。遵遗嘱,连横穿明朝的衣冠入殓,并为即将出世的孙儿取名,如是男孙,则名连战,寓意中华民族一定能自强不息、克敌制胜、光复台湾。

四、华侨联合会后期的活动

民国初年,政府侨务机构设置及职能尚不健全,上海华侨联合

---

① 邓孔昭:《连横与台湾通史》,载《连横研究论文选》,厦门大学出版社2006年版,第58页。
② 据虹口区史志部门研究,其和丈夫林伯奏安家于今西江湾路476弄的公园坊内,连厦甸的大女儿台湾著名作家林文月就出生在这里。

会的某些活动实际上发挥着侨务机构的作用。后来由于国内形势发生变化，军阀混战，政治黑暗腐败，上海华侨联合会的许多领导人员纷纷对时局失望，重返侨居国，联合会活动也陷入了停滞。

1916年10月，孙中山先生发表《通告党员说明党务计划书》中提到有设想在上海重建华侨会馆，作为"侨胞与内地交际之机关"和工商事业的"调查联络之所"，使华侨"尽知各种天然利源、生财机会，庶不致为外人捷足"，"合华侨之财之智，以兴发祖国利源之目的"①，实际丰富上海华侨联合会内涵和载体的建议被孙中山先生提了出来，当然由于时局的变化，这些设想都停留在了纸上，未见下文。直到1919年4月南北和谈的举行，为上海华侨联合会的重振提供了机会。据《上海侨务志》记载，时任复旦大学校长、印尼归侨李登辉曾主持并整顿会务。当时已有会员回国者四十余人，他们也普遍认为应恢复组织和活动，重建和政府沟通联系的渠道，便邀请留沪华侨进行商议，重组了上海华侨联合会②。不过重新活动后到底有些什么具体的工作推进，由于资料的缺乏，欠缺进一步了解。

1930年底，华侨团体的上级管辖机关中央侨委会收到华侨闽池举报：华联会存在诸多不法行为。1931年1月，国民党上海市党部会同公安局奉行政院令，决定解散上海华侨联合会。华联会接到解散令后，在各种报刊媒体上广泛辟谣喊冤，辩诬抗议，同时也不断地向有关部门呈文申诉。经过努力，侨委会查证举报不实，遂于6月初委派陈楚楠三人改组华联会，着手恢复事宜。③

1932年一·二八淞沪抗战爆发后，上海华侨联合会发表恢复宣言，号召社会各界联合起来，共同支持政府保卫祖国，奋起反抗

① 孙中山：《通告党员说明党务计划书，通告之一、二》，罗刚编著：《中华民国国父实录》，台北：罗刚先生三民主义奖学金基金会，1988年版，第2930—2932页。
② 《华侨联合会开会纪》，《民国日报》1919年4月12日；《华侨联合会扩张会务》，《申报》1919年4月26日。
③ 于延亮：《上海华侨联合会会刊述略》，《八桂侨刊》2020年第1期。

日本侵略,还决定搜集和编撰有关战史①。1937 年 11 月,上海沦为孤岛后,鉴于环境恶劣,上海华侨联合会决定将印信及重要文件转移至香港,其后基本停止活动。1939 年 12 月,针对有人假借该会名义附和汪精卫(曾经是列名会长)的投降论调,华侨联合会在重庆《中央日报》发表通电,严厉斥责,表明其坚决支持抗战的立场。②

(作者系上海市委统战部四级调研员,

上海市作家协会会员)

---

① 《华侨联合会宣告恢复征求战史》,《申报》1932 年 2 月 12 日。
② 刘楠楠:《吴世荣与华侨联合会》,《中国档案》2023 年第 4 期。

上海大学团员教育与青年运动①

廖大伟　陈　骞

　　上海大学自 1922 年成立后,用进步的思想和知识武装学生头脑,在工人和群众中开办夜校,传播进步思想,担负起革命运动的责任。上海大学由东南高等师范专科学校改组而来,于右任在出任校长后,将学校更名为上海大学,开始了改革上大、发展教育的历程。邵力子、陈望道、蔡和森、施存统、张太雷、李大钊、瞿秋白等人聚集在上海大学,他们有一个共同目标,即建立的初衷——养成建国人才,促进文化事业。上大对于团员的教育呈现出政治性、开放性、实践性特征,关于上海大学对青年的教育宣传方面,已有大量研究,②本文在学术成果的基础上,挖掘上海大学的史料,总结出上海大学青年培养教育的特色,并对上海大学青年学生在接受该教授群体的教育后,在青年运动的实践方面进行论述。

---

① 本文为上海市社科规划项目"上海通史(新修)第九卷(1912—1927)"(2014WLS009)阶段性成果。
　　② 对于上海大学教师群的研究有张晓:《1922—1927 年上海大学教师作者群体社会进步思想研究——以〈觉悟〉为中心》,上海大学硕士学位论文 2018 年;刘昶:《上海大学社会学系早期的教授们》,《社会》1999 年第 2 期;孙杰:《邓中夏与二十年代初的上海大学——纪念邓中夏同志逝世五十周年》,《上海大学学报》(社会科学版)1988 年第 2 期;杨婧宇:《革命年代的政治文化:上海大学社会学系研究(1922—1927)》,华中师范大学硕士论文 2014 年;罗敏:《养成建国人才:上海大学教育宗旨缘由分析》,《学术探索》2012 年第 1 期。还有上海大学社会宣传运动的研究:丰箫、丰雪:《政治社会化语境中的宣讲与运动——以 20 世纪 20 年代的上海大学为中心》,《中共创建史研究》2017 年第 2 辑。

一、开展政治思想教育

伴随着西方外来思潮的传播，中国传统的知识分子在学习西方的过程中不断接触和习得西方的技能、信息和知识，逐渐完成了向新型知识分子转变的历程。其中上海大学的教师群体就是最为典型的一批。作为国共合作创办的上海大学，其最初就是希望通过对青年团员的教育达到改造社会、改造国家的目的，邵力子、施存统、李汉俊等上海大学教师不断在青年学生群体中宣传马克思主义，开展政治思想教育。

（一）邵力子的社会主义和工人运动思想

邵力子在《民国日报》增设《觉悟》副刊，积极支持五四运动，宣传革命思想，启发民众觉悟。1923 年，邵力子来到上海大学担任副校长，为促进上海大学的发展鞠躬尽瘁，他的进步思想主要体现在社会主义和工人运动方面。1920 年，邵力子发表《再评东荪君的"又一教训"》《辩论者的态度》《主义与时代》《心与力》等文，批判张东荪的观点，他指出："须知开发实业只能在两种主义之下，一种即社会主义，一种即资本主义，没有第三条路。东荪君既以为谈社会主义无结果，则和鼓吹资本主义还有什么分别呢？"。[①] 邵力子将张东荪的问题进一步剖析，直指要害，点出二人争论的核心不在于是否开发实业，而在于社会主义和资本主义之间的方法选择。对此邵力子明确提出并论证了中国走社会主义道路的正确性。1920 年 1 月 17 日，邵力子发表《我对于劳动问题的意见》，指出劳动问题是世界大战结束后全人类最应首要解决的问题，并通过上海男女工人的苦况、开滦矿

---

① 邵力子：《辩论者底态度》，《民国日报》副刊《觉悟》1920 年 11 月 23 日，第321 页。

工等案例驳斥了资本家关于"劳动问题在中国现在还没有发生的必要"的观点,论证了开展工人运动的必要性。[1] 邵力子的社会主义和工人运动思想代表了一种上海大学教师的社会进步思想,并传播给了上海大学的青年团员们。

(二) 施存统的马克思主义和社会主义青年团思想

1923年施存统来到上海大学,为上大学生讲述《社会思想史》《社会问题》《社会运动史》,同时兼任社会学系主任。在上大教学期间,施存统仍密切关注国内革命动向,发表大量马克思主义观点的文章,支持群众运动和国民革命的开展,推动中国革命进一步向前发展。1920年施存统在《觉悟》发表《我们底大敌,究竟是谁呢?》,论述了俄国革命与中国革命的相似之处,指出中国革命必须要有适应世界潮流和本国实际的主义作为指导方针,[2] 进而阐述了中国必须以马克思主义为指导的必然性。此外,施存统认为须以马克思主义为指导,无产阶级必须团结起来通过暴力革命的方式夺取无产阶级的领导权。

施存统在青年运动和动员青年思想工作方面也作出了突出贡献。1922年5月在施存统和俞秀松的努力下,社会主义青年团第一次全国代表大会在广州召开,会上选举施存统为团中央书记,负责全团工作。施存统在团中央机关刊物《先驱》上刊登了大量关于青年运动和少年共产国际的资料使中国青年能及时了解国际革命动向,树立正确的革命思想。施存统除启发青年思想觉悟外还注重对青年运动的支持。他在《湖南学生的大觉悟》中指出:"我们要在中国成就社会革命,非学生、无产阶级、兵士三种人结成联合战线不可。"[3] 施存统在此文中明确肯定了学生团体力量的重要

---

① 邵力子:《我对于劳动问题的意见》,《民国日报》副刊《觉悟》1920年1月17日,第219页。

② 施存统:《我们底大敌,究竟是谁呢?》,《民国日报》副刊《觉悟》1920年9月28日,第391页。

③ 施存统:《湖南学生的大觉悟》,《先驱》1923年第16期。

性,青年学生群体作为中国革命力量的重要组成部分是不可或缺的,学生的巨大力量只有与广大的人民群众相结合才能体现出来,这是青年学生所应担负的重要使命。此外,施存统在《先驱》上连续刊登了多篇文章,针对团的性质、组织、宣传、经费来源、人员构成等建设问题进行阐述。施存统发表建团思想主要是基于希望将社会主义青年团建成"一个组织坚固活动敏捷势力伟大的青年无产阶级团体"①的目的。

(三) 李汉俊的唯物史观和社会主义思想

李汉俊在 1926 年春进入上海大学任教。1922 年针对目前中国的现状,李汉俊在《觉悟》连续刊登《中国底乱源及其归宿》和《我们如何使中国底混乱赶快终止》两篇文章,这两篇文章是李汉俊将马克思主义应用于中国革命的重要成果,同时也是针对张东荪提出的反对中国实行社会主义观点的回应。他指出"现在的中国要进化到社会主义,没有要经过资本主义充分发展的阶段的必要,可以直接向社会主义的路上走去,并且资本主义在现在的中国没有充分发展的可能,以中国现在的环境又有直接向社会主义路上走去的必要。"②在此李汉俊明确指出解决中国混乱问题的根本举措就是使中国赶快进化到社会主义,并且是不需要经过资本主义阶段的充分发展阶段直接走向社会主义去。李汉俊认为中国走向社会主义并不是一蹴而就的,是任重而道远的重大使命,需要我们创造良好的社会环境,循序渐进地走向社会主义。在宣传马克思主义的过程中,李汉俊也非常注重对唯物史观的宣传和介绍。1922 年载《觉悟》刊登的《唯物史观不是什么?》中指出"唯物史观是马克思社会主义底基础,不能了解他底唯物史观,就不能了解他底主义",并通过指出唯物史观不是"诡辩的唯物论""不是机械

① 施存统:《团的问题》,《先驱》1923 年第 16 期。
② 李汉俊:《我们如何使中国底混乱赶快终止》,《民国日报》副刊《觉悟》1922 年 1 月 1 日,第 23 页。

论"等九个方面全面论述唯物史观的内容。①

除此之外,包括瞿秋白、李大钊、陈望道、叶楚伧在内的上大教师群体也刊登、发表了大量介绍马克思主义的文章,为马克思主义在中国的传播做出了突出贡献,不仅促进了中国革命的后续发展,更为马克思主义中国化的产生积累了丰富的实践经验和理论经验。

二、进行课外宣传活动

上海大学,尤其是其社会学系的课堂,经常是座无虚席,这得益于教师们生动形象的讲授。学生也大都相当自觉,在课余时间,或参加办报、积极投稿以宣传各种思想理念,或组织社团进行学术研究,或利用讲习会、学习会等方式交流心得。

(一)课外学习:报刊、社团与交流会

上大社会学系师生大都热衷于创办报纸杂志,组织社团,并定期举办交流会。这些都是他们用于宣传、交流思想的重要媒介。上海大学教职员参与创办、主编的刊物有:《上海大学周刊》《向导》《中国青年》《前锋》《热血日报》《民国日报》,上海大学学生参与创办、主编的刊物有:《上海大学三周年纪念特刊》、《中山主义周刊》、《新群》(旬刊)、《上大五卅特刊》(周刊)、《中国学生》(周刊)。除了创办刊物、积极投稿外,上大师生还参与并组织各种学术研究团体。他们最常参加的学术机构主要有三个即中国孤星社、上海夏令讲学会社会问题研究会、中山主义研究会。成立于1923年11月的中国孤星社是研究学术、改造社会的青年团体,主要成员包括社会学系学生安剑平、糜文浩、马凌山等。1924年上海夏令讲学会社会问题研究会于暑期在上海大学召开成立大会,

① 李汉俊:《唯物史观不是什么?》,《民国日报》副刊《觉悟》1922年1月23日,第313页。

当选的五位委员中,李春藩、唐公宪、黄仁、刘一清四位均是社会学系学生,李春藩还是夏令会请来的讲授者之一,其讲授的"帝国主义"吸引了不少师生。1925 年 11 月之前成立的中山主义研究会,也有高尔柏、马凌山、崔小立等社会学系学生参加,并且是核心成员。此外还有部分师生如蒋光赤等参加青凤文学社、湖波文艺研究会这两个上大的文艺团体,进行革命文学创作。

上大还经常邀请社会名流前来讲演,如社会科学研究会于 1925 年分别邀请杨杏佛、恽代英讲授"从社会方面观察中国政治之前途""中国民生问题"等。学生还自发组织演说讲习会。1925 年之后甚至还分组练习,增加英文、法文、俄文各一组,社会学系学生瞿景白、贺威圣等是骨干成员,延请的指导员中恽代英、杨贤江、张太雷等人亦为社会学系教授。为营造良好的学习环境,上海大学还组织建立书报流通处,主要销售"社会科学、新文学、自然科学一类的书籍和刊物"①。社会学系师生对理论的实践不仅体现在学校的活动中,还延伸到校外,到社会的大舞台上。创办上大平民夜校就是一个很好的例子。

（二）学以致用：开办平民学校

1924 年,全国各地如火如荼地展开兴办平民学校运动,许多有识之士认识到其重要性并开始行动起来。"上海青年会自创办平民学校以来,已历两月,成绩甚佳。该校每值授课时,常有各校职员前往参观,颇多赞成平民教育之重要而思踊事进行者。沪会现更谋普及,拟将范围推广"②。

上海大学在此背景之下,更是不落人后,也创办了平民学校：

　　该校人士向以改造社会为职志,对于社会事业,尤具勇猛进取的精神。近闻该校鉴于中国现社会实有提倡平民教育之

---

① 《上海大学书报流通处谨启》,《民国日报》1924 年 5 月 17 日。
② 《沪会平民学校之推广》,《青年进步》1924 年第 70 册,第 100 页。

必要,爰于四月一日,召集筹办平民教育大会,首由校务长邓安石说明开会宗旨,次由程永言报告参与全国平民教育运动大会之经过情形,复次讨论实施平民教育之种种方案。当即通过上大平民夜校组织大纲,并于教授及学生中公举卜世畸、程永言、马建民、刘剑华、郭磁、杨国辅、朱义权、王秋心等八人为上大平民义务学校执行委员,赳日招生云。①

积极参办平民学校的上大社会学系学生刘剑华总结说:"这次平民教育的运动,可说是全国一致的了:单以上海来说,在近两个月来,前前后后成立的平民学校不知多少,各处各地还正在努力推行——这的确是改造中国前途的大大的一个好现象。"②

根据上海大学校党团组织的布置安排,社会学系的学生经常是白天上课,晚上则去平民夜校给工人们讲课,作好宣传工作,与工人打成一片。"特别是高年级的同学,知道吸收知识的方法不仅靠在课堂上和书本上用功,而且还得从革命实践中去加强锻炼,要边干边学,边学边干,才能学到真本领。"③

以社会学系学生阳翰笙为例,可以看出如此安排是大有裨益的。阳翰笙本来没有教学经验,又是四川口音,因此在讲述《帝国主义是资本主义的最高阶段》时,很多工人听不懂,也提不起兴趣。后来,在老师邓中夏和同学刘华、杨之华的示范和指点下,阳翰笙改变了之前呆板的教学方式。他先让工人发言,倾诉他们受日本人虐待、压迫的亲身经历和困苦的生活状况。同时让工人们首先发问,围绕这些问题和工人们倾诉的内容,阳翰笙再加以提炼归纳,运用学校学到的理论知识帮助工人了解帝国主义侵华的历史,讲授剩余价值学说,讲解封建经济和宗法社会制度,指出工人阶级

---

① 《平民教育消息汇志》,《民国日报》副刊《觉悟》1924年4月5日。
② 刘剑华:《国音字母和平民教育》,《民国日报》副刊《觉悟》1924年4月26日,第2页。
③ 薛尚实:《回忆上海大学》,钟叔河、朱纯编:《过去的学校》,湖南教育出版社1982年版,第526页。

的历史地位和使命,由此来鼓励工人增强内部的团结、以争取自身的解放而奋斗。如此将理论与工人的切身经历有机结合起来,取得了良好的效果。阳翰笙深有体会地写道:"这是我有生以来所受到的最生动的人生哲学课,是活的社会学。①"

三、引领青年运动实践

上大社会学系将理论与实践紧密结合,学生在老师的鼓励和支持下,积极参与实践,生动活泼的课堂、丰富多彩的校园活动与投身革命运动,可谓"读活的书"的典范。五卅运动、非基督教运动、妇女解放运动都有上大社会学系师生的身影,社会学系师生的先锋带头作用使上海大学成为真正的"革命大学"。

(一)五卅运动中的一面旗帜

五卅运动中,上大社会学系学生何秉彝惨遭枪杀。1925 年 6 月 3 日,上大四川同学会发出的公开声明将起因与经过交代得较为详细:

> 五月三十日午后三时,上海公共租界南京路发生空前未有之惨剧,烈士何秉彝君即当时死难之一人,爰将兹事原委掬诚披露,为我全国同胞告焉。缘上海日纱厂工人惨遭日人虐待,今春二月曾迫而罢工,以争自身之生存,缘以种种困难,未达圆满结果,委屈就范,相继复业。数月以来,日人残暴行为,卒未稍戢,反而变本加厉,肆意殴辱,工人顾正红且遭枪杀,于是始有现方扩大之二次罢工。上海各校学生,鉴于日人之蛮横,国权民命之斨丧,义愤填膺,起而援助,复被英捕拘禁散发传单之学生六名,多方交涉,坚不肯释,乃激成"五卅"各校学生之游行讲演,以期唤醒民众,不意讲演队经过南京路

---

① 阳翰笙:《风雨五十年》,人民文学出版社 1986 年版,第 85 页。

时,西捕始而阻止,继而棒击,终乃开放排枪,屠杀我爱国青年,立时殒命者七人,今昨两日,继遭毒杀致死者十余人,重伤者数十人,轻伤者数十人,陆续被捕者无数,当时惨象,目不忍睹,血肉横飞,哀声动地,凡有血气,莫不痛心,此"五卅"事变之大略。①

上大参与五卅运动的学生不在少数,其中社会学系的学生充当了急先锋,他们所占比重相当之大,尤其是领导者。如商量营救被捕学生的上大代表,即由黄旭初和林钧担任。黄是中共代表,在上大社会学系挂名,林钧则是上大社会学系的学生,之前在天后宫事件中与黄仁一样被打成重伤,所幸存活到此时,依旧热衷于革命活动。

(二) 非基督教运动中的声明

1924 年 8 月 14 日,上海学生重建"非基督教学生同盟"。随后,非基督教学生同盟成立由唐公宪、柯柏年、高尔柏、张秋人、徐恒耀组成的组织委员会,负责运动的宣传及组织工作。张秋人是上大的英文教师,主要负责征集关于基督教的中外图书和报纸资料以供研究和揭露帝国主义利用基督教及其所办事业进行侵略的种种黑幕。柯柏年即李春蕃,与高尔柏同为上大社会学系学生,他们还编辑出版《非基督教特刊》及相关小册子,投身到收回教会控制教育权的斗争中。《非基督教特刊》每周出版一期,在《民国日报》副刊《觉悟》上刊登发表,自 1924 年 8 月 19 日到 1925 年 2 月 20 日,持续出版了 23 期。

上海学联的机关刊物《上海学生》也出版《非基督教特刊》以指导和联络各地运动。社会学系李硕勋也在其主编的《中国学生》周刊上撰文揭发帝国主义利用基督教"向无知民众作愚弄,是专门针对青少年下麻醉药",赞扬参加非基督教活动是:"秉爱国

---

① 《为何秉彝惨遭英人枪杀泣告全国同胞》,《民国日报》1925 年 6 月 6 日。

之热忱,具科学之精神".① 1925 年 5 月,中国共产主义青年团第三次全国代表大会发表了《开展非基督教宣言》。上大社会学系学生积极投身非基督教运动,一方面是出于对帝国主义的声讨,另一方面也是受中共宣传的影响。

上大社会学系教授蔡和森、邓中夏、恽代英等人,在这一时期也发表了许多指导性文章,阐述中国共产党主张宗教信仰自由,但坚决反对帝国主义利用宗教所进行的侵略活动。

学生的看法似乎更为激进。江仕祥认为"基督教到中国来所负的责任在根本铲除中国人民之反抗思想","教义之绝不容中国人有爱国运动,绝不是某某学校当局个人的好歹问题,而且没有国别。"同时提出鲜明的立场:"我们对于约翰大学离校同学之不惜牺牲而自办学校,认为是最彻底的办法。并且很希望各界人士之予以充分的同情和援助,与其他教会学校之继起仿行。"②

李春藩甚至提出:"基督教本身是反对爱国的,基督不肯为犹太独立运动之领袖,真基督徒不关心国家的强弱。"这些都表明上大社会学系师生投身非基督教运动的坚定立场。

(三) 妇女解放与投身革命

上海大学女学生杨之华、张琴秋、钟复光、王一知等人是妇女运动的杰出代表,她们受中国早期妇运领导人向警予的影响颇大,使上大成为支持妇女解放运动的重要阵地。

1924 年 3 月,保定直隶第二女子师范学校校长辞退教员,新聘教员因水平太低遭到学生置疑,校长不仅不接受学生意见,反而指使教职员殴打学生。此举更是激怒了广大学生,她们开始罢课,并通告全国,请求声援。消息传到上海后,杨之华参与组稿的《民国日报》副刊《妇女周报》立即刊发《保定第二女师风潮真相》。随

---

① 李硕勋:《"五卅"后一年来之中国学生运动》,《中国学生》1926 年。
② 仕祥:《教会教育与民族运动——揭穿震旦的黑幕,并告约翰离校同学》,《上大五卅特刊》第 7 期,1925 年 8 月 6 日。

后,4 月 3 日,以杨之华为代表的上海大学全体女生分别致电保定二女师、直隶教育所(厅)与社会各界,强烈谴责校长殴打学生、摧残教育的行为,要求撤换校长,并声称"我们不是永远做弱者,我们要狂声呼号着,为保定女师的后援"①。对此,杨之华还呼吁说"要革新我们的女子教育,非我们女子自己振起精神来与敌者奋斗不可"②。

1924 年 12 月,上海女界国民会议促成会成立,杨之华、张琴秋、钟复光等上大社会学系学生与向警予一道被推选为执行委员③。她们在讨论起草的国民会议文件时,以亲身经历痛陈妇女解放、男女平等的重要性,将争取女权的问题列入文件之中。

除了这些重大事件外,平时她们还深入群众,向工人尤其是女工进行启发教育,以女工和童工为主的纺织厂是她们常去的地方。杨之华经常走出校门,到沪西、杨浦、虹口、浦东等工人居住区,为女工上夜课,传授革命理念,教唱革命歌曲。她还与张琴秋一起动员茅盾的夫人孔德沚加入这个工作中来,孔德沚又动员叶圣陶的夫人胡墨林一起参加,于是做女工工作的队伍不断壮大。

在上海大学的学习经历,使得这些妇女运动者能够自觉运用马克思主义分析解决相关问题。如关于妇女解放与劳工解放,王一知认为二者是相辅相成的。"劳工要谋解放,也缺少不了我们女子这一支生力军。"而"我们女子要求彻底的解放,只有协同劳动者得了解放之后,以创造平等自由的社会。这平等自由的社会,也只有劳动者得了解放之后,才有创造的可能。"④

上海大学还成立了女同学会,并且经常举办活动。如 1925 年 12 月 2 日,召开演讲练习成立大会。宗旨大致有二:首先,女子要认识到自己不是男子的附属品,要团结起来谋自身的解放;同时,

① 《上海大学女生援助保定女师》,《民国日报》1924 年 4 月 4 日。

② 杨之华:《保定女师学潮给我们的希望》,《回忆杨之华》,安徽人民出版社1983 年版,第 184 页。

③ 中华全国妇女联合会:《中国妇女运动史》,春秋出版社 1989 年版,第 179 页。

④ 一知:《妇女解放与劳工解放》,《中国青年》第 3 期,1925 年 2 月 21 日。

女子也是外受各帝国主义的压迫,内受各系军阀的摧残,也应与男子同样起来革命,共负改造社会的责任。

当然,上大社会学系师生还参加各种革命活动,远不止这些。其积极性是其他学校学生无法比拟的。因此,有学生回忆说"客观上只有上海大学的学生可以不去上课,到时候拿文凭,这在其他学校就不允许"。"从学术方面来说,上海大学在当时的上海并没有什么地位,但从革命方面来说,上海大学就最突出了"。①

结语:"定方向"与"努力"

上海大学的学生不是盲目地参加活动,而是具有明确的目的性,简单说来,就是为了改造社会。陈独秀曾将改造社会比喻成行船,认为"定方向"与"努力"缺一不可。上大团组织为上大青年运动"定方向",邵力子、施存统、李汉俊等上大教授群体不遗余力地宣传、介绍马克思主义,将马克思主义扩散到学生群体、工人群体中去,定好了团员的思想方向,可以进行青年运动的"努力"。"努力"一方面表现在,上大团员们学生在课余时间,或参加办报、积极投稿以宣传各种思想理念,或组织社团进行学术研究,或利用讲习会、学习会等方式交流心得。另一方面,五卅运动、非基督教运动、妇女解放运动都离不开上大社会学系师生的身影,社会学系师生的先锋带头作用使上海大学成为真正的"革命大学"。因此在上海大学团员教育与青年运动中,"定方向"与"努力"缺一不可。

(作者廖大伟系上海大学文学院历史系教授;

陈骞系江苏省档案馆助理馆员)

---

① 《刘披云同志的回忆》(1980年7月访问于上海达华宾馆),王家贵、蔡锡瑶编著:《上海大学(1922—1927)》,上海社会科学院出版社1986年版,第91—92页。

《中国青年》对学生群体的
思想影响（1923—1927）：
阅读史研究视角

王钰淇　　齐卫平

1923 年 10 月，《中国青年》在上海创刊。作为此后国民革命期间中国社会主义青年团（以下简称"青年团"）的机关刊物，对激发青年学生的革命热情起到了重要作用。学生是《中国青年》的主要读者群体。1926 年，该刊编者曾对 134 封读者来信的职业身份进行过统计。阅读者中，中学生 63 人，大学生 16 人，黄埔军校学生 14 人，学生总数占比近 70%。[①] 本文拟以阅读史为研究视角，基于时人的日记、书信以及亲历者的回忆录等材料，对青年学生为何选择阅读《中国青年》、阅读与接受《中国青年》的方式是什么、阅读《中国青年》产生了怎样的影响等方面进行研究，以期对开拓观察那个时代的历史视角有所裨益。

一、社会动因：《中国青年》引发学生
群体的阅读热情

（一）以学生为主要读者的刊物转载或专文推介造成声势

进步学生创办的校刊推介是《中国青年》引起进步学生关注

[①]　记者：《敬答读者》，《中国青年》第 140、141 期，1926 年。

的重要原因。陕西旅京学生主办的《共进》杂志第 56 期转载了陈独秀发表在《中国青年》第 16 期的《列宁之死》一文，第 86 期转载了恽代英发表在《中国青年》第 79 期的《军事教育问题》一文。厦门集美学校创办刊物《集师学生》，推介《中国青年》"是一种专为一般革命的青年而办的小杂志，青年们唯一的革命理论指导的刊物。他对于世界及中国的文化政治经济都有极正确的批评和介绍，而且内容丰富，篇幅简炼。"①

各地进步学生联合会刊物也对《中国青年》进行了推介。1924年 1 月，《湖南省学生联合会周刊》向读者推介《中国青年》称："自从五四运动以来，风起云涌的新刊物，弥漫了全国。在这许多刊物中，精粹的，有贡献于我们青年界的——学生，自然不少，但是我们总找不到一种专门而切实有系统的，讨论青年问题能够做我们青年界指导者的。所以几年来，青年界仍然是闹恼饥，仍然是歧路的徘徊者。在这种荒凉的景象中，《中国青年》产生出来，总算是我们青年界一桩可庆的事情。这种《中国青年》是许多有世界思想的青年办的。"文章还介绍了《中国青年》的创刊地、售价以及在长沙的代售处地址。②

除了学生主办的刊物外，社会上公开发行的一些刊物也对《中国青年》进行了推介。《中国青年》甫一创刊，高君宇就在其主办的《平民周刊》发表了推介消息："中国现在是被昏乱的思想统治着，青年们日在乌漫漫毒瘴中，他们需要解救之迫切，实是中国目前最重要工作之一。《中国青年》既毅然出而背负此重任，这又无庸说是青年们应当共庆的好消息。"③

---

① 《集师学生第三期》(1925 年 12 月 26 日)，中共厦门市委党史办编：《厦门革命历史文献资料选编(1919 年—1927 年 7 月)》第 1 集，中共厦门市委党史办 1987 年版，第 129 页。

② 涤中：《介绍两种新刊给同学们》，《湖南学生联合会周刊》第 25 期，1924 年 1 月 1 日。

③ 高君宇：《〈中国青年〉周刊》(1923 年 11 月 23 日)，山西省史志研究院编：《高君宇文集》，山西古籍出版社 1996 年版，第 183 页。

(二) 基层党团员通过人际网络进行推广

由于《中国青年》的发行工作时常被各地军阀干扰,各基层团委与团员承担起为学生刊物提供刊物的责任。1923 年 11 月 30 日,太原团地委写给团中央的信中指出:"中青各期此地代售处晋华书社均收到,唯学生中多有不知者,因而没卖许多,至经我们用油印了几百张介绍的传单向各校分散之后,现在已比从前卖的多了。"① 这并非个例。经由基层党团知识分子人际关系网的辐射,一些学生得以及时获取并阅读《中国青年》。

在四川叙府的山区,李坤泰(即赵一曼,引者注)阅读《中国青年》受到其姐夫郑佑之的影响。1922 年,郑佑之与任教于川南师范学堂的恽代英结识,并被吸收入党。他经常写信指导李坤泰阅读《中国青年》学习开展妇女运动、宣传社会主义的方法。1925 年 1 月,郑佑之写信给李坤泰:"介绍马克思学说的书目,是《中国青年》二十四期。现在我已买齐了,请勿念!"并请李坤泰参阅《中国青年》刊登的《欢迎重庆女师的新空气》和《女二师校的读书运动》两篇文章。② 李坤泰阅读各种进步书刊后,不仅撰写文章相继发表在《青年之友》《合力周报》,还在日记中记述了阅读经历。

一些参与北伐的党团员也积极向身边的亲友推介刊物。1926 年 8 月 27 日,黄埔军校的陈毅安写信给长沙省立第一女子师范学校学生李志强:"我希望你多看新书籍,《向导》及《中国青年》无论如何是要看的。"③ 11 月 28 日,陈毅安寄给李志强《少年先锋》,并再次嘱托她课余之暇"必定要看《向导》、《中国青年》"。④ 1926 年

① 振德:《振德给仁静的信》(1923 年 11 月 30 日),《太原党史资料汇编》第 1 辑,中共太原市委党史研究室 1986 年版,第 15 页。

② 佑之:《给赵一曼的信》(1925 年 1 月 11 日),《郑佑之文稿》,第 55 页。

③ 陈毅安:《致李志强的书信》(1926 年 8 月 27 日),陈晃明编:《陈毅安烈士书信集》,湖南人民出版社 1985 年版,第 49 页。

④ 陈毅安:《致李志强的书信》(1926 年 11 月 28 日),《陈毅安烈士书信集》,第 55 页。

8月23日，范船僧写信给六弟范小华询问宁波书店是否还向他寄《中国青年》，"如已停寄，快写信告诉我，我当替你定一份。"[①]

有些进步教师还将《中国青年》作为学校教材或课程学习参考资料，使学生读到《中国青年》。冯永叔回忆国民革命期间在宁波启明女子中学读书的时光："他(指教师杨眉山，引者注)每天晚上来上夜课的时候，总是挟着《向导》《中国青年》之类新的进步书刊，来介绍给我们阅读。我们有不懂的地方，他总是耐心周详地给我们讲解。"[②]1925年3月，中共嘉兴独立支部为培养青年运动骨干，创办了"嘉兴公学"。党员王贯三担任该校国文教师时，经常组织学生参加社会活动，并选用《中国青年》等书刊作为基本读物，启发学生的革命思想。[③] 1926年冬，恽代英在武汉中央军事政治学校授课时，也要求指导员参阅《中国青年》《向导》等刊物上的文章编写辅导材料。[④]

(三) 新式学校订阅或销售刊物扩大影响

许多新式学校订阅或收藏了大量进步书刊，为学生阅读党和团的刊物提供了便利。1921年8月，毛泽东等人在湖南长沙船山学社旧址创办了全国第一所研究马克思主义与革命理论的新型学校——湖南自修大学。为了方便学员自学，自修大学将原有船山学社的藏书楼改为图书馆，并购置了大量新式书刊。学员阅读的资料既有《共产党宣言》《科学的社会主义》《英哲尔士论家庭的起源》《工钱劳动与资本》《价值价格与利润》等马恩原著译本，也有《新青年》月刊、《共产党》月刊、《先驱》半月刊和

---

① 范船僧：《长沙来信》(1926年8月23日)，王庆祥主编：《范船僧》，象山县政协文史资料委员会1997年版，第34页。

② 冯永叔：《纪念杨眉山烈士》(1979年4月22日)，中国人民政治协商会议浙江省委员会文史资料研究委员会：《浙江革命史料特辑》第2册，浙江人民出版社1980年版，第31页。

③ 宋勤主编：《嘉兴市革命文化史料汇编》，团结出版社1993年版，第69页。

④ 原武汉军校部分女战士：《恽代英和女生队》，《回忆恽代英》，人民出版社2015年版，第58页。

《中国青年》。①　湖南自修大学被军阀赵恒惕强行封闭后,自修大学的附设学校改为湘江学校。湘江学校学生阅读的课外读物包括:《政治经济学浅说》《告农民书》《三民主义》《中国青年》《向导》《战士》《政治周报》《湘江》等。②　1925 年 3 月 11 日,湘江学校师范部的贺尔康在日记中记述了有关阅读经历:"今日早起,闻铃声即到教室里点了名,拿一集'中青'便到校舍背后操场坪的右侧一坟山上。树华和谭忍两同学也随后而来。首做过一会儿呼吸运动,便看《中国青年》。"③

　　一些学校成为《中国青年》的销售点。1924 年 4 月 16 日,上海大学义务书记和部分学生为满足该校同学购买书报的需求,组织成立上海大学书报流通处,经售国内各大书社的社会科学、新文学、自然科学一类书籍,包括《中国青年》《前锋》等刊物。俞秀松在浙江工作期间也推动了《中国青年》在学校的传播。1924 年,俞秀松在给团中央执行委员会的信中写道:"现在第五中学和女子师范的学生加入党的渐渐增多,我们就在其中吸收富于革命精神的分子,努力推销《中国青年》、《向导》,先改变他们的思想。"在宁波,俞秀松还拟与教育局长通函,促使各校订阅《中国青年》。④

(四)各地进步学生社团形成阅读组织

　　在厦门,李觉民与罗明、罗扬才、刘端生、邱泮林等人在集美学校成立左派组织革命协进社。1925 年 2 月,李觉民指出:"集美学校是福建青年的大集中处,无论那一县的人都有,共有二千青年,

　　①　《湖南自修大学学员阅读的书刊目录》,《中国共产党干部教育研究资料丛书》第 1 辑,第 53—54 页。
　　②　《湘江学校学生阅读的课外读物》,《中国共产党干部教育研究资料丛书》第 1辑,第 147 页。
　　③　《贺尔康烈士的日记》(1925 年 3 月 11 日),《湖南历史资料》(一九七九年第一辑),湖南人民出版社 1980 年版,第 35 页。
　　④　俞秀松:《俞秀松关于绍兴、宁波团工作情况的报告》(1924 年 6 月 6 日),浙江省档案馆编:《浙江革命历史档案选编(第一、二次国内革命战争时期)》,浙江人民出版社 1989 年版,第 24—25 页。

加入本社的约有二十县的人。假使我们有很好的方法来训练，革命前途是很有希望的！"团中央要求革命协进社"依照'中青'指导多为青年活动，并多灌输立在无产阶级地位的国民革命理论，务使他们不为民校右派或国家主义者所摇动。"①

在陕西，亢维恪在三原第三师范学校发起成立青年同志共进社，李秉乾在向团中央汇报该校学生状况时提及，青年同志共进社成员"非常纯洁而且急进，每人都常读《中国青年》与《向导》"，并谓"现代的中国青年若不读《中国青年》与《向导》，必定是个痴子，而且终究不会明白的"。

在山西，彭真在省立第一中学的青年学会和晋华书社参与了《中国青年》《向导》等刊物的发行工作。1925年4月，彭真在写给团中央的信中表示："想设立一山西青年社，作为中国青年社之分社，出刊《山西青年》，广收社员，欲社员订阅《中国青年》。"②彭真后来回忆道，党中央、团中央出的《向导》等刊物，在山西宣传共产主义思想起了很大作用，还有一个《中国青年》，这两个刊物都起了很大的作用。③

二、如何阅读：《中国青年》的学习特点

（一）与其他书刊进行比较式阅读

1924年，宁波四中学生裘古怀在日记中记录了这一年的阅读书目，书籍涉及《伊索寓言》《西洋通史》《哲学概论》《红楼梦》《陶渊明集》《中庸》《大学》《论语》《楚辞》《易经》《佛经》《曾公日记》

---

① 李觉民：《李觉民给团中央的信》(1925年5月)，中共厦门市委党史办编：《厦门革命历史文献资料选编(1919年—1927年7月)》第1集，第77—78页。
② 《彭真传》编写组编：《彭真年谱(1902～1948)》第1卷，中央文献出版社2012年版，第13、19页。
③ 彭真：《山西建党初期的一些情况》(1990年1月5日)，《高君宇文集》，第231页。

《三国志》《清代学术概论》,杂志则有《中国青年》《向导》《政治生活》《新建设》《宁波评论》等。裘古怀多次在日记中记录阅读《中国青年》的感想:"与《中国青年》为良友,它能激励我去勤学,尤喜读恽代英、肖楚女的文章"①,"阅《中国青年》可以壮吾气"②。阅读《中国青年》,坚定了裘古怀投身青年运动的志向。此后,裘古怀加入中国共产党,并担任青年团肖山县委书记,直至为革命事业献出生命。

　　一些读者在阅读《中国青年》的同时也阅读国民党右派、国家主义派出版的刊物,并对此类刊物观点进行了批判。1921 年,李一氓离开家乡到上海求学,先后辗转于浦东中学、南京一中、大同大学、东吴大学等学校。这一时期,李一氓阅读的刊物除了《向导》和《中国青年》,还包括胡适等人主办的《现代评论》和《努力周报》,国家主义派的《醒狮》《孤军》和鸳鸯蝴蝶派的《紫罗兰》等。他阅读的共产主义小册子包括《共产主义 ABC》《共产党宣言》《资本论入门》《阶级斗争》《社会主义史》《马克思经济学说》《马克思主义浅说》《社会主义讨论集》《社会科学概论》《马克思传》等。共产主义的书刊为李一氓"打开了一个通往未来世界的前景",将他"推到前进的行列"。经过长时期的筛选,加之"世界和中国政治、经济形势的变动",李一氓认识到必须走一条正确的、能够解决中国社会问题的道路。因此,李一氓"在思想上否定《现代评论》派,否定《醒狮》派,逐渐形成一个倾向,走《新青年》和《向导》的道路。"③

　　再如,南通纺织专门学校的何挺颖在阅读《中国青年》的同时也阅读了《醒狮》周报和国民党右派掌握的《觉悟》。1926 年 1 月,

　　①　汪成法:《浙江早期团干部裘古怀》,浙江省青年运动史研究室编:《青年先驱者之歌:浙江青运人物传略》第 1 辑,浙江省青年运动史研究室 1986 年版,第 120 页。
　　②　王燕:《裘古怀与他学生时代的一本日记》,《浙江党史通讯》1990 年第 9 期。
　　③　李一氓:《李一氓回忆录》,人民出版社 2015 年版,第 32—34 页。

《中国青年》第 108 期刊登了何挺颖批判国家主义派的来信："我们随便以'内除国贼，外抗强权'为宗旨的《醒狮》报，拿来一看，至少有百分之八十是提倡除共产党抗共产党的！说的共产党真好像是些红眉毛绿眼睛吃人的妖精一样"，"这真令人难以索解啊！"①

（二）联系自身实际进行阅读

《中国青年》向来注重激发读者的主动性，途径之一便是引导青年结合自身经历思考刊物上文章的观点。因此，除了学习青年运动的理论与方法，一些青年学生也将《中国青年》作为指导学业、提升修养的重要凭借。

1923 年 12 月，恽代英在《中国青年》第 8 期发表了《八股》一文，批判时下洋八股教育将英文、数学作为敲门砖，"造成了几千几万半通不通的英文、数学学者"，浪费了学生的时间与精力。② 南京的学生读者陈默若读毕此文"痛快至于极点"，"如我肺腑中流出，不觉为之手舞足蹈。我认这个问题，实在关系中国很大。"③

署名郁群的学生发表了题为《修学上的错误与纠正方法》的来信，反思在自学和工作时的不良习惯。一方面，"我的看书完全是图一时间的眼福，我既为书中感情所动移，便一直看下去，在看的时候，脑筋里面虽有模糊影像，但是过得一二天便已忘掉，甚至上午看过的书，到下午已不能忆回起来"。因此，郁群决定看《中国青年》《向导》《新青年》等"有价值的书"，"遇到有心得之处，便作文发表，振起精神，把自己的意思表白出来，文字的工拙，初不计较，总期把以前的因循苟且的习惯，用全力打破。"恽代英对郁群的阅读方法提出了进一步的指导："在看书的时候，要不惜将毛笔或铅笔在书中各种重要地方作种种符号，而且随时在书头上记下自

---

① 何挺颖：《对于青年指导者的悲观》，《中国青年》第 108 期，1926 年 1 月 2 日。
② 代英：《八股》，《中国青年》第 8 期，1923 年 12 月 8 日。
③ 代英：《勘读者》，《中国青年》第 12 期，1924 年 1 月 5 日。

己种种意见，这样便自然可以免于走马看花之错误"。①

（三）结合革命实践进行阅读

《中国青年》编者把编刊的职责与任务确定为"有系统的供给青年以革命人生观，革命理论，革命战术，革命经验，从思想言行各方面指出青年的应由之路"，②力尽所能地满足学生的思想需求，以鲜明导向引导他们走上革命道路。

1925 年，谢怀丹担任山东省立女子中学和山东省立女子师范学校联合团支部书记后，将《中国青年》与青年团的工作紧密联系起来。11 月 23 日，谢怀丹阅读《中国青年》讨论"赤化"的文章，在日记中记录了心得与疑问："你要去审查是否是应当做的工作？是否是为人民的利益？决定你的意志，勇敢地做去，不要顾及'赤化'不'赤化'。实际上说来，只有'赤化'世间才得安。"27 日，读《中国青年》第89 期："在此期中，民族革命中的共产党为最重要。这篇所解答的疑惑点，差不多是社会一般人的疑惑。"12 月 22 日，读《中国青年》第 99 期《评胡适之的"新花样"》，"打消以前对胡适之之信仰（好感）"。③

吴芝圃在河南杞县县立甲种农校期间开始接触社会主义的书籍，在开封培文学校期间"尤其是注意看《向导》和《中国青年》，对于当时共产党的主张，有了进一步的了解"。④ 他在《中国青年》发表文章指出："从事社会改革，须从根本上做起"，如果不打倒外国压迫，不从根本上铲除旧社会和旧伦理的势力，就难以将旧风俗"扫荡净尽"。⑤

————————

① 郁群：《修学上的错误与纠正方法》，《中国青年》第 90 期，1925 年 8 月 25 日。

② 记者：《敬答读者》，《中国青年》第 140、141 期，1926 年。

③ 谢怀丹：《岁月屐痕：一个莫斯科中山大学女生的回忆》，福建人民出版社1991 年版，第 13、14 页。

④ 《吴芝圃自传》，中共河南省委党史工作委员会编：《纪念吴芝圃文集》，中共党史出版社 1995 年版，第 13—15 页。

⑤ 吴殿祥：《我们风俗改良运动所得的教训》，《中国青年》第 74 期，1925 年 4 月11 日。

三、革命导向：阅读《中国青年》的影响

（一）为学生答疑释惑

《中国青年》得到了学生读者的信任，众多学生纷纷投书，把自己心中苦闷和思想疑惑向该刊倾诉。《中国青年》开设读者来信栏目，学生来信踊跃，主要涉及青年与人生出路、青年与求学、青年与革命运动等问题（见表1）。

表1　学生读者来信反映的主要困惑

读者来信类别	来　　信
青年与 人生出路	第34期《隐居与避恶》、第40期《毕业生生活问题》、第79期《怎样打破灰色的人生》、第82期《马克思主义者与恋爱问题》、第97期《答问(三则)》、第102期《生活与压迫虐待》、第104期《黑暗教育下军官学生的生活》、第112期《想到民间去者的生活问题》等
青年与求学	第28期《离脱学校问题》，第50期《开除的冤枉与自学问题》，第62期《退学呢？使全家跟着吃苦呢?》，第72期《穷学生与书》，第87期《被压迫青年的问题》，第131、132期《革命青年与家庭问题》，第143期《教会学生的转学问题》，第153、154期《革命青年与自然科学》等
青年与 革命运动	第40期《乡村运动问题》、第45期《甘肃平民教育的问题》、第75期《对同学宣传国民革命无效，要怎样谈?》、第100期《耶稣的力量》、第104期《同善社与孔教会》、第104期《怎样对付教职员的诡计》、第108期《对于青年指导者的悲观》、第130期《农村运动中的问题》等

＊资料来源：作者自制

其一，许多读者来信请教生活和人生的出路。上海大学的余泽鸿来函："《中国青年》上不提起青年生活正当解决方法，总有好

多人说是缺点,今期毕业同志多为生活问题牵制得很利害。"恽代英对此表示歉意,回信指出毕业生生活问题非外国资本压迫下的政治经济状况可解决。① 直隶磁县的青年学生王玄章在家受家庭压迫,离家又无独立谋生技能,不知何工厂可投。记者答复道,现时青年受人压迫是不可逃的命运,"愿你在受了这些痛苦压迫以后,能发生团结教育农民群众引导他们参加革命运动的决心,只有革命打倒军阀官僚地主才可以解放一般农民(连你的父兄在内)与你自己"。② 上大附中的"纲枢"无法继续求学,想从事民间宣传又苦于生活费没有着落。恽代英答复道,"青年欲求学而不能求学,欲谋生而无处谋生,这是帝国主义压迫之下中国社会经济所造成,我们除了根本改正中国社会经济状况,是无法救济这般青年的。"③

其二,许多读者来函请教读书与求学相关问题。保定育德中学的王中秀认为:"《中国青年》除抽象的说理以外,还应加以具体的东西的介绍。如《对于有志者的三个要求》那篇,逐条逐件都应附以现有的书籍,为作者所读过而承认有价值的,庶可引起读者看这种书的兴味。这书的出版发行地址,定价若干,亦可注上。"④山西曲沃的师范学生张景良热心求学,但家境贫寒,继续求学只能拖累家庭经济,由此陷入退学或使全家跟着吃苦的两难境地。⑤ 北京教会学校的学生刘忍询问如何打破教会学校和家庭的双重压迫。恽代英答复,各种压迫都是经济制度不良的结果,一两个人不能打破压迫、不能改变现有经济制度,必须将同样受压迫的同学和工农组织起来,"使他们都认识这种经济制度的罪恶","那便有一

---

① 泽鸿:《毕业生生活问题》,《中国青年》第 40 期,1924 年 7 月 19 日。
② 王玄章:《生活与压迫虐待》,《中国青年》第 102 期,1925 年 11 月 20 日。
③ 纲枢:《想到民间去者的生活问题》,《中国青年》第 112 期,1926 年 1 月 30 日。
④ 但一:《读什么书与怎样读书?》,《中国青年》第 8 期,1923 年 12 月 8 日。
⑤ 张景良:《退学呢? 使全家跟着吃苦呢?》,《中国青年》第 62 期,1925 年 1 月 17 日。

天可以救他们,而且可以救你自己"。①

其三,许多学生在各地参与社会运动,写信请求指导。武昌的学生耿启明、杨帮立在信中询问:"对同学宣传国民革命无效,要怎样谈?"②北京崇德学校的学生成立了自治会,但不知道开展工作的方法。③湖北黄梅的学生来信询问怎样对付教职员离间学生的诡计。④对此类来信,记者多建议他们把握学生心理,从学生自身利益说起,由浅入深地开展宣传,在团结学生的过程中唤醒他们的革命觉悟。

(二)促进学生在各种思潮激荡中走上革命道路

1922年,李觉民考入集美学校师范部,他在闲暇时喜欢阅读报章杂志,"每一看见社会主义的文字,我总要详细的研究,在那时候我最赞成无政府主义"。后来,李觉民阅读了马克思、列宁、李卜克内西等人的书,"决心相信列宁主义了,并知道从前信的无政府主义是没手段没方法的了"。李觉民还研读了《独秀演讲录》《社会主义讨论集》《阶级争斗》等书籍,"至若'中青'和《向导》,每期至少要读两遍"。在刘仁静的介绍下,李觉民在该校代销《中国青年》及上海书店宣传主义的书。此前,学生"每日只在功课上用功夫,有时看看《水浒》等小说"。李觉民在该校代销《中国青年》后,"觉悟的分子就日渐增多了"。集美学校师范部学生总数近600名,大多数同学均阅《中国青年》,"每间房间至少有一份,一百份《中国青年》均在师范部销售"。李觉民利用销售《中国青年》的机会"多找新朋友,尽力宣传","表同情的同学日益加多"。他还与同学共同创办《星火周报》"专鼓吹我们的主义"。《星火周报》颇受学生欢迎,销量甚至大过《中国青年》,"对于同学的思

① 刘忍:《被压迫青年的问题》,《中国青年》第87期,1925年8月8日。
② 《答问》,《中国青年》第75期,1925年4月18日。
③ H.Y:《耶稣的力量》,《中国青年》第100期,1925年10月10日。
④ 得君:《怎样对付教职员的诡计》,《中国青年》第104期,1925年12月6日。

想影响甚大"。①

1924 年,陈佑魁、夏明翰向团中央写信汇报《中国青年》在湖南的销售情况。该信附件《靖笛带来一万份〈中国青年〉销售情形一览表》显示,贺尔康一人在湘江学校销售《中国青年》235 册,退回 86 册。② 向学生推销《中国青年》的经历在贺尔康的日记中多有体现。1925 年 3 月 9 日,贺尔康"写了几张广告,介绍各同学定购《中国青年》。"4 月 9 日,贺尔康收到上海书店寄来的订阅《中国青年》收条,并向同学宣传《中国青年》"是引导我们走解放的路,打倒帝国主义和国贼军阀的……我们无论如何都只有起来革命——打倒军阀帝国主义——才是我们的出路。"③

1925 年 2 月,芜湖圣雅各中学高中部的王稼祥阅读了学校图书馆所有关于社会科学的书籍以及当时在书店中能买到的《新青年》《向导》和《中国青年》,"思想发生急剧变化"。④ 王稼祥认为,"现在唯一的希望,唯一的生路,就是结合无产阶级,根本推翻这个制度,取消私有制,实现社会主义的政策。"⑤1926 年 1 月初,在莫斯科中山大学学习的王稼祥写信给堂弟王柳华,推荐他阅读《社会主义讨论集》《新社会观》《中国青年》及其丛书。⑥ 1926 年 3 月,获悉王柳华将赴上海大学附中学习,王稼祥提醒王柳华对于革命的理论"应当注意",并再次推荐他阅读《共产党宣言》《共产主义ABC》《阶级争斗》《中国青年》等书刊。⑦

---

　　① 李觉民:《李觉民给钟兄的信》(1924 年 11 月 24 日),《厦门革命历史文献资料选编(1919 年—1927 年 7 月)》第 1 集,第 65、67 页。

　　② 佑魁、日羽:《佑魁、日羽致团中央信(第十一号)》(1924 年 7 月 24 日),《湖南青运史资料选编》编辑组编:《湖南青运史资料选编》第 2 辑,1988 年版,第 539 页。

　　③ 《贺尔康烈士的日记》(1925 年 3 月 11 日),《湖南历史资料》(一九七九年第一辑),第 34、50 页。

　　④ 徐泽浩编著:《王稼祥年谱》,中央文献出版社 2001 年版,第 10 页。

　　⑤ 驾翔:《食与爱的本能与现代经济制度》,《狮声》第 1 期,1925 年。

　　⑥ 徐泽浩编著:《王稼祥年谱》,第 24 页。

　　⑦ 王稼祥:《给王柳华的信》(1926 年 3 月 13 日),中共中央文献研究室编:《老一代革命家家书选》,中央文献出版社 1990 年版,第 15 页。

（三）引导学生投身革命事业

青年学生阅读《中国青年》，深入了解党和团的思想理论，进而接受和认同党、团的主张。沈葆英就读于湖北省立女子师范学校期间收到了恽代英从上海寄来的《中国青年》。她回忆道："这本刊物像磁石一样吸引了我，我一口气把它读完。"沈葆英还与进步同学分享了阅读《中国青年》的感想，她赞同恽代英《怎样才是好人？》一文的观点，认为"好人就是要有操守，有作为，为社会谋福利。就是说能给大家办事。"此前，沈葆英对恽代英口中的共产主义理想社会并不理解，读完《中国青年》后"渐渐明白了"。①

1924 年 11 月 29 日，《中国青年》第 55 期刊发了恽代英撰写的《为"国民会议"奋斗》，文章评述了孙中山的《北上宣言》以及共产党对于时局的主张，指出"妇女在政治上经济上教育上社会地位上，均应与男子享平等权利"。② 李坤泰读毕此文"不觉喜极而泣"，"这真是数千年莫逢的大好机会呵！""我们女界——尤其是青年女子，正当努力参加此会，提出要求，求得将来果与男子平等，才不枉我们前此的牺牲。但同时亦赞成《中国青年》上面所提出的各种主张，尤其要望他们——有良心的男子——大家协同努力为我们青年男女求平等的幸福！"她还提出了废除压死青年女子的旧礼教、男女求学机会平等、女子择业结婚自由、禁止蓄童养媳等十三条推进妇女解放，实现女子参政议政的主张，并呼吁"大家团结起来，促成我们的国民会议"。③ 1925 年，李坤泰在家乡白花场成立"妇女解放同盟"，领导妇女群众向封建势力展开了激烈的斗争。

一些读者受《中国青年》的鼓舞参加各地的青年运动，最终投

---

① 沈葆英：《和代英共命运的岁月》，《回忆恽代英》，人民出版社 2015 年版，第 38、39 页。
② 但一：《为"国民会议"奋斗》，《中国青年》第 55 期，1924 年 11 月 29 日。
③ 一超：《青年女子与国民会议》，《妇女周报》第 83 期，1925 年 4 月 19 日。

身于党的革命事业。陈修良在杭州女子中学高中部求学期间,自由地阅读了党与团主办的刊物,"《中国青年》给我很大的影响,我知道了帝国主义,军阀反动政府是青年的对头。我便下决心革命。"①1926 年初,陈修良考入上海国民大学,并加入青年团,"走上了为争取人民民主和民族解放的革命道路,再也没有回过头"。②读者杨松回忆在武汉的读书时光:"教员冯文清先生,在课堂内向我们讲了五四运动与新文化运动,并介绍我们多看新出版的文学书和杂志刊物。开始我喜欢读文学书籍,后来爱读《中国青年》。《中国青年》使我的思想起了大变化,把我引上了革命的道路。"③在董必武、陈潭秋的影响下,杨松于 1926 年加入青年团,并担任武昌团区委书记,积极引导青年学生和工农民众支援北伐。

四、结　语

青年学生在近代中国的政治舞台上扮演了重要角色。著名学者王奇生认为国民革命在很大程度上就是"学生的革命",青年学生先入国民党,再入共产党是彼时的革命之路。④ 历史可以从多个侧面进行研究,对于渴求知识的学生群体来说,阅读史的研究维度为我们提供了一个认知历史的视角。经过五四时期的风云激荡,中国社会完成了从资产阶级旧民主主义革命向新民主主义革命的历史转型。这个转型反映在组织形态即是中国共产党的成

①　陈修良:《杭女中报告提要》(1957 年 5 月 25 日),华东师范大学中国当代史研究中心编:《中国当代民间史料集刊 18 陈修良工作笔记》,东方出版中心 2016 年版,第 89 页。
②　陈修良:《漫长的道路是怎样起步的》(1988 年),《陈修良文集》,上海社会科学院出版社 1999 年版,第 6 页。
③　杨松:《五四运动的二十年》,《中国青年》(延安版)第 1 卷第 2 期,1939 年 5 月 1 日。
④　王奇生:《论国民党改组后的社会构成与基层组织》,《近代史研究》2000 年第 2 期。

立,反映在思想界即是马克思主义思潮的广泛传播。由此形成的革命深化必然转向社会层面的扩展,青年学生作为一个重要群体,在革命转型中的知识给养,对影响社会变革有着极其重要的意义。通过学生阅读《中国青年》的研究可以看到一个刊物在历史演进产生的思想力量。

（作者王钰淇系上海交通大学媒体与传播学院博士研究生；

齐卫平系华东师范大学教授。华东师范大学

传播学院卞冬磊教授对此文写作提供了帮助,在此表示感谢）

上海的基督教女青年会
女工夜校与统一战线

张 化

1922年7月,中国共产党第二次全国代表大会在上海召开,提出要建立"民主联合战线"。从此,统一战线法宝广泛应用于新民主主义革命,助推了上海成为中国工人运动、革命文化运动和各民主阶层爱国民主运动的重要基地,基督教女青年会办的女工夜校就是一个成功的案例。

一、女青年会女工夜校是上海持续
办学最久的工人夜校

基督教女青年会是国际性基督教妇女团体,其宗旨是:本基督之精神,促进妇女德智体群四育之发达,俾有高尚健全之人格、团契之精神,服务社会,造福人群。该会20世纪初传入上海,中华基督教女青年会全国协会(以下简称"全国协会")设于上海,下辖上海基督教女青年会(以下简称"市会")。"全国协会"是世界基督教女青年会的团体会员,有2套班子:一套是权力机构董事部,由全国代表大会选举产生,董事往往是知名基督徒,义务工作者。另一套是干事部,是执行机构,设正、副总干事;设市会部、校会部、劳工部等部门,由董事部聘请各部门主任干事和若干干事,并授薪。"市会"组织体系与"全国协会"基本相同,经常与"全国协会"合作，或得"全国协会"之助开展工作，女工夜校亦如此。

　　女青年会有进行劳工和教育工作的传统。1904—1907 年间在沪为女工办过夜校。第一次世界大战后，上海纺织和轻工业快速发展，产业工人猛增，女工、童工始终占一半以上。① 鉴于此，1923 年召开的女青年会第一次全国大会决定举办劳工事业，以改良劳工状况，协谋雇主和劳工间的谅解。同年，推动上海公共租界工部局成立童工委员会，宋美龄为主席。女青年会参加上宝平民教育促进会，办平民学校，至 1926 年 3 月办了 8 所，②其中 3 所专为女工设立，借用教会、学校、私宅上课，教以千字文和常识，办学时间均不长。

　　1928 年春，"全国协会"劳工部派邓裕志到"市会"做习职干事，分工负责浦东③的平民学校。她与同事一起改革教学模式，增加课外活动；内容不仅仅注重直接传教，更多关心时事和社会问题。这年，共办 4 所女工平民学校，学生约 200 人。④ 1930 年起，定名为女青年会女工夜校。"全国协会"拨款顶下小沙渡路三和里⑤ 21—23 号房屋，作为校舍及"全国协会"的工作示范点。因要求入学女工众多，1931 年，教室迁劳勃生路裕庆里⑥ 13 号，又在曹家渡康福里⑦、菜

① 1929 年全市产业职工中，女工占 60.7%，童工占 9.6%；1948 年，全市女工占 47%，童工占 5.6%。见《上海工运志》编纂委员会编：《上海工运志》，上海社会科学院出版社 1997 年版，第 86—87 页。
② 作者不详：《女青年会开办平校七所》，《申报》1926 年 2 月 27 日，第 11 版；本报讯：《妇女补习夜校开课》，《申报》1926 年 3 月 31 日第 19 版；作者不详：《上宝平教促进会干事会纪》，《申报》1926 年 4 月 7 日第 7 版。
③ 位于烂泥渡浦东新村，今陆家嘴金融区。
④ 邓裕志：《上海基督教女青年会女工夜校》，收于中华基督教女青年会全国协会编：《邓裕志先生纪念文集》，2000 年，第 15 页。以下该书简称《邓裕志先生纪念文集》）。
⑤ 即西康路 910 弄。
⑥ 即长寿路 171 弄。
⑦ 即长宁支路 14 弄。

市路①设校,加上浦东、杨树浦②、虹口③的夜校,共有 6 所。大多借用中小学校舍教学,校址常变。抗战前,在校生达 800 多人。

抗战爆发后,师生一度投身难民和伤兵救助工作,很快恢复上课。1939 年初,已恢复三和里、麦根路、④曹家渡、七浦路桥、菜市路等 5 所,教师 20 名,在校生 1 000 人。⑤ 日军占领租界后,女青年会经济困难,逐步收缩至三和里一处,学生保持在 200 人左右。⑥抗战胜利后,邓裕志将所获首笔经费顶下曹家渡白利南路仁和里⑦ 3 号和榆林路东晋成里⑧ 16—18 号,用作校舍,迅速恢复到 6 所,从第一至第六校分别为:三和里、仁和里、杨树浦路华圻坊⑨、南市、东晋成里、麦根路,在校生 1 000 多人。至 1949 年,连续办校 22 年,是上海由一个团体办学、持续时间最长的工人夜校,共 53 届毕业生,1 万多人。⑩

二、女工夜校用进步理念和优质资源塑造新人

女工夜校的办学目标是德、智、体、群全面发展。学生大多 16—20 岁,课时安排在女工日、夜班次之余,课程有识字、历史、算

①　即顺昌路。
②　位于沪江大学社会学系所办实验基地沪东公社,1917 年起,公社迁入杨树浦路 1509 号(眉州路口)新址。
③　位于兆丰路(即高阳路)启英女中。
④　即石门二路。
⑤　《巾帼摇篮》编委会编:《巾帼摇篮——上海女青年会女工夜校师生回忆》,上海人民出版社 2000 年版,第 12 页。以下简称《巾帼摇篮》。
⑥　钱琴:《女工夜校》,《妇女(上海 1945)》庆祝胜利特刊(1945 年 10 月 20 日),第 17 页。
⑦　即长宁支路 12 弄。
⑧　即榆林路 783 弄。
⑨　即杨树浦路 1991 弄。
⑩　上海通志编纂委员会编:《上海通志·第十四卷》,上海人民出版社、上海社会科学院出版社 2005 年版,第 1579 页记载:1930—1948 年有学员 11 400 人。如加上 1949 年,约 1.2 万人。以下此书简称《上海通志·＊卷》。

术、尺牍等。3 年可达小学程度。1933 年起办特级班,再学 3 年,可达中学程度。课外活动丰富。老师辅导学生自组工友团(后改称友光团),自选主席、财务等负责人,每周活动一次,内容包括讨论、演讲、游戏、歌咏、戏剧、旅游等,以培养团体意识、活动和自治能力,训练领袖人才。用夏令会方式集训各校骨干。1946 年,在仁和里设劳工福利工作实验站,自编教材、组织校友读书会、出版《友光通讯》,并作为"全国协会"训练各地干事的实习场所。① 夜校还量力为学生介绍工作、提供经济救济、医疗和法律等服务,办有小型工人宿舍。②

女工夜校得到海内外各方的关注和帮助,拥有难得的教育资源。劳工部干事都有大学以上学历,教师主体是中学毕业生和待正式就业的大学生。虽用官方教材,自编教材却更重要,如地下党员邵漪容等编写的 6 册《女工读本》,曹亮③和沪江大学教授编写的《经济学》《工会运动概况》《一个女工和一个女大学生的通信》等,内容生动、通俗易懂,深受欢迎。夜校常请中外名士来开讲座,如文幼章、史沫特莱、陶行知、李公朴、章乃器、许广平、胡子婴、罗叔章、雷洁琼、俞庆棠、曹亮、沈体兰、吴耀宗等,使学生能开阔视野,紧跟时代。歌咏、戏剧老师中,不少是著名导演和演员,如冼星海、吕骥、麦新、孟波、田蔚、徐韬、郑君里、崔嵬、姚时晓、张庚等,不少歌曲、戏剧系为女工量身定制。女工夜校由陶行知指导实行"小先生"制。由高年级政治坚定的优秀学生任"小先生",教初级班或回厂办工间识字班。至 1935 年,有"小先生"20 多人,办识字班十四、五处,学员 400 多人。女工夜校接待过上百人次的海内外来访,包括世界女青年会总干事、中外媒体、各地女青年会骨干。陶行知、邓裕志等人多次在国际性宗教或教育会议上介绍女工夜校的经验。

---

① 《巾帼摇篮》,第 439 页。
② 《大美晚报》1936 年 11 月 1 日,转引自《巾帼摇篮》,第 171 页。
③ 曹亮(1904—1992),湖南人,1934 年入党。

三、中国共产党领导女工夜校
统一战线的组织体系

中国共产党是无产阶级政党,历来重视办工人学校,提高工人政治觉悟,发展工人党员,壮大党的阶级基础,组织、开展工人运动。在1928—1949年女工夜校办校的22年中,如果以共产党机关,包括八路军办事处、中共代表团驻上海办事处(联络处)能公开或半公开活动为标准,共产党在上海能公开活动的时间累计约3年,[1]党组织数度遭破坏,无法公开办校。在白色恐怖环境中,党中央制定了公开工作与秘密工作相结合,合法斗争与非法斗争相结合,上层统战工作与群众工作相结合的工作方针。1938年,夜校工作委员会明确指示:"采取统一战线的方式,以群众的面貌打入社会公共教育机关活动。"[2]

笔者对公开资料中出现的女工夜校人物(均需核定原名、今名、化名、曾用名)分别做出小传,与党史组织系统中的人物一一对照,爬梳出党领导和引领女工夜校的组织体系:有两条线,一条是党内组织,组织体系数次变化,却始终不断,以秘密状态为主。另一条是具有统战性质的合法社会团体,名称随势而变。在社会团体中,也有党的秘密组织或党员。党员一方面按党组织的要求开展工作,另一方面以在社会团体中的公开身份,开展群众工作。女工夜校师生入党后,慢慢充实党组织,作用越来越大。两条线互相交叉、支撑,织成灵活、有效的组织网络。女工夜校中没有党组织,党员归属不同的组织系统。不同系统的党员不发生横向联系,在夜校不以党员身份交往,但工

---

① 是1937.8—1939.11,1946.6—1947.3,一共37个月。

② 中共上海市委党史研究室著:《中国共产党上海史(1920—1949)》,上海人民出版社1999年版,第1049页。以下此书简称《中国共产党上海史(1920—1949)》。

作上会自觉配合。女工学生大多先入团，后入党。因此，兼及团组织。

抗战前，在党组织这条线上，由中央宣传部文化工作委员会（文委）领导。1929年10月，"文委"成立，书记先后由潘汉年、阳翰笙担任，领导成员有田汉等。在合法社会团体这条线上，1930年3月起，先后成立中国左翼作家联盟（左联）等"八大联"；其中的中国左翼教育工作者联盟（教联）、中国左翼戏剧家联盟（剧联）、音乐小组（音联）与女工夜校关系最为密切。女工夜校教师多是"教联"成员，或由这三"联"介绍而来。"教联"负责人和骨干大多是陶行知的优秀学生。为便于领导"八大联"，"文委"于1930年10月成立中国左翼文化总同盟（文总），潘汉年兼任"文总"党团书记，领导成员有田汉、周扬、夏衍等，后期有曹亮。各"联"都有党组织，"教联"设党组，负责人称"总务"，先后由刘季平、丁华担任，①领导成员有张敬人、王洞若②、郑伯克、张劲夫，女工夜校教师有徐明清③、邓洁④（女）等。⑤ 1935年2—3月，"文委"阳翰笙、田汉等3人被捕，周扬、夏衍幸免于难。7月，在沪的中共上海中央局、中共江苏省委以及各区委、区委下属的支部均遭破坏，且2年未能恢复。但"文总"及各"联"的党组织仍保有相当实力，约130名党员在失去中央领导的情况下坚守岗位。7月，他们重建"文委"，周扬任书记，成员有邓洁（男）⑥。"文总"也重组党团，胡

　　① 刘季平口述、金立人整理：《教联的建立及其发展》，收于上海历史研究所教师运动组编：《上海教师运动回忆录》，上海人民出版社1984年版，第7—8页。以下此书简称《上海教师运动回忆录》。
　　② 又名王乃明、王用观。
　　③ 原名徐一冰，又名徐庶音，毕业于晓庄师范，1926年入团，1929年入党。1935年4月被捕，营救出狱后赴延安。
　　④ 女，原名桂芬、又名林淑华，解放后任江苏省文化局副局长、省妇联主任。
　　⑤ 徐明清：《教联活动的回忆》，收于《上海教师运动回忆录》，第23页。
　　⑥ 又名邓士元（邓鹤皋），1940年，在延安任中共中央直属财政经济处处长，曾参加七大，解放后任中央直属经济建设部部长。

乔木任书记,成员有陈处泰①、曹亮等。各"联"修改名称和纲领,"教联"改名为中国新兴教育者联盟(仍简称教联)。共青团江苏省委及其下属区委、支部等,组织也基本保持完整,团工委领导成员有团员"小先生"李淑英②、卢英③等。④ 1935 年底,中共中央提出建立最广泛的抗日民族统一战线的方针,各"联"和"文总"先后解散,成立具有统战性质的各界救国会。1936 年 2 月,"教联"解散,成员成为新成立的国难教育社的骨干。国难教育社虽然没有用救国会的名称,但它挽救民族危亡的目标与救国会一致,实际上是教育界的救国会,执行委员有陶行知、沈体兰、刘良模、吴耀宗、邓裕志等社会知名人士,也有地下党人丁华、郑伯克、张劲夫、王洞若等。为更好领导各界救国会,"文委"于 1936 年 2 月成立中共江苏省临时委员会(临委),书记邓洁(男),成员有胡乔木、丁华等,⑤按救国会系统建立党组织。文化界救国会党团成员有曹亮等;妇女界救国会有邓洁(女)等;⑥国难教育社党团成员先后有丁华、张劲夫、王洞若、郑伯克及女工夜校党员"小先生"朱冰如等。6 月,国难教育社设沪西区、沪东区等若干分社。党内相应设若干党支部,沪西区党支部成员先后有李群夫⑦、吴莆生,及夜校党员教师陈维清⑧、陈舜玉、林琼等;沪东区党支部先后有郑伯克、王东放、

① 邓洁:《三十年代上海基督教女青年会的女工夜校》,收于中共上海市委党史研究室编:《上海党史资料汇编·第 2 编·土地革命战争时期·上》,上海书店出版社 2018 年版,第 525 页。此书以下简称《上海党史资料汇编·第 2 编·土地革命战争时期·*》。

② 原名李玲香,又名李穗,1933 年入团,1937 年转为党员,解放后任全国总工会食品工业工会主席。

③ 原名卢爱玲、卢爱林,解放后任上海闸北区委副书记。

④ 陈国栋:《回忆我在三十年代共青团工作的一些情况》,收于《上海党史资料汇编·第 2 编·土地革命战争时期·上》,第 320 页。

⑤ 《中国共产党上海史(1920—1949)》,第 827 页。

⑥ 中共上海市委党史资料征集委员会编:《"一二·九"以后上海救国会史料选辑》,上海社会科学院出版社 1987 年版,第 420 页。

⑦ 又名李亚群,后调沪中区。

⑧ 又名陈痕、陈维卿。

陈立凡、王洞若、张敬人、林一心等，及党员教师徐明清、邓洁（女）等。① 同年 4 月，冯雪峰被党中央派到上海，年底组织中共（上海）临时工作委员会，王尧山任书记。同年 7 月，成立共青团江苏省临时委员会（团临委），由袁超俊②、女工夜校的李淑英、卢英等组成。

　　全民族抗战爆发后，女工夜校由江苏省委"工委"领导，"群委"一度参与工作。1937 年，刘晓到上海恢复地下党，组织中共上海三人团；7 月，设工人工作委员会（工委）和群众团体工作委员会（群委）。"工委"委员马纯古、刘宁一等负责女工夜校。"群委"中，陈修良分工妇女工作，包括女工夜校。这年 11 月，上海三人团结束工作，建立中共江苏省委，书记刘晓，副书记刘长胜，下设的各委员会中，有工人运动委员会（工委）和妇女运动委员会（妇委）。劳工夜校由"工委"负责，"妇委"一度参与女工夜校工作。"工委"书记先后有林枫、马纯古、刘宁一、张祺。"妇委"书记陈修良，委员有女工夜校党员教师罗晓红③、李淑英、赵先④等。1939 年上半年，"妇委"被撤销。女工夜校完全由"工委"领导。随着抗日民族统一战线的形成，党在各界救国会的基础上组建各界救亡协会，1937 年 7 月，成立上海市文化界救亡协会（文协）。但很快上海沦为孤岛，合法社会团体也不再"合法"，但女青年会作为教会团体，仍可公开活动。1938 年春，"工委"成立夜校工作委员会，负责人刘宁一，成员先后有梅继范、张巩、姚贞，以及女工夜校教师黄纫秋、钱琴等人。1940 年，"工委"成立女工委员会，李淑英负责沪西工厂和女工夜校。1942 年 8 月，江苏省委从上海撤到淮南，但留下"工委"等系统党委，"工委"书记张祺；钱琴等 4 位党员教师留

---

　　① 郑伯克：《我和"国难教育社"》，收于《上海党史资料汇编·第 2 编·土地革命战争时期·下》，第 986 页。

　　② 又名严均超。

　　③ 后名罗真。

　　④ 原名宋书尚。

守女工夜校。1943 年 4 月,撤销江苏省委,在中共中央华中局下设敌区工作部,翌年至 1945 年 9 月,改称城市工作部(城工部),通过政治交通,单线领导上海地下党。1945 年 8 月 9 日,建立中共上海市委,张执一负责上层统一战线及文化界工作。1947 年 1 月 16 日成立中共中央上海分局(同年 5 月改为中共中央上海局),直属中央领导,负责上海的统战、文化等工作。下设上海市委,仍设"工委",书记张祺,副书记马纯古,负责工人运动。合法社会团体有上海工人协会(工协)、上海市教育协会(教协)等协会。为统一领导,1946 年 5 月 5 日,成立上海人民团体联合会(上团联),马叙伦、许广平、女工学生党员汤桂芬等当选理事。联合会也建立了秘密的总党组,由上海市委书记张承宗领导,汤桂芬是党团成员。"教协"党组书记是方明,女工夜校的党员负责人有黄纫秋、周琦、聂梅励等。

四、中国共产党如何在女工夜校
建立统一战线、开展工作

抗战前,曹亮对女青年会中上层人士有直接而持久的影响力,是共产党在女工夜校开展统战工作的开拓者、奠基者和领导者。曹亮毕业于燕京大学,在校期间是基督教青年会会长,积极参加反帝反封建军阀的斗争,认为基督教和共产主义并不矛盾,向往共产主义。1927 年毕业后任中华基督教青年会全国协会校会组干事。1931 年,转任基督教所办麦伦中学教务长。1934 年 1 月由田汉、阳翰笙介绍入党,随即成为"文总"党团成员兼"社联"书记。他当时的重要工作是参加国际友人的马克思主义学习小组,做联络和引导工作。参加学习的有汉斯·希伯[①]、路

---

①　即 Hans Shippe(1897—1941),德国籍共产党员,记者,牺牲于山东根据地的一场遭遇战中。

易·艾黎①、史沫特莱②、甘普霖③、马海德④、魏璐诗⑤、艾琳·魏德
迈⑥、卢秋迪⑦以及女青年会的中外干事陆慕德⑧、夏秀兰⑨、耿丽
淑⑩、邓裕志。其中唯一的中国人邓裕志是他的湖南同乡。他们
学习马克思、恩格斯的经典著作,研讨社会发展史、土地问题、国际
国内时事,介绍党的苏区政策和红军反"围剿"情况。⑪ 他们后来
大多成为中国革命的同情者和参与者。曹亮工作能力超强,极具
亲和力。劳工部的中外干事都很佩服他,遇事喜欢听听他的意见。
他的意见往往能影响女工夜校的决策。他就这样用润物细无声的
方式,引导着女工夜校的办学方向,直到 1937 年 7 月奉命撤离
上海。

　　一批精干党员担任女青年会干事,获得领导女工夜校的合法
身份。1930 年 7 月至 1938 年 7 月,当时的进步人士钟韶琴⑫任

---

①　即 Rewi Alley(1897—1987),新西兰籍共产党员,作家,红军长征期间,在家设
共产国际中国组的秘密电台。

②　即 Agnes Smedley(1892—1950),美国籍作家,1928 年来华,协助宋庆龄组织了
中国民权保障同盟。

③　即 A. B. Camplin,英国籍共产党员,电器工程师,红军长征期间,维护共产国际
中国组的秘密电台。

④　即 George Hatem(1910—1988),美籍医生,1930 年来沪,后到延安当医生,解放
后加入中国籍。

⑤　即 Ruth F. Weiss(1908—2006),原奥地利籍犹太人,1955 年入中国籍,是第六、
七届全国政协委员。

⑥　即 Irene Wiedemeyer(1907—1978),荷兰籍,瀛寰图书公司经理。

⑦　即 Trude Rosenberg(?—1997),共产党员,汉斯·希伯的妻子。

⑧　即 Mod-Rusell(1893—1989),美国籍,1917 年到华,任女青年会干事。

⑨　即 Lily K. Haass,美国籍,1914 年来华,1924—1932 年任"全国协会"劳工部
干事。

⑩　即 T. Gerlach(1896—1995),美国籍,1926 年来华,1930—1933 任女青年会全
国协会学生部主任干事。1952 年再度返华,任英文刊物《中国建设》编辑部顾问,去世
于上海。

⑪　陈一鸣:《我的心在高原·陈一鸣文集》,南京师范大学出版社 2014 年版,第
225 页。

⑫　钟韶琴(1904—2003),1930 年毕业于沪江大学社会学系,1945 年获美国哥伦
比亚大学教育学硕士,任联合国非政府组织远东地区联络协调员。1956 年回国,任职
于北京图书馆,改革开放后,任全国妇联顾问。

"市会"劳工部干事。1936年秋,党员张淑义就聘"市会"劳工部干事。她在燕京大学读书时就带领同学参加过一二·九运动。她的父亲张钦士[①]是北京青年会干事,与曹亮是挚友。张淑义在党组织遭破坏的情况下,与曹亮单线接上组织关系。[②] 1937年底,张淑义任劳工部主任干事和女工夜校校长。她接受曹亮领导,是党内的劳工教育工作者;也是女青年会的合法领导人。八一三事变后,她接受江苏省委"妇委"书记陈修良领导,遵照党的指示,以女青年会劳工部的名义,办了3个妇孺难民收容所。几个月后,收容所结束,她接受"工委"刘宁一领导。遵照党的指示,张淑义和罗晓红等人一起,恢复了5所女工夜校。1939年至1941年9月,她调任"全国协会"劳工部兼民众教育部干事,把上海经验介绍到各地。1941年受女青年会派遣赴美读硕士。1938年夏,燕京大学毕业的党员梁思懿就聘"市会"劳工部干事。1944年7月,沪江大学社会系毕业的党员王知津就聘"市会"劳工部干事,工作到1950年。1946年,圣约翰大学毕业的党员邢泽、沪江大学毕业的党员邵漪容同时就聘"市会"劳工部干事,都工作到1948年秋。

1932年起,党组织通过前述相关合法社会团体持续为女工夜校介绍教师,将党的力量逐步植入女工夜校。教师中,有的已是党员;有的是入党积极分子,任教不久即入党。重要党员教师有姚剑秋、徐明清、邓洁(女)、姚时晓、丁宁、王初、陈维清、钟民、钱琴、黄纫秋等。党组织给党员教师的任务就是团结女工,发展组织。[③] 1万多毕业生中,约95%入了党。[④] 在不同时期,学生入党有不同渠道,有时由夜校教师发展入党,有时夜校教师把她们转到各厂党

　　① 张钦士,号志新。

　　② 张淑义:《在上海基督教女青年会工作前后》,收于《上海党史资料汇编·第2编·土地革命战争时期·上》,第834页。

　　③ 徐佩玲:《沪东女工夜校的一些情况》,收于《上海党史资料汇编·第2编·土地革命战争时期·下》,第519页。

　　④ 笔者2002年2月6日下午采访原女工夜校学生陈祥珍、张定堡、杨杭轩等人。

组织发展。党员"小先生"发展的学生党员往往更多。学生党员散布各厂,又在厂里发展党员,填补了许多厂党组织的空白,负责人几乎都是女工夜校学生。有的厂没有党员,夜校老师将党员学生调入做工,发展党员,建立组织。地下党还有计划地动员无党员工厂的团员或积极分子到女工夜校读书,培养成党员,回厂建立党组织。星星之火,渐成燎原之势。

五、女工夜校对新民主主义革命的贡献

在党的领导下,"每所女工夜校既是教育、组织女工群众的场所,又是党联系周围工厂女工的活动中心,培养工人运动骨干和发展党的力量的一个重要阵地。"[1]毛泽东曾总结,实现全面抗战是工农红军长征的胜利和知识界救国运动两种力量结合的结果。[2]在救国会成立和开展活动过程中,妇女界是前锋,女工夜校师生是生力军。1935年一二·九运动爆发,紧随上海各大学学生救国联合会[3]之后,12月18日前后,女工们在提篮桥的一个工人夜校成立了上海女工救国会,成立大会由女工卢英和李淑英主持。[4] 12月21日,沈兹九、何香凝、史良、邓裕志等人发起上海妇女界救国会。[5]成立大会在上海青年会会所举行,女工救国会并入;女工夜校学生由老师带领进场,集体加入。会后的示威游行,邓裕志和女工夜校的师生走在最前面。此后,全国各界纷纷成立救国会。

① 王知津等:《回忆上海女青年会女工夜校》,中国人民政治协商会议上海市委员会文史资料工作委员会编:《文史资料选辑》1979年第五辑,第84页。
② 毛泽东:《新民主主义论》,《毛泽东选集》第二卷,人民出版社1991年版,第702页。
③ 作者不详:《北平学生爱国运动,本市各大学生奋起,坚决反对华北自治》,《申报》1935年12月15日,第9版。
④ 沈以行等主编:《中国工运史论》,辽宁人民出版社1996年版,第393页。
⑤ 邓裕志:《上海基督教女青年会女工夜校》,收于《邓裕志先生纪念文集》,第20页。

1936 年,成立全国各界救国联合会。全国自发、分散的抗日救亡活动成为有组织、有领导的运动。

1937 年 10 月起,上海劳动妇女战地服务团成功践行了抗日民族统一战线。服务团首批 10 名团员均由女工夜校师生组成,女作家胡兰畦为团长,临时团省委组织部部长胡瑞英为队长。服务团对外以"文协"名义组织,随国民党第十八军罗卓英部转战 3 年,行程 2 万里,宣传抗日,促进军民合作。到南昌后,经陈毅与上海党组织取得联系,10 名团员转为党员。成员后发展到 39 人,牺牲 1 人,发展党员 16 名。1940 年 10 月,因国共关系紧张,20 多名骨干撤出,12 人参加新四军,4 人赴延安。

1937 年 12 月新四军成立后,党中央交给上海党组织的任务之一就是在人力、物力上支援新四军。1938 年,夜校工作委员会让工厂党组织充分利用夜校,为工运和抗日游击根据地培养和输送力量。① 大量女工学生经女工夜校培养、介绍,转入皖南或苏北新四军根据地、浙东三五支队,甚至延安。

1940 年初,刘长胜到延安向中央汇报工作,当毛泽东听到女工夜校有千把学生,加上其他方面夜校,共有五六千工人在读书时,称赞说:"在敌伪统治地区,一个工厂办一所夜校,组织几百工人读书、学文化、求进步,就等于办了一个工会。夜校工作值得提倡和推广,要继续办好它。"②

女工夜校师生中的党、团员往往是工人运动的骨干,在罢工、谈判、游行示威中,最为勇敢;③学生来自各厂,在夜校便于交流信息和经验,推动工人运动。在纪念一·二八事变、九一八事变等重大纪念活动、在鲁迅葬礼、抗议迫害七君子事件、六二三欢送上海

---

① 《中国共产党上海史(1920—1949)》,第 1049 页。
② 《巾帼摇篮》,第 14 页。
③ 蔡平:《共青团在女工夜校中的活动片断》,共青团上海市委青运史研究室编:《上海青运史资料》(1983·第 3 辑),团内读物,1983 年,第 27 页。

人民和平请愿团等斗争中,她们都冲锋在前。1936年9月,教师林琼参加游行集会时,被军警打伤肋骨,至肋膜发炎,胸腔积水。1936年11月的全市日商纱厂工人大罢工中,张淑义带中华全国总工会白区执行局日本纱厂工作委员会(纱委)的张家麟①,到女工学生党员刘贞家研究罢工策略,为刘贞联系面见了救国会七君子,取得各界支持,②赢得胜利。1947年底,在沪党组织为配合全国的军事行动,开辟第二战场,要求"只要斗得起来就斗,要斗得国民党不得安宁,使它陷入全民包围之中。"③地下党成立毛纺业地下党总支,委员中有林福英、陈祥珍等女工学生,分头联系各厂党支部,用饿工(绝食)形式开展斗争。④ 1948年3月,"工委"局部遭破坏,200多人被捕,其中不少是女工学生,大多在狱中坚持到解放。有不少女工学生牺牲。

　　女工学生中涌现出一大批工运领袖、妇女干部。女工学生汤桂芬1940年入党,1941年4月起先后任统益纱厂、日商同兴军服厂党支部书记,身边有40多名女工夜校学生、20多名党员,同兴厂30多个生产班组长,全部是党员或积极分子。在1946年6月23日欢送上海人民和平请愿团大游行中,她任沪西区游行总指挥,并做演讲,成为有影响的工运领袖、工界和妇女界名人。1948年8月,在哈尔滨召开第六次全国劳动代表大会,国统区有4名女代表,其中3人是女工学生,包括汤桂芬。会后,她随蔡畅出席在匈牙利召开的国际民主妇联主席团会议。解放后,任中国纺织工会副主席、上海纺织工会主席。刘贞1939年代表上海工人赴延安出席了党的七大。⑤ 解放后,不少师生成为女干部。干事中张淑义任全国妇联妇女儿童福利部部长,王知津任上海普陀区委副书

---

① 又名周林。
② 《巾帼摇篮》,第329—321页。
③ 《巾帼摇篮》,第409页。
④ 《巾帼摇篮》,第423页。
⑤ 《巾帼摇篮》,第339页。

记。教师中罗真任全国妇联主席蔡畅的秘书,陈维清任轻工业部技术顾问,丁宁任城乡建设环境保护部科技局负责人。学生中卢英任上海闸北区委副书记,胡瑞英任江西省总工会副主席,李淑英任全国总工会食品工业工会主席,任秀棠任广州市出口商品检验局副局长。上海纺织工会10多位女部长都是女工夜校的校友。更多学生成为企业领导,如陈祥珍任上海石油化工总厂涤纶二厂党委书记,童工出生的庄秀月任羊毛衫十厂党支部书记兼厂长。

六、中国共产党能在女工夜校建立统一战线的原因

女工夜校受到共产党和基督教的双方赞誉,是因为共产党人与追求进步的基督徒有合作共事的思想基础,有有利的社会氛围,有基督教所办事业的普世合法性,有与进步民主人士共同建立的坚韧而坚固的统一战线。

1. 共产党人与追求进步的基督徒有建立统一战线的思想基础

统一战线的团结和联合必须建立在共同的政治基础上。党对统一战线的领导,实质是从思想政治上进行引导,最大限度地凝聚和扩大政治共识,使党的政治主张变成统一战线成员的共同行动。党在1922年发表《中国共产党对于时局的主张》,奋斗目标中有"定保护童工女工的法律及一般工厂卫生工人保险法。"[1]共产党开展劳工运动,就是要启发阶级觉悟,消除阶级区分,保护工人,特别是童工、女工,最终实现美好社会。女青年会开展劳工事业的目标是改良劳工状况,协谋雇主和劳工间的谅解。可见,启发并保护工人、造福人群,是共产党和女青年会协力办好女工夜校的政治基

---

[1]　《中国共产党对于时局的主张》,《中国现代史资料选编1 五四运动与中国共产党创建时期》,黑龙江人民出版社1981年版,第378页。

础。领导女工夜校的中外干事大多思想开明,笃信基督教,真心践行女青年会宗旨。中国干事中不少是有民族正义感的人,如蔡葵、邓裕志、钟韶琴、陈善祥等,她们思想进步,同情和支持共产党人的工作。女工夜校的奠基者、开拓者和领导人邓裕志立志以妇女、劳工为着力点,服务社会。她的学士、硕士论文都以工人、女工处境为研究对象。她认识到,女工问题的本质是社会问题,希望能出现一个没有压迫剥削,女工能愉快劳动,幸福生活的理想社会。① 这成为党与以她为代表的基督教界人士能在女工夜校建立统一战线的思想基础。

2. 有全社会办平民学校的有利氛围

办工人夜校不仅是女青年会和共产党人共同的工作方式,更是全上海的时尚。首先,是劳资双方的共同诉求。上海产业工人多为来沪谋生的贫苦农民,受教育程度极低。而上海需要大量有文化和技能的劳动者,资方往往鼓励办学。由于文化水平与就业机会、薪资水平正相关,工人也有学习动力。其次,从五四时期起,进步知识分子就倡导除文盲、作新民,推进平民教育运动。1924年组建的中华平民教育促进会总会,到1925年2月,已建平民学校63处,②包括女青年会的3个。再者,办学也是国民党的官方行为。1928年,上海市教育局制定上海市教育大纲,大力推广民众学校。1928—1937年,上海办民众学校、补习学校、夜校107所,学员4.2万人。③ 除抗战期间停办,持续到1949年。1935年,市政府成立上海市识字教育委员会,由警察协助,强迫50万文盲识字,④至1937年才停。

① 张淑义:《在上海基督教女青年会工作前后》,收于《上海党史资料汇编·第2编·土地革命战争时期·下》,第833—834页。
② 《上海通志·第三十五卷》,第4821页。
③ 《上海通志·第三十五卷》,第4906页。
④ 本报讯:《本市识字教育,江湾实验区开学》,《申报》1935年5月9日,第13版。

3. 女青年会女工夜校有基督教所办事业的普世合法性

女工夜校能在险恶环境中长期、大批培养工运领袖和党、团员,除了有合法的办学身份,更有基督教的普世合法性。基督教是世界性宗教,女青年会具有广泛的国际联系和声誉,对中国社会的影响渐增。宗教信仰自由是国民政府、日本政府都表示要遵守的国际公法。1930 年蒋介石受洗成为基督徒后,政教关系空前融洽。宋美龄曾是女青年会全国协会劳工委员会主任委员,需要定期听取劳工部的工作汇报;上海教育局社会教育处处长俞庆棠曾是"市会"董事。1936 年 2 月,国民党当局颁布《紧急治安法令》,禁止一切民众集体行动,解散救亡团体,依托这些团体的学校无存,但女青年会女工夜校无恙。日军进入租界后,并未停止基督教团体的活动,女工夜校仍能办学,公开招生。党员"小先生"徐佩玲曾分析:"我们党利用女青年会女工夜校开展工作是极其有利的,因为:一是女青年会名义上是基督教办的宗教团体,不易引人注意;二是女青年会与国际女青年会有联系,常有外国友人来往,得到国外进步力量的支持;三是女青年会与上层人士有较广泛的联系……因此,国民党当局对女工夜校总有点忌讳,不敢轻举妄动,这恰好便于我们隐蔽,利用其组织的合法性开展工作。"①

当然,借着女青年会的社会声誉和传统筹款模式,更容易在海内外吸引人才,筹集经费,能长期为女工夜校提供人力和经费保障。这也是不可或缺的办学条件。

4. 坚韧而坚固的统一战线发挥了作用

党对统一战线的政治领导说到底是谁影响谁,谁跟谁走的问题。领导女工夜校的曹亮、张淑义、徐明清等党员的统战意识很强,巧妙地将党的主张慢慢影响爱国民主人士,融入共同行动。双

① 徐佩玲:《沪东女工夜校的一些情况》,收于《上海党史资料汇编·第 2 编·土地革命战争时期·下》,第 520 页。

方精诚团结、紧密合作,取得了中外负责干事的高度信任,能接纳党员介绍的教师、招来的学生,放手工作。邓裕志告诉笔者,她当时并不完全知道那些同事、学生是党员或团员,她只觉得这些人思想进步,工作、学习的态度特别认真、踏实;按他们的主张办,女工夜校就能成功,妇女解放就有希望,中国就有希望。她称他们为"进步分子",愿意和他们交朋友,遇事愿意听听他们的意见。①

党的统一战线也帮助和成就了女工夜校。1937年底,公开团体都随国民政府西迁或消散了,"全国协会"机构和负责人都撤至重庆,留沪的"市会"人力薄弱,经费微薄,许多工作被迫停顿,女工夜校成为寒夜中仅存的一支"蜡烛"。② 其实,是党组织要求张淑义恢复办校,派教师协助她。张淑义离沪后,在日伪残暴统治下,党组织又让钱琴等党员充实教师队伍。1944年,再让王知津任"市会"干事,坚守女工夜校阵地,为工人运动延续了火种,也为抗战后女工夜校的迅速恢复和发展打下基础。

综上所述,女工夜校帮助了党的生存和发展,党的统一战线也支撑和帮助了女工夜校的生存和发展,女工夜校是新民主主义革命时期上海统战史中的成功案例。

(作者系中国宗教学会名誉理事、
上海社会科学院宗教研究所特约研究员、
上海市委统战部退休干部)

---

　① 笔者1994年1月4日采访邓裕志,有录音。
　② 邓裕志:《上海基督教女青年会女工夜校》,收于《邓裕志先生纪念文集》,第21页。

历史的启迪：中华苏维埃
代表大会制度的创立与上海

汪闻生

九十年前中国共产党领导创立的中华苏维埃代表大会制度是早期中国共产党把马克思主义与中国革命实际相结合的阶段性重要成果,也是中国共产党学习借鉴苏联苏维埃政权建设经验建立的具有中国特点的新型政权制度。上海是中国共产党的诞生地,1921年7月至1933年1月,中共中央机关除短暂迁往广州、北京、武汉,一直驻留上海,领导全党工作,组织指挥中国的工农革命运动。由此,上海与中国共产党领导的革命政权建设与中华苏维埃代表大会制度的创立结下了不解之缘,留下了一个个弥足珍贵的红色印记。回顾总结这段历史,对于我们牢记中国共产党的初心使命,深入学习贯彻中央人大工作会议精神,坚定不移走中国特色社会主义政治发展道路,与时俱进推动人民代表大会制度理论和实践创新,发展全过程人民民主,都具有十分重要的理论和现实意义。

一、源起上海：中国共产党对苏维埃
政权的初步认识和探索

十月革命一声炮响,给中国送来了马克思列宁主义。1921年7月,中国共产党在上海成立,从此中国革命注入了崭新力量,中国革命的面貌焕然一新。此后 12 年,中共中央在上海领导开展了对中国革命道路和苏维埃政权建设的最初探索。

（一）中国共产党对苏维埃政权认识的深化

中国共产党成立后,在实际斗争中不断丰富和深化对时局和中国革命基本问题的认识。大革命时期,在中国共产党的大力推动下,中国革命进入了一个高潮,中国共产党先后召开五次党的代表大会,总结革命斗争经验,讨论确定党在不同阶段的纲领任务,把党对中国革命的性质、前途、统一战线、领导权和武装斗争等一系列基本问题的认识提高到了一个新水平,并最终会聚到领导人民建立工农民主专政即苏维埃国家政权的方针任务上来。

中国共产党对苏维埃政权的认识集中体现在党的重要会议和文件中。1921 年党的一大通过党的第一个纲领,宣布"承认无产阶级专政""承认苏维埃管理制度,把工农劳动者和士兵组织起来,并承认党的根本政治目的是实行社会革命"。[①] 1922 年 7 月党的二大第一次确定了首先进行反帝反封建的民主革命然后进行社会主义革命的两步走目标,提出党的目的是"组织无产阶级,用阶级斗争的手段,建立劳农专政的政治,铲除私有财产制度,渐次达到一个共产主义的社会"。1925 年 1 月党的四大根据国共合作形势下党面临的许多新问题,第一次明确提出无产阶级在民主革命中的领导权和工农联盟问题,强调农民是工人阶级的天然同盟者。1927 年 4 月党的五大提出了建立革命民主政权、实行土地革命的正确原则,但由于未提出具体有效的应对措施,因而没有能够担负起挽救大革命失败的任务。1927 年 8 月中共中央在汉口紧急召开八七会议,总结大革命失败的经验教训,确定了实行土地革命、武装反抗国民党反动统治的方针,同时提出了组织工农革命军队、建立工农民主政权的任务。从此,中国革命进入了中国共产党独

① 参见《中共中央文件选集》(第 1 册),中共中央党校出版社 1989 年版,第 3—5 页。

立领导的土地革命战争时期。1927年9月,中共中央临时政治局会议通过《关于"左派国民党"及苏维埃口号问题决议案》,决定放弃"左派国民党"的旗帜,提出宣传和成立苏维埃的任务。1928年6月,党的六大在莫斯科召开,通过了关于政治、军事、组织、苏维埃政权、农民、土地等问题决议案,指出当前中国革命的中心任务是"力争建立工农兵代表会议(苏维埃)的政权",进一步统一了全党思想,实现了党的工作任务转变。

党的六大通过的《苏维埃政权组织问题决议案》集中概括和反映了中国共产党成立以来领导人民开展革命斗争、建立工农革命政权的认识和实践成果,为此后根据地的苏维埃政权建设和中华苏维埃共和国成立作了重要理论和政策准备。

(二)中国早期苏维埃运动的兴起

苏维埃是俄文 COBET 的中文音译,意即会议或代表会议。国共合作破裂特别是八七会议后,在中国共产党的领导下,苏维埃口号和苏维埃运动在中国迅速兴起。到党的六大时,通过农民武装起义建立的地方苏维埃政权,大大小小有数十个之多。

中国最早的苏维埃政权是中国共产党领导成立的海陆丰苏维埃政府。1927年11月,中共东江特委书记彭湃领导海陆丰农民武装起义取得胜利,相继召开陆丰县、海丰县工农兵代表大会,选举产生了陆丰县、海丰县苏维埃政府。1927年12月11日,中共广东省委书记张太雷和叶挺、叶剑英等领导举行广州起义,宣布成立广州苏维埃政府——广州公社,提出一切政权归苏维埃——工农兵代表会议。因国民党军队反扑,广州起义后第三天就失败了,广州苏维埃政府也只存在了3天时间。广州苏维埃政府是中国第一个城市苏维埃政权。秋收起义后,毛泽东率领工农革命军到达井冈山,广泛开展土地革命和武装斗争,创建井冈山革命根据地,1927年11月至1928年5月,先后成立茶陵县、遂川县、万安县、宁冈县和湘赣边界工农兵苏维埃政府,开辟了从农村包围城市、最后夺取政权的中国革命新道路。此外,1927年至1930年,赣西南、闽西、赣东北、湘鄂赣、琼崖、湘鄂边、鄂豫皖、左右江等革命根据地,在中国共产党的领导下也纷纷开展武装暴动,召开工农兵代表大会,成立苏维埃政府,巩固和扩大苏维埃政权的影响,为建立全国性苏维埃政权积累了经验、奠定了基础。

二、谋篇在上海:全国苏维埃区域代表大会的召开与主要成果

八七会议特别是党的六大将建立工农兵代表会议的苏维埃政权确定为党的中心任务后,中共中央和各级党组织加快了建立工农红军、成立苏维埃政府的步伐,各革命根据地的红色政权如雨后春笋般地出现。面对新的革命形势,为加强全国各分散的苏维埃区域和红军的联系,统一中国革命的指导和行动,开始筹备召开全国苏维埃区域代表大会、建立全国苏维埃中央政权的准备工作。上海作为中共中央所在地和中国工人阶级的集聚地,在中国共产党领导的早期苏维埃运动中成为全国各地红色政权建设的指挥中心。

(一)全国苏维埃区域代表大会的筹备

1930年1月,中共中央政治局决定召开全国苏维埃区域代表大会,筹备工作随即展开。

成立筹备委员会。1930年2月3日,中共中央政治局专门召开会议,研究部署相关工作。根据周恩来的提议,确定以中共中央和中华全国总工会的名义发起,组织筹委会,由全国总工会、军委、农民委员会、《红旗》编辑部、共青团各派一人为委员,任弼时为主席,不久由罗章龙接任,林育南为秘书长。2月4日,中共中央发布《关于召集全国苏维埃区域代表大会》的第六十八号通告,对大

会召开的形势背景、主要任务、参加人员等作出具体规定。2月7日筹委会召开会议,周恩来作筹备工作报告。随后,中共中央和中华全国总工会发布《为召集苏维埃区域代表大会宣言》,要求各省党组织和各苏维埃区域,派其主要负责人为代表,参加全国苏维埃区域代表大会。

讨论起草大会文件。1930年2月15日,中共中央政治局常委会开会讨论提交大会的决议案和法律草案等文件,决定交由筹委会研究讨论和修改完善,具体工作由秘书长林育南负责。为更好开展工作,林育南化名李敬塘,以新加坡归国华侨、皮货富商的身份,租下愚园路庆云里31号一幢三层楼房作为办公地点。周恩来、瞿秋白、任弼时、恽代英、王稼祥、罗章龙等常来此联络工作,讨论和指导文件起草。

（二）全国苏维埃区域代表大会的召开

全国苏维埃区域代表大会经过3个月的紧张筹备,于1930年5月在上海秘密召开。会议分预备会议和正式会议两个阶段举行。

举行全国苏维埃区域代表大会预备会议。1930年5月5日至10日,全国苏维埃区域代表大会预备会议在上海召开。会议听取了政治报告和关于职工运动、农民运动、红军、苏维埃、劳动法、土地法等报告,讨论通过了准备提交正式会议讨论的二十多项决议案草案。

召开全国苏维埃区域代表大会。1930年5月20日至23日,全国苏维埃区域代表大会在上海召开。出席大会的代表来自各苏维埃区域、红军、游击队、赤色工会、革命团体等,原定五十人,实到四十九人。会议讨论通过了政治决议案即苏维埃政府的十大政纲、苏维埃组织法、劳动保护法、土地暂行法和红军问题等五大决议案和大会宣言、五卅宣言、告农民书等二十多件小决议案。这些决议案对统一各苏维埃区域的法律政策,促进根据地的法制建设等,发挥了积极作用。一些决议案经修改完善,又提交"苏准会"

进行讨论，从而为全国苏维埃代表大会的召开作了必要准备。大会闭幕后，中共中央机关报《红旗》周报分期刊发了各项决议和宣言，并发表关于苏维埃区域代表大会宣传纲要，掀起拥护苏维埃和红军的广泛宣传运动。

（三）"苏准会"的成立及其主要活动

全国苏维埃区域代表大会的一项重要成果是作出两项重要决定：一是于1930年11月7日召开第一次全国苏维埃代表大会，成立中华苏维埃共和国临时中央政府；二是成立全国苏维埃代表大会中央准备委员会（简称"苏准会"），具体负责第一次全国苏维埃代表大会的筹备工作。

成立"苏准会"和临时常委会。1930年5月，全国苏维埃区域代表大会开会期间，大会主席团决定邀请中共中央、少共中央、全国总工会等45个单位，每单位选派一人，组成第一次全国苏维埃代表大会中央准备委员会，即"苏准会"。因筹备工作繁重而紧迫，主席团又决定由上海的9个组织选派代表组成"苏准会"临时常务委员会。7月，临时常委会举行第一次会议，讨论通过了"苏准会"工作计划，推定向忠发为临时常委会主席，下设秘书长和宣传部、组织部、编辑委员会等工作机构，林育南为秘书长，先行开展全国苏维埃代表大会的筹备工作。

召开"苏准会"第一次全体会议。1930年9月12日，"苏准会"第一次全体会议在上海召开，参加会议的代表共29人。会议选举产生了"苏准会"常务委员会，讨论通过了"苏准会"临时常委会工作报告和政治宣言，《中国工农兵会议（苏维埃）第一次全国代表大会代表选举条例》《中华工农兵会议（苏维埃）第一次全国代表大会各级准备委员会组织大纲》和准备提交全国苏维埃代表大会审议的《中华苏维埃共和国国家根本法（宪法）大纲草案》《劳动法草案》《土地法草案》以及经济问题、红军问题决议草案等文件。鉴于准备工作尚未就绪，会议决定，将原定当年11月7日在

上海召开的中华苏维埃第一次全国工农兵代表大会,推迟到 12 月
11 日广州起义纪念日召开,并将会议地点移至中央苏区,同时决
定,"苏准会"也移至苏区继续进行筹备工作。

"苏准会"和苏区中央局的后期筹备工作。1930 年 9 月,中国
共产党六届三中全会在上海召开,会议决定成立苏区中央局。
1931 年 1 月,中共中央政治局通过决议,决定全国苏维埃代表大
会由苏区中央局领导召集,开会的具体时间由苏区中央局酌情决
定。为加快大会筹备工作,苏区中央局专门成立了以项英、任弼
时、王稼祥为主的筹备班子,组织梁柏台等法律专家研究草拟有关
法律文件,同时与在上海的中共临时中央通过电报往来,磋商确定
苏维埃中央执行委员会和人民委员会的人选。由于国民党当局先
后三次对中央苏区发动"围剿",加之筹备工作时间紧张,全国苏
维埃代表大会继第一次推迟后,又三次延期,最后于 1931 年 11 月
在江西瑞金召开。

三、从上海到瑞金:中华苏维埃代表大会 制度的建立与历史意义

经过一年多的精心准备,1931 年 11 月 7 日至 20 日,中华苏维
埃第一次全国代表大会在江西瑞金叶坪村举行。出席大会的代表
共 610 人,分别来自中央苏区、闽西、湘赣、赣东北、湘鄂西、琼崖等
苏区、红军部队以及设在国民党统治区的全国总工会、全国海员总
工会。大会的召开,标志着中华苏维埃共和国的诞生和中华苏维
埃代表大会制度的正式建立。

第一次全国苏维埃代表大会在中共中央和苏区中央局的领导
和各方面的共同努力下,取得圆满成功。大会讨论审议和通过了
《中华苏维埃共和国宪法大纲》《劳动法》《土地法》和红军问题、经
济问题、工农检察问题、少数民族问题、救济困难群众问题、为死难

者烈士建立纪念碑问题等决议案,选举产生了中华苏维埃共和国中央执行委员会,宣布中华苏维埃共和国临时中央政府成立。

需要提出的是,第一次全国苏维埃代表大会虽然是在瑞金召开的,但无论是关于苏维埃政权的组织架构、选举事宜、重要人事安排、建立苏维埃政权、成立中华苏维埃共和国临时中央政府等制度设计和重大决策,还是这次大会通过的宪法大纲、土地法、劳动法以及经济问题决议等重要法律文件,都是由在上海的中共中央决定或提供的。1930年在上海成立的"苏准会"重要任务之一,就是为召开第一次全国苏维埃代表大会起草准备相关文件材料。第一次全国苏维埃代表大会的召开和中华苏维埃共和国的成立,可以说是中国共产党成立10年来领导中国人民开展革命斗争所取得的最重要成就,对今后党领导人民进行政权建设,特别是对人民代表大会制度的形成和正式建立,留下了重要财富,产生了深远影响。具体说,突出表现在三个方面:

一是中华苏维埃代表大会制度已经具备了人民代表大会制度的基本特征,为新中国成立后人民代表大会制度的建立进行了有益探索,积累了宝贵经验。从我国人民代表大会制度的形成发展过程看,大革命和土地革命战争时期产生的农民协会、罢工工人代表大会、市民代表会议、工农兵代表会议等组织形式,既有工农大众自我组织和自我管理的一面,又具有革命性质和政权职能,实际上构成了我国人民代表大会制度产生演进的不同阶段和有机环节。换言之,中华苏维埃代表大会制度的建立,对中国共产党领导的工农民主政权建设作了一个总结,但没有画上句号,而是提供了一个新的基础和起点。中华苏维埃代表大会制度的诸多制度设计尤其是其蕴含的基本精神,在后来中国共产党领导实行的"三三制"的参议会制度、各界人民代表会议制度乃至新中国确立的人民代表大会制度中,都以新的面貌得以保存和发展。比如,关于坚持中国共产党对国家政权领导的原则,关于民主与集中相结合的原则,关于代表大会是最高权力机关的规定,关于苏维埃代表大会的组织架构和代表产生、构成、来源的理念和做法等,经过适当改造后都相沿至今。当年苏维埃代表大会代表选举时采取的工人与农民按照不同比例提名选举代表的安排,一直延续到2010年3月十一届全国人大三次会议修改选举法,才明确规定城乡按相同人口比例选举人大代表,从而实现了人民选举权平等的新要求。这个改进和完善一方面反映了制度存在的惯性与韧性,另一方面又体现了政治发展的历史必然性。

二是中华苏维埃政权是工农民主专政的政权,是工农劳苦群众自己管理自己生活的机关,这个信念和原理仿佛一条红线贯穿于中国共产党领导的革命斗争和人民政权建设过程中,至今仍闪烁着真理的光芒。《中华苏维埃共和国宪法大纲》规定:"中华苏维埃所建设的,是工人和农民的民主专政国家。苏维埃政权是属于工人、农民、红色战士及一切劳苦民众的,在苏维埃政权下,所有工人、农民、红军战士及一起劳苦民众都有权选派代表掌握政权的管理。"①即是说,以工农劳苦群众为主体的人民大众是苏维埃政权的主人。历史的长河奔流不息,随着革命和建设形势的发展变化,人民的含义和范围不断有所变化,但是中国共产党领导建立的新型政权属于人民、为了人民、服务人民的性质和宗旨坚贞不渝。中华苏维埃代表大会制度与人民代表大会制度作为不同时期人民民主专政的政权组织形式,一脉相承、息息相通,成为了中国人民当家作主的根本制度保证。党的十八大以来,以习近平同志为核心的党中央团结带领全国人民,攻坚克难、守正创新,开创了中国特色社会主义新时代。习近平总书记在庆祝建党一百周年大会讲话中指出:"中国共产党始终代表最广大人民根本利益,与人民休

①　阳纯普、李学通主编:《人民代表大会制度从这里走来》,中共党史出版社2014年版,第167页。

戚与共、生死相依，没有任何自己特殊的利益，从来不代表任何利益集团、任何权势团体、任何特权阶层的利益。"①在 2021 年 10 月召开的中央人大工作会议上，习近平总书记进一步强调指出："民主是全人类的共同价值，是中国共产党和中国人民始终不渝坚持的重要理念。""人民代表大会制度是实现我国全过程人民民主的重要制度载体。""我们要坚持中国特色社会主义政治发展道路，坚持和完善人民代表大会制度，加强和改进新时代人大工作，不断发展全过程人民民主"。② 这些重要论述，深刻揭示了中国共产党的初心使命和执政本质，为新时代提高党科学执政、民主执政、依法执政水平，保证和发扬国家政权的人民性，推进国家治理体系和治理能力现代化，提供了新的遵循，提出了新的任务。

三是中华苏维埃代表大会制度是工农民主政权的具体组织形式，是中国共产党领导人民找到的保持党和政权机关与人民群众密切联系的重要制度载体。从苏维埃代表大会制度到人民代表大会制度，人民政权的强大生命力就在于它深深植根于人民群众之中，并始终代表、维护和实现广大人民的利益与意志。1934 年 1月，毛泽东在第二次全国苏维埃代表大会上作中华苏维埃共和国中央执行委员会和人民委员会工作报告时深刻指出："工农民主专政的苏维埃，他是民众自己的政权，他直接依靠于民众。他与民众的关系必须保持最高程度的密切，然后才能发挥他的作用。苏维埃具有绝大的力量，他已经成为革命战争的组织者和领导者，而且也是群众生活的组织者和领导者，他的力量的伟大，是历史上任何国家形式所不能比拟的。但他的力量完全依靠于民众，他不能够一刻离开民众。"③1945 年 4 月，毛泽东在党的七大作《论联合政

①　《习近平谈治国理政》(第四卷)，外文出版社 2022 年版，第 9 页。
②　习近平：《论坚持人民当家作主》，中央文献出版社 2021 年版，第 336、337、332 页。
③　阳纯普、李学通主编：《人民代表大会制度从这里走来》，中共党史出版社2014 年版，第 77 页。

府》的政治报告,首次将"和人民群众紧密地联系在一起的作风"概括为党的三大优良传统和作风之一。解放战争时期,毛泽东结合人民政权建设需要,多次对加强政权机关与人民群众的联系作出重要论述,指示各解放区及时组织召开各界人民代表会议,因为它是新形势下"党和政权领导机关联系群众的最好的组织形式"。回顾历史,我们更加深刻认识到,毛泽东关于苏维埃与人民群众关系的重要论述,不仅从理论上阐明了密切联系群众这一苏维埃政权和苏维埃代表大会制度的鲜明特点,具有重要理论意义,而且对于夺取政权后防止党和政权机关脱离人民群众甚至腐化变质的危险,具有深远的指导意义。

　　历史的车轮滚滚向前,从不停息。于今,苏维埃代表大会制度和人民代表会议制度在完成各自的历史使命后已经成为过去,历史也早已翻开了新的篇章。面对实现第二个百年奋斗目标的新征程,面对世界百年未有之大变局,如何沿着中国特色社会主义政治发展道路,研究新情况、解决新问题,在中国共产党领导下吸收历史经验、汲取先辈智慧、承前启后、继往开来,不断推动人民代表大会制度与时俱进,充分发挥人民代表大会制度作为全过程人民民主的重要制度载体作用,全面打造让党放心和人民群众满意的政治机关、国家权力机关、工作机关、代表机关,越来越成为新时代人民代表大会制度建设和人大工作创新发展的新使命、新任务和新要求。

　　　　　　　（作者系上海市人大常委会研究室二级巡视员）

吴淞两次开埠及张謇之功

上海市宝山区档案局、
中共宝山区委党史研究室(宝山区地方志办公室)

上海是中国近现代历史上最早得风气之先的城市,它在短短的历史时段中从一个不起眼的小县城发展成享誉中外的大都市,在中国最快完成从封建农耕社会向现代社会的转型。宝山历来是开风气之先的门户,素有"重洋门户、七省锁匙"之称,境内的吴淞口在历史上更是被称为"南为上海门户,西为苏常藩篱,东南第一险要",历史上曾两次开埠。

第一次开埠进程

吴淞口地处长江和黄浦江交汇处,是海内外商船进出上海及长江沿线的主要通道。1843 年 11 月 17 日,上海正式开辟为商埠,设立外贸口岸。从此,外国商品和外资纷纷涌进长江门户。上海开埠后,通过吴淞口进入上海的外国商船逐渐增多。

1844 年,即上海开埠第二年,进入吴淞口的商船有 44 艘,载重量 8 584 吨位;1855 年 6 月到 1856 年 6 月的一年间,经过吴淞口的商船增至 489 艘,载重量 15.56 万吨。吴淞口航道运输量巨大,而当时黄浦江吴淞口航段因泥沙淤泥而变浅。据 1858 年英国海道测量局出版的"China Pilot"记载,吴淞外沙春潮最低水深为 21 英尺,吴淞内沙为 12 英尺,最大轮船的吃水深为 21—22 英尺,因此不得不等到涨潮时方可进港。吴淞口因大量货轮停靠而日益显得重要。

据杨天宏《清季首批"自开商埠考"》[①]一文考证,19世纪90年代中期,随着淞沪铁路即将竣工,中外人士更加看好吴淞。甲午战后,日本一报刊曾预言:"黄浦江淤沙日厚,其势迟早必至无法可治,日本当择租界于吴淞。"1897年冬,英国领事亦照会中国地方当局,"声称口外兵舰拟借用吴淞营地为操场"。英国驻上海总领事璧利南也曾说:"有人提议,为了避免吴淞落到某个列强的手中,应当把它向外贸开放。"

在列强竞相窥伺吴淞的事实面前,清政府引起高度重视。两江总督刘坤一指出:"洋人窥伺镇江,并欲借吴淞屯兵两处,倘有疏虞,南洋便成坐困。"故特商情总理衙门,将吴淞辟为商埠。刘在所呈《吴淞新开商埠仿照沪界办理片》中称:"现值淞沪铁路将次竣工,商货往来必益形繁盛。经臣商准总理衙门,将吴淞作为海关分关……并于该处自开商埠,准中外商民共同居住。"次年4月,总理衙门为吴淞开埠通商事公布"自开商埠办法"咨文,宣称:"今江苏吴淞口开埠,……相应咨行查照,即饬委员妥办。"于是吴淞开埠之事得以确定。

1898年9月26日,吴淞开埠工程总局成立,刘坤一委派上海道台蔡钧为开埠督办。开埠范围北起炮台湾,南至黄浦江畔的牛角桥(今军工路集装箱码头南),蕴藻浜以北地区以泗塘河为界,以南地区以距黄浦江三里为界。在拟定了开埠界址后,吴淞商埠局颁布了《吴淞开埠租买地亩章程》,第一条就申明吴淞开埠是不同于上海开埠的自主开埠。在这个章程的指导下,吴淞开埠工程总局开始测量马路基址、征地等工作。

"光绪二十四年,总督刘坤一奏准开埠,由马路工程局经建。

①　《历史研究》1998年第2期。

三十一年秋,为风潮冲损,翌年,邑绅王钟琦接办外马路工程,曾略事修葺。民国元年,绅商印书畦、朱治、孙汝俊等,议募捐大修,得沪宁路局,县公款补助,乃移建稍西百数拾步,至三年夏落成,共用银4 000余元,指定永充岁修经费。"①吴淞第一次自行开埠除修筑了9条道路外,还兴建了横跨蕰藻浜的吴淞大桥,促进了吴淞的交通发展。

　　1901年,清政府被迫签订丧权辱国的《辛丑条约》,其中第11条为黄浦江航道疏浚条款,即"现设立黄浦河道局,经营整理改善水道各工"。之后,随着吴淞口和黄浦江航道的疏通,往来商船进出便利,由于吴淞口未设立租界,外商投资中止向吴淞口转移,集中在上海租界地区。吴淞开埠工程局等机构随后逐步撤销,吴淞开埠被迫中止。

第二次开埠背景

　　从1899年到1914年,上海的公共租界和法租界分别完成了自身的最大扩张,上海城市的版图空前扩大,气象万千,态势惊人。吴淞与上海近在咫尺,面对上海如此的繁荣兴旺,吴淞所属的江苏地方人士,试图变被动为主动。基于以下形势,重开商埠的愿望油然而起:一是上海的国际国内地位越来越至关重要,"自欧洲停后,世界商战,将在中国,中国形便,必在上海"②,然而外洋商船必经的吴淞却相形大绌,黯然无光,吴淞自须振作,必予更新。以外报的说法,吴淞这次"开办商埠","其目的在创办新商场,与上海竞争。"③也即还包含了与上海争衡媲美的目标;二是进出上海的轮舶猛增,黄浦通行困难,这样,"非就吴淞筑港,无以利国际运

————
① 《宝山县续志》卷三,津梁。
② 李明勋、尤世玮主编:《张謇全集》第4卷,上海辞书出版社2012年版。
③ 《申报》1920年11月14日。

输"。吴淞港兴,根据世界各大港的形态,"面积纵横数十英里",那么,"淞沪合一,势所必至"①,对这一时势所向,吴淞应有准备;三是上海成为全国向往的最大城市,正经受着各地人口滚滚而来的严重压力:"十余年来世变倏扰,避地之人日益,受廛之所无多,海克以拓界为容民,地立乃群嫌于逼处。"在这样的情况下,吴淞如"不图"变化,那就恐上海"拓界容民,人不我待"②了。这个意思就是说,将来上海总有一天会因人口膨胀,扩张到"壤地相接"的吴淞头上来的。

张謇对第二次开埠的影响

1920 年 11 月 4 日,吴淞重开商埠。江苏省省长、督军齐燮元报北京大总统徐世昌,任命大实业家张謇担任商埠督办。

张謇自官而商,不仅在南通,还在上海开办许多大型企业,参与了渔盐业、垦殖业、纺织业、金融业、船运业等多种行业,特别还对南通的城市建设、南通和上海的文化教育事业出力极多,颇获声誉和具有影响。1895 年,张謇依靠南通手工棉纺织业较为发达的基础,选址唐家闸创办了大生纱厂。

"大生"二字源自《易经》:"天地之大德曰生",这寄托了张謇的理想——天地间最大的政治是国计民生。白手起家的张謇创造性地使用股份制方法筹募社会资本。开工一年后,大生纱厂就获得 2.6 万两白银的净利润。此后,"大生"的规模不断扩大,先后建成四个纱厂,是当时全国最大的纺织企业系统。张謇还投资或参股设立了榨油厂、肥皂厂、冶铁厂、造纸厂、印刷厂等,构建了以棉纺织业为核心的产业链条,并进一步发展了运输、仓储、电力、通

① 张謇:《吴淞开埠计划》,《申报》1923 年 1 月 1 日。
② 《申报》1921 年 2 月 24 日。

讯、食品、金融、地产等产业,不仅将南通建成"中国近代第一城",也推动了中国民族工业的发展进程。1921年2月12日,吴淞商埠局举行开幕典礼,张謇在会上宣读就职宣言,提出了"以自辟商埠之先声,为改良港务之张本"的目标。

按照张謇上报省方的商埠局的《组织章程》,商埠局的机构结构为:1.下设秘书处、总务科、会计科、建筑科、交际科和卫队;2.根据需要,酌设稽查员若干名;3.聘请"各国专门学家"为顾问,无定额;4.聘请"国内有学识经验者"为参议,无定额;5.聘请"熟悉商务行政事宜者"为谘议,无定额。商埠局的"应办事宜",依照以前自辟商埠开办章程第六条,定为:1.建筑工程的规划、核定;2.官地、民地的调查、登记和收用;3.确定土地的等级;4.经管土地、房屋的租赁;5.筹办警察;6.征收杂捐。以这些可办事宜,商埠局显然在吴淞地区拥有一定的建设权、土地控制权、土地和房屋的管理权、警务权以及财政权。从发展市政和地方自治出发,1922年6月,商埠局应各界所请,又设立了市政筹备处,筹划地方自治。

张謇既有开发建设地方和开拓工商业的实际经验,又放过洋,具有贯通中西的学识和视野,因此他与第一次开埠所不同的是,在勘测调查的基础上,以足够的气魄提出了一个《吴淞开埠计划》(以下简称《计划》)。这个《计划》,用现在的提法,就是一份开发吴淞的城市规划。

在《计划》中,张謇首先评论了清末自开商埠不了了之的因由,他认为前清吴淞"埠政仅筑数条而止,盖误于无全盘计划。而先枝节筑路,致地价骤变,徒供地贩投机,转使商民裹足。在各国旨在谋上海门户之自由,藉以伸外势,本不欲吴淞自成一市,以分上海租界之势。此前清开埠半途而废之原因也。"

接着,他对自己吴淞商埠局的"入手方针"提出了分三步走的方法。第一步测绘精密地形图,规划全埠道路、河渠位置;第二步了解各国建设商埠的"成规",拟定分区建设制度;第三步公布分区建设计划,征求公众意见,确认计划合适后再实行。由此可以看出,张謇十分重视开发的整体规划,认为规划制度要建立在对地形的精密勘测,对各国经验进行借鉴,并在广泛征求意见的基础之上。张謇还在《计划》中列出了关于道路建设、码头建设、蕰藻浜疏浚、铁路线开辟、电车线开辟、公共设施和公用事业建设以及分区设置的各个具体计划。其中的分区是要将吴淞划分为工业区域、住宅区域、教育区域、劳工区域。综观张謇的《计划》,既有城市理论,更有实际步骤,且两者良好地紧密结合一起。最重要的是他把握大局,着眼于吴淞商埠城市开发的整体,提出了"扩大埠界范围、建立新市中心、实施分区布局"等重大的决定,在这些基础上,又比较全面地制定了有关内外交通、港口、河道、公用事业、社会公共设施等多方面的具体措施。张謇开埠计划的思路和方法是吸收了当时国外城市开发、发展的经验,借鉴运用了国外近代先进的城市理论,因此它是朝着国际先进水平方向前进的一个规划。在清末民初中国城市已开始进入近代化,但总体上还处于落后和割裂状态的情况下,张謇的这个城市规划,开创性地描绘出了一个中、小城市的良好蓝图,为中国城市的开发建设提供了一个新鲜的、进步的样板,一些理念也为后来的"大上海计划"提供了蓝本。

吴淞商埠启动规划建设一两年后,从吴淞镇西市沿蕰藻浜、泗塘东北河一带,新设、投产了不少工厂,新增了百余家南北杂货店、洋广货铺、米店、戏院等,新建了石库门建筑数百幢,商埠规划建设由此带来了新气象。

第二次开埠的结果

由于当时政府腐败、战乱不断、财政匮乏,商人的积极性不高,扩大商埠的计划又受到沪北工巡捐局的强烈反对,使吴淞商埠局的工作举步维艰,吴淞第二次开埠再次陷入困境。1924 年 9 月 3

日江苏督军齐燮元和浙江督军卢永祥之间爆发"齐卢之战",吴淞遭到纵火抢劫,全镇的精华部分被付之一炬。据史料记载,约有3 000多间商铺被烧毁。1925年1月,张謇辞去吴淞商埠督办职务。

吴淞两次开埠的历史意义

吴淞两次开埠虽然没有获得真正意义上的成功,但它本身不失为图强奋发之举,在民族苦难深重的至暗时刻,先辈们徒手撕开一道口子,在中国乃至世界城市发展过程史上熠熠生辉,这正是中国现代化在宝山的早期探索实践。吴淞开埠期间有一批近代工业在吴淞生根,初步形成以机械、纺织为主体的工业基础。南北洋渔船纷至沓来,到沪的半数鱼货在此集散,促进了商业、手工业的繁荣,为吴淞的发展开创了局面。在1927年上海特别市成立后,它即被划入上海,纳为一个"区"。原先的淞、沪城区各自向南、北蔓延,两地终于渐渐连成一片,组成为大上海的新市区。

(课题组成员:奚玲、谭雪明、文文、付江平;执笔:文文)

改革开放初期上海落实民族
资产阶级政策的工作特色

章义和

"文化大革命"后落实民族资产阶级政策是从上海开始的,中共上海市委报送的《关于落实对民族资产阶级政策的若干问题请示报告》起到了关键作用。从这份文件的起意、调研、撰写、汇报、修改、报送、批转等过程中,我们能真切地体会到改革开放初期上海统战部门的水平和特色。

上海率先落实民族资产阶级政策的背景和过程

恢复中国共产党领导的多党合作和政治协商制度,全面落实各项统战政策,积极开展经济领域的统战工作,这是改革开放初期上海统一战线的三大重点工作[1],其中落实民族资产阶级政策是拨乱反正、全面落实统战政策的重点,也是难点。按照时任统战部部长张承宗的说法,当时最大的最繁重的落实政策的工作便是这项工作,"这在 1978 年启动,1979 年进入高潮,三、四年后,才算基本结束。这些问题的解决,对动员国内外一切积极因素,起了非常巨大的作用。党和国家的威信极大地提高,从思想到实际问题证

---

[1]　吴幼甫:《改革开放初期上海统一战线的三大重点工作》,《上海改革开放实录》(1978—1992),上海书店出版社 2014 年版,第 1 页。

明了拨乱反正的正确性,证明了否定十年内乱的彻底性。"①

　　落实党对民族资产阶级的政策是从上海开始的。1977 年 6 月 2 日,中共中央统战部正式恢复工作,乌兰夫兼任统战部部长。一个月之后,中共上海市委即向中央报送了《关于对上海民族资产阶级分子被查抄财物处理意见的请示报告》,提出对上海市 3 000 元以上、1 万元以下 7 800 多户资本家的被查抄财物予以退还。10 月 4 日,中共中央批复并转发了上海的请示报告,同意发还。

　　1978 年的四五月间,应上海市委的要求,中央统战部组织一个调查组,由副部长童小鹏带队,来上海调研落实民族资产阶级政策的具体问题。经过反复调研,调查组与上海市委统战部草拟了一个讨论稿,报送上海市委。市委领导在讨论修改之后,于 8 月 24 日向中央呈送《关于落实对民族资产阶级政策的若干问题请示报告》。这份请示报告分三个部分,第一部分是讲毛主席、党中央制定和一贯坚持的逐步消灭民族资产阶级而改造民族资产阶级人们的方针和一系列的政策,是完全正确的。林彪、"四人帮"为着篡党夺权,极力干扰、破坏党对民族资产阶级的政策,在理论上、思想上造成了很大混乱,在实际工作中产生了严重后果,现在我们要拨乱反正,按照中央过去的规定逐步加以落实;第三部分是说落实党对民族资产阶级政策是一项严肃的、政策性很强的工作,一定要在党委统一领导下,各有关部门密切配合,依靠群众,加强调查研究,并推动市民建会和市工商联配合做好这方面的工作。报告的重点内容是第二部分,指出在落实党对民族资产阶级的政策中,有八个特别重要的问题需要明确和加以解决:一是被查抄的巨额存款和其他财物的处理问题,二是被扣减高薪的处理问题,三是被占用房屋的处理问题,四是在职资产阶级分子的安排和使用问题,五是参

―――――――――――

　　① 张承宗:《晓珠天上——往事回忆及其他》,华东师范大学出版社 1996 年版,第 18—19 页。

加企业社会主义劳动竞赛和评比问题,六是生活福利待遇问题,七是1966年9月结束定息前资产阶级分子未领的定息发给问题,八是对待资产阶级分子子女的政策问题。这八个问题在后来的落政过程中被人们简称为"八条规定"或"八项政策"。

　　1978年12月26日,也就是十一届三中全会闭幕后的第四天,中共中央批转了这个报告,其中指出:"我们必须高举毛主席的伟大旗帜……拨乱反正,落实党对民族资产阶级的各项无产阶级政策,更好地团结一切可以团结的力量,调动一切积极因素,进一步推动民族资产阶级人们接受社会主义改造,为实现新时期总任务、建设社会主义现代化强国,贡献力量。""在落实党对民族资产阶级政策中,必须做好对民族资产阶级人们的教育工作;同时也必须在干部、工人群众中广泛进行毛主席关于对资改造的理论、政策的宣传和教育。"①文件下发后,中央统战部很快邀请民建中央、全国工商联负责人举行座谈会,传达文件精神,希望他们向广大原工商业者做好宣传,并协助做好落实政策的工作。1979年1月22日至24日,中央统战部再次召开专题座谈会,乌兰夫部长详细地阐释了请示报告的八个问题,要求全国各地认真落实党对民族资产阶级的各项政策②。

上海统战部门的落政工作特色

　　中共上海市委两次向党中央报送落实党对民族资产阶级政策的请示报告以及党中央批转这两份报告的具体过程,在杨叔铭口述,殷之俊、宋鹏霖整理的《一九七八年至一九七九年:落

　　① 蒙殷之俊先生赐阅请示报告复印件,特别感谢!
　　② 中共中央统一战线工作部、中共中央文献研究室:《新时期统一战线文献选编》,中共中央党校出版社1985年版,第18—23页。

实党对民族资产阶级政策》一文交待得非常清楚①。笔者认真阅读了这篇论文,颇受启发,在此就两份重要文件的产生与发挥作用的角度,对改革开放之初上海统战部门的这一落政工作特色作一梳理。

第一,上海对民族资产阶级落政工作从一开始就与中央统战部步调一致。就落实党对民族资产阶级政策而言,那个时节,海内外的眼光全盯在上海,理由很简单,按照毛主席的说法,上海是资本家成堆的地方。从20世纪二三十年代开始,上海就是民族资本最发达和民族资产阶级最集中的地方。"解放初有16.3万户工商企业,职工超过100万人,其中私营企业13.2万户(包括摊贩两千多户),在全市工商行业中处于举足轻重的地位。"1956年清产核资的结果,全国公私合营企业私股投资总额为24.2亿元,其中上海约为12亿元,几乎占全国资本主义工商业的一半。按1964年统计资料,上海有资本家及其代理人84 126人。当时全国资本家月薪300元以上的1 004人,上海占937人。由此可见上海民族资产阶级在全国工商界中的地位。中央统战部部长李维汉在上海调研资产阶级动态后说:"上海资产阶级是全国资产阶级的寒暑表,他们的动态可以反映出全国资产阶级情绪的好坏。"因此上海是民族资产阶级统战工作的前沿,也是民族资产阶级统战工作的重地。正是在上海等地调研之后,李维汉向党中央提出了对资本主义工商业和平赎买政策的建议。在推进资本主义工商业的社会主义改造过程中,毛主席多次与黄炎培、盛丕华、荣毅仁、胡厥文等上海民族资产阶级代表人物沟通交流,上海民族资产阶级的支持对全国资本主义工商业社会主义改造的胜利完成具有重要推动作用。

"四人帮"覆灭后,以苏振华、倪志福、彭冲带领的中央工作组接管上海,不久,以苏振华为第一书记、倪志福为第二书记、彭冲为

① 参见《中共党史研究》2011年第11期。

第三书记的上海市委新班子成立。1977 年 10 月,上海市政协恢复活动,并于年底举行了市政协五届一次全会,彭冲担任政协主席。据当时参加中央工作组的陈锦华回忆:"文化大革命期间,对于原先通过赎买政策付给资本家的定息,停止执行了。在落实政策工作当中,中央工作组和上海新市委决定对这些都要进行退赔。那时候上海资本家很集中,按照情况要退赔 30 个亿,这在当时可不是小数目。当时市委研究以后决定给中央作报告,明确表示要如数照退。"①陈锦华所说给中央的报告,就是那份《关于对上海民族资产阶级分子被查抄财物处理意见的请示报告》。彭冲在学生时代就参加了革命,在抗战和解放战争时期血与火的锤炼中成长为一名优秀的军事指挥员,新中国成立后于 1950 年任中共福建省委统战部部长,1954 年兼任华东局统战部副部长,是福建统一战线工作领域的重要奠基者。他在任江苏省委书记时,一直重视党的统战工作。② 张承宗解放前长期从事党的地下工作,"文化大革命"前担任上海市副市长,负责统战工作,熟悉各方面情况。据中央统战部负责同志的回忆,彭冲和张承宗等在这份请示报告的起草和讨论过程中发挥了重要作用。③

　　中央在批转《关于对上海民族资产阶级分子被查抄财物处理意见的请示报告》时还指出,受"四人帮"干扰破坏的其他有关对民族资产阶级分子的政策,亦应按照中共中央过去规定的政策,继续调查研究,逐步加以解决。所以彭冲在 1978 年 3 月到北京开会时就当面向乌兰夫部长提出,党中央、毛主席对民族资产阶级的赎买和改造政策应当恢复,请统战部派人到上海调查,与上海市委统战部一起研究和落实党对民族资产阶级政策问题。乌兰夫赞同彭

　　① 陈锦华:《国史记述》,中共党史出版社 2005 年版,第 82—83 页。
　　② 逢立左:《品高德助风范长存——在福建省纪念彭冲同志诞辰 100 周年座谈会上的发言》,《福建党史月刊》2015 年第 4 期。
　　③ 宋堃:《深切缅怀张承宗同志》,《浦江忠魂——张承宗纪念文集》,第 116—122 页。

冲的意见,在中央统战部部务会议讨论分工时决定由副部长童小鹏负责对民族资产阶级政策的落实工作,并成立工作组到上海调研。在童小鹏离京前,乌兰夫特别强调作为我国最大的城市,上海是统战工作中的重中之重,落实民族资产阶级和党外人士的政策是为党内外、海内外所关注的重点问题,必须把它做好,并叮嘱他要与上海市委统战部紧密配合,多和彭冲联系,多听听市委和各方面的意见。

所以有学者说,上海不单是中共上海市委开展统战工作的场所,也是中共中央开展统战工作的重要阵地和舞台。① 就党对民族资产阶级的统战而言,这一认识是非常到位的。

第二,市委统战部全力配合中央统战部工作组的调查研究,精心安排各种座谈会,广泛听取落政意见,积极参与调研报告的撰写与修改。据当时参与工作的赵定玉副部长回忆:"当时统战部门面临的最繁重的工作,是处理工商界、知识界以及各界人士被查抄的金银财物、存款和住房等问题。中央对这一工作极为重视,多次派遣万景光、童小鹏等同志来沪调研,召开座谈会,了解情况。"中央统战部工作组在上海的工作最主要的就是调研,且行动非常迅速。在来上海之前,童小鹏让工商处的万景光等三人先行来到上海,听取工商业代表人士和工厂企业党委及职工的意见,准备调查资料。市委统战部全力配合工作组的到来,"承宗同志深感肩头担子的沉重,不顾劳累,夜以继日地工作,同志们劝他多注意休息,他语重心长地说:'速度就是人心,党外人士都在看我们党啊!'"② 短短几天,万景光等在上海市委统战部的支持下先后开了四次座谈会,根据调研情况将上海的落政工作分成查抄财物处理、"高薪"、病假

① 肖存良:《近百年上海统战地位、特点与作用》,《上海社会主义学院学报》2019年第5期。
② 赵定玉:《党的统战工作的楷模——悼念张承宗同志》,《浦江忠魂——张承宗纪念文集》,第123—124页。

工资和医疗待遇、私房、安排使用等五个问题。

在万景光等南下的同时,童小鹏则与北京市委和统战部交流看法,形成共识,认为当前落实民族资产阶级政策最急于解决的问题是票子、位子、房子、子女工作、帽子取消和查抄物资退还等六大问题。他将这些意见在部务会议上作了汇报,获得乌兰夫部长的赞同,便赶赴天津听取意见,并与天津市委统战部部长李定一起于4月底来到上海。万景光和上海市统战部的同志向童小鹏汇报,上海待解决的问题比较多,落政难度高,工作量也非常大,单是被查抄财物的有4.8万户,金银珠宝已被银行折价处理的不算,被查抄冻结的存款,包括利息等项,约4.8亿元,尚有高薪被扣需补发的约1亿多元。被查抄的房屋约132万平方米,其中私房49万平方米。①

5月4日和5日这两天,市委统战部密集安排了三场座谈会。5月4日这一天是专门听取原工商界代表人士的意见,刘靖基、吴志超、唐君远、汤蒂因、刘念智、丁忱等被邀请,围绕落实民族资产阶级政策这一主题,敞开心扉,畅言当前所需要解决的问题。大部分意见集中在解冻存款、恢复和补发工资、量才任用和解决房子占用等方面。5月5日的座谈分上、下午两场。上午,工作组听取民主党派负责人的意见,赵祖康等对上海市委重视统战工作以及恢复民主党派活动等情况予以高度评价,并赞成中共目前的落实对民族资产阶级的政策。下午,工作组与七个企业的干部和职工进行座谈,征求意见。这一次座谈出现了意见分歧。大家对退还存款和被查抄的物资、房屋等没有什么意见,但有位工人表示不同意恢复民族资产阶级分子的高工资,理由是"高工资不符合按劳分配原则",而且经过了"文化大革命",这些高工资就应该压缩。在场的一位干部连忙解释那个高工资原本是党对民族资产阶级采取赎

---

① 张承宗:《难忘的1978年:拨乱反正亲历记》,《沪港经济》1995年第3期。

买政策的结果。那位工人当即表态,既然是党的政策,那就执行就可以了,没有什么意见。① 经过这一番讨论,工作组认为有必要做一个宣传提纲,以加强干部职工的相关政策教育。

中央统战部工作组将数日来的调研情况向彭冲作了仔细汇报。鉴于上海在落实民族资产阶级政策方面具有典型性,工作组建议由上海市委出面,向中央递送一份落实民族资产阶级政策的报告,请中央加上批语转发全国。彭冲当即表示同意和支持,提出这份报告应由中央工作组的同志与上海市委统战部一起来起草,可以邀请一些省份的统战部部长到上海来,共同讨论,写好这个报告。在接下来的五天里,工作组和上海市委统战部的同志分成文件起草、资料印发和会场安排三个小组,高强度地工作,对这个部分省市统战部部长座谈会进行了精心准备。

5 月 11 日,有北京、黑龙江、四川、湖北、江西、浙江、江苏等省市统战部部长参与的座谈会在上海召开。童小鹏先说明这次会议的由来和任务,阐述了党对民族资产阶级政策形成的过程。接着张承宗部长作重点发言,在揭发和批判"四人帮"在上海破坏党的统战工作和对资产阶级政策的罪行后,详细说明了上海落政方面所要面对的一系列问题,希望听听大家的意见。各省市的统战部部长先后发言,都认为这次会议十分重要,对文件草稿和宣传提纲提了不少具体的修改意见。彭冲在阅读定稿的报告后,非常满意,表示即送市委讨论后上报中央。②

由上述可知,上海市委向中央呈送的这个请示报告,从调研到起草,再到定稿,统战部先后组织了八次座谈会,调动了数以百计的人力,反复讨论每一个问题,付出了艰辛的劳动。

---

① 童小鹏:《少小离家老大回:童小鹏回忆录》,福建人民出版社 2000 年版,第616—620 页。
② 杨叔铭口述,殷之俊、宋鹏霖整理:《一九七八年至一九七九年:落实党对民族资产阶级政策》,《中共党史研究》2011 年第 11 期。

第三,既重原则性,又有灵活性,兼具前瞻性,这是上海统战部门的落政特色。所谓原则性,就是不折不扣地落实党对民族资产阶级政策。由于长期受到"左"的错误思想影响,一些人担心全面落实民族资产阶级的政策会导致对"文化大革命"的否定。在调查研究中,经常出现意见不统一的情况,如对被扣减的工资是否如数恢复补发? 占用的私房要不要发放? 行政职务能不能一律恢复? 发还被查抄的巨额存款子女能不能继承等,在这些问题上屡见对立的观点。对待原则性的问题,彭冲、张承宗的看法是一致的,不能含糊,"应该按党中央和国务院宣布过的政策贯彻执行。资本家存款主要是定息,要发还。困难的是财物,也要按不同情况,提出发还办法。房子问题,属私人所有的,应该发还;出租部分按房改办法处理。一下子解决有困难,分别缓急处理。关于工资,应当恢复,照原定工资给他们,并且要补发。"①

在具体落政过程中,工作方法则讲究灵活多样,不拘一格,以解决事情为目标。范征夫在一篇回忆文章中谈到私房发还的事情颇具代表性。武康路有一幢私人花园是南洋烟草公司总经理简日林的私人住宅,"文化大革命"期间被没收,后分配给上海警备区一位副司令居住,一直无法发还。这位副司令是位老红军。简日林的爱人是电影演员,市政协常委王丹凤的好朋友。简日林在香港逝世后,王丹凤经常在政协会上反映此事,说:"解放军解放上海睡马路不扰民,因此得到广大人民的拥护。'文化大革命'期间,解放军住了民房不还,大家对这件事很有意见。"市政协经过研究,报市委领导同意,决定向全国政协、中央统战部汇报,请求帮助解决。1983年底,全国政协和中央统战部在北京召开各地落实统战政策座谈会,范征夫代表市政协和市委统战部去参加。在会上反

① 童小鹏:《少小离家老大回:童小鹏回忆录》,福建人民出版社2000年版,第616—620页。

映了上海在落政中遇到的困难,包括驻沪部队所使用的私房问题,并将王丹凤的话在会议上原原本本地讲了。这些内容很快就上了会议简报,且得到了总书记胡耀邦的"立即派一个小组到上海去落实"的批示。中央军委领导同志很快派出联合调查组来沪进行检查督促,不仅使简日林的侨房得到解决,也加快了上海部队清退占住私房步伐。①

　　落政工作的复杂性不单是每件事情本身,还表现在它的某些关联性,因此解决问题时要预判一些可能性,并想到对策。这一方面更能反映统战人员的智慧。张承宗说请示报告中有两个本应该解决的问题却没有解决,并不是没有想到,而是事情的性质比较复杂。其中的一个是八条规定的第一条"关于被查抄的巨额存款和其它财物的处理问题"中第一项:"对民族资产阶级分子(包括敌我矛盾按人民内部矛盾处理的)被查抄的万元以上的巨额存款,应予解冻,一次发还,并应按银行规定付给利息(估计一亿五千万元)。本人已去世的,退还去配偶。夫妇均已去世的,不予发还。但对其未成年子女和其他直系亲属,生活确有困难的,可酌情给予补助。"上海市委所递交的请示报告中并没有"夫妇已去世的,不予发还"这样的表达,而是中央在审核文件时考虑这一问题非常重大,就作了修改。之所以问题重大,是因为这里面牵涉到子女财产继承权问题。1979年8月中旬第十四次全国统战工作会议召开,9月1日中央政治局会议听取中央统战部汇报,这个问题成为高层讨论的重要话题。张承宗以全国统战工作会议华东组组长的身份参加了会议,并表达了自己的看法。邓小平说:"对遗产要允许有继承权……港澳到内地投资的资本家就提出子女有没有继承权的问题。不允许遗产继承权,即使老子赞成,儿子也反对。我们应

　　① 范征夫:《推动落实政策,促进改革开放》,上海市政协文史资料编辑部《上海文史资料选辑》2008年第4辑,第161—192页。

该在法律上作出规定,解决继承权问题"①。胡耀邦也说:"要教育工人阶级和干部,要有改造社会、改造人的远大眼光和伟大气魄,赎买、继承权的问题,是涉及无产阶级改造社会、改造人类的问题,要提高我们自己的政治水平。"会议主持者提出:"父母双亡的继承权问题,你们同上海研究一下,还可征求有关部门的意见,定下来。"根据中共中央政治局会议的精神,1979年10月11日,中共上海市委重新作出规定,夫妇已去世的,子女及其他合法继承人可以继承其财产。在请示报告的起草过程中工作组和上海市委统战部就详细地讨论了这个问题,并写进了报告,充分体现出他们的政治水平和前瞻性思维。

第四,在落实党对民族资产阶级政策的工作中,市委统战部富有创新精神,将落政与经济社会发展相结合。这里举两个例子,应该说是典型的。一是在落实八条政策时,张承宗部长做了一件在当时人们看来十分大胆的工作。国家发还原工商业者的抄家物资,补发了他们的工资,工商业者喜出望外,不少人开始忙着把财产分给子女。"承宗同志看到这一现象,觉得国家和上海的建设经费还很紧张,应该让这笔钱更好地发挥作用,便鼓励、支持刘靖基先生等工商界知名人士发起组织民间性的'爱国建设公司'。当时有不少人为此还有些犹豫,害怕再戴上资产阶级帽子。承宗同志就鼓励他们,只要对国家有利,不管集体、私营,都是欢迎的。在承宗同志的倡议、支持下,工商界大胆办起了爱建公司,当时就筹集资金5 800万元。"②1979年9月22日,爱建公司正式创立,这是改革开放后真正意义上的首家民营企业,符合邓小平"钱要用起来,人要用起来"的设想,对上海经济社会的发展中所起的作用是有目共睹的。第二个例子与爱建公司有所关联。爱建公司是股份

① 《邓小平年谱1975—1997》上,中央文献出版社2004年版,第550页。
② 赵定玉:《党的统战工作的楷模——悼念张承宗同志》,《浦江忠魂——张承宗纪念文集》,第124页。

制的,当时的说法叫集资。有不少股东与港澳有密切的联系。爱建公司的成立直接推动着了沪港的经济合作。唐君远为爱建创立者之一,其公子唐翔千是香港的大企业家。1979年3月,张承宗部长带领上海工商界代表人士访问香港。这是十年动乱后上海第一个工商界经济访问团,在当时是一个创举。代表团有刘靖基、唐君远、刘念智、郭秀珍、陈元钦、杨延修、吴志超、丁忱和马韫芳。唐翔千后来回忆:对于访问团的到来,他既恐惧又高兴。高兴的是访问团里有多位是几十年没见到的朋友和亲人,"但那时的香港对内地实在是不了解,怕得很!"同年10月,香港工商访问团在唐翔千的带领下抵沪回访,彭冲在锦江饭店设宴欢迎,并表示希望香港企业家经常回来,在上海创办企业。[①] 1981年8月4日率先与上海纺织系统共同建立了沪上第一家合资企业——上海联合毛纺织有限公司,实现了上海在引进外资上"零"的突破。改革开放初期上海的投资环境尚不完善,海外资本对在上海直接投资大都持观望态度。唐翔千在上海的投资办厂起到了积极的示范作用。1984年和1985年,在统战部的支持下,沪港经济发展协会在上海和香港两地先后成立,成为上海振兴和香港繁荣的推动力量。

总之,改革开放初期,上海统战工作是十分出彩的。大方向把得稳,坚持理论探索,勇于创新实践,是全国统战部门的榜样,这两份对资落政请示报告的产生能充分体现上海统战工作的特色和优长。

(作者系华东师范大学历史学系教授,

民盟中央宣传委员会副主任)

---

① 唐翔千:《从沪港经济发展协会到〈沪港经济〉杂志》,《沪港经济》2003年第6—7期。

人物春秋

孙中山1924年北上留沪述略

徐 涛

孙中山与上海是近代中国最重要的一人一地关系。或许因为孙中山领导的革命战斗几乎都发生在以广州为中心的岭南地区，学界对上海这个通商大埠之于孙中山关系的研究一直以来处于乏人问津的地位，仅有郑灿辉、王耿雄、熊月之、段炼等几位学者试图综述之。[①] 近年来，笔者一直关注此议题，发现无论在伟人生前还是身后，孙中山与上海关系仍有不少问题亟待挖掘。[②] 本文所欲深描的是孙中山在上海最后的日子。

那是北洋时代的中国，武人当道，在列强背后怂恿下，各派军阀之间不时爆发战争，民不聊生、饿殍满地。第二次直奉战争开始后不久，受革命思潮影响的直系将领冯玉祥于1924年10月23日突然发动北京政变，囚禁贿选"总统"的军阀曹锟，迫使其直系主将吴佩孚从与奉系决战的前线逃走，一时间控制京津一带，将其所

---

① 郑灿辉、季鸿生、吴景平：《孙中山在上海的革命活动述略》，《上海师范大学学报》1986年第3期；王耿雄：《孙中山与上海》，上海人民出版社1991年版；熊月之：《孙中山与上海》，《历史教学问题》1997年第3期；王志鲜、段炼：《孙中山上海史迹寻踪》，上海辞书出版社2009年版。

② 笔者于2012年出版第一本学术专著《孙中山与上海》（广东经济出版社2012版），此后又发表专题论文数篇：徐涛《孙中山与上海关系新论》，《社会科学》2012年第3期；《以笔作枪：辛亥革命之后的孙中山与上海传媒》，《广东社会科学》2012年第3期；《上海城市记忆中的孙中山（1925—1949）》，《近代史研究》2018年第1期；《孙中山与章太炎关系补论——以〈会议通则〉章序为中心》，《广东社会科学》2020年第5期；《〈实业计划〉成书考》，《学术月刊》2021第3期；《论中共二大前后的陈独秀与孙中山》，《中共党史研究》2023年第2期。

部改编为"国民军",并电请孙中山北上"共商国是"。混沌中,中国展现出了一丝和平统一的曙光。

北京政变发生后,孙中山思虑再三,最终决定接受段祺瑞、冯玉祥、张作霖等人邀请,开启了他人生最后一次谋求中国和平统一的旅行。孙中山高调宣扬北上的同时,行程却没有直捣黄龙,反复考量下,最终选择"借道",分别在上海、日本等地停留。正是因为有如此政治意义而非交通便利上的行程选择,才让身患不治之症的孙中山有了最后一段勾留沪滨的日子。学界对于1924年孙中山北上之行的研究论述已有不少,然而前人多从宏观着眼,罕见有从上海一地着眼,微观加以重点考察者。

一、决意赴死、离粤抵沪

1924年底的中国正处在多事之秋,北方有着直奉战争,江南发生江浙战争,即便是南方政府也是内忧外患,广州城内商团武装正在蠢蠢欲动,广州城外还有陈炯明残部虎视眈眈,伺机一举推翻孙中山领导的第一次国共合作下的新生革命政权。另外,对于皖系段祺瑞、奉系张作霖其人以及他们要求结盟的动机,孙中山一开始便有着清晰而现实的认识。但这一切的困难,都比不过国家有望实现和平统一的巨大希望。在此希望之驱动下,孙中山最终愿意只身探险,接受电邀,前赴北方。

孙中山北上的行期,一开始定在11月6日,继而改为11日,最后决定13日成行。动身前一日晚,广州各界举行提灯欢送晚会,打出"欢送大元帅北上"的旗帜。据不完全的统计,是夜参与巡行者"共约2万人"。[1] 孙中山在财厅前楼,凭栏而观,并脱帽答礼。欢送晚会上,孙中山演说道:"我这回到北京去,外面不明白情

① 毅庐:《孙中山离粤赴沪北上》,《申报》1924年11月20日,第10版。

况的人,以为我一定可以握大政权;其实我并没有想到握大政权,就是他们要我办,我也是不能答应的……我想以后中央革命还有希望可以成功,所以我决意到北京去,继续那几位同志的任务,实行我的办法,做他们做不到的事情,拿革命主义去宣传……我信这次到北京去可以自由行动,能够在北京自由活动去宣传主义,组织团体,扩充党务,我想极快只要半年便可以达到实行三民主义、五权宪法的主张;极慢也不过是要两年的工夫,便可以成功。"①可见,孙中山对 1924 年北上之行的困难并未低估,而寄望于自由行动后,可以宣传主义、扩充党务,以达革命成功。

13 日上午 9 时 50 分,孙中山偕宋庆龄乘坐电船出府,渡至永丰舰,登舰离粤,赶赴香港,转乘日本邮船"春洋丸"赴沪。当时,到船送行者 300 余人,如日本驻香港领事,以及吴铁城、古应芬、廖仲恺等人,港英政府派出两艘水警轮护送其离开港岛。

孙中山听不进多方劝阻,决意北上,笔者揣测还与他的健康状态息息相关。虽然未见北伐期间的孙中山有就医记录,但在离粤赴沪之际,仍有许多迹象,学医多年的他怕是对自己身患重疾或有清楚的认知。孙中山在赴港启程之前,曾登岸入黄埔军校视察一周,复由蒋介石等导往鱼珠炮台检阅第一期毕业生演习战术实施等。蒋介石在后来一次讲话中回忆道,孙中山 11 月 13 日那天对他说,"我现在进京,将来能否回来,尚不能定,然而我进京是去奋斗的,就是死了,也可安心。"②另据冷欣回忆佐证,孙中山当天是公开谈到了生死。他说:"我这次到北京去,明知道是很危险的,然而我为的是去革命,是为救国救民去奋斗,有何危险之可否呢?况今我年已五十九岁了,亦已经到死的时候了","我是有所感言的,

① 中华民国史事纪要编辑委员会编:《中华民国史事纪要(初稿)》[中华民国十三年(一九二四)十一至十二月份],1974 年版,第 840—842 页。
② 中国人民政治协商会议浙江省委员会文史资料研究委员会编:《浙江辛亥革命回忆录第 4 辑:孙中山与浙江》(浙江文史资料选辑　第 32 辑),浙江人民出版社 1986 年版,第 108 页。

我看见你这个黄埔学校精神,一定能继续我的革命事业。现在我死了,就可以安心瞑目了!……这次北上,不论成败,决不回来,革命大任,交黄埔军校同志负之!"①

海上漂泊三日,17日凌晨5时,北上之船驶入吴淞口。据同行之黄昌穀回忆,这一路上"春洋丸"走得不大平稳,又遇风浪,所以同行的人多是晕船,就是大元帅(即孙中山)恐怕也是不大舒服。据称,孙中山在船上这三日,除了13日初由香港上船的那一夜,曾经上过大餐厅,进晚餐一次以后,都没有出过卧室一步,都是在卧室中休息。17日凌晨到吴淞口,"大元帅的面容就觉得不大好,颇现黑暗苍老之象"。②

孙中山抵达上海首日,距12月4日天津"胃疾不能行"只有17天,据北京协和医院手术开腹仅两个月,而距他溘然而逝只剩115天。

二、宣传主义、扩充党务

孙中山抵沪伊始,敏锐之上海记者们即注意到两点:一是民众欢迎情绪之热烈。据报道,各界群众对孙中山举行盛大的欢迎,约计2 000余人。③另据公共租界工部局警务处探报,"孙中山及其随行到达法租界码头时受到了大约五百名学生和手工业工人的欢迎。码头上悬挂着一些横幅和旗子,上面写着:'欢迎大元帅','欢迎国民革命领袖孙中山先生'。"而法租界捕房报道,欢迎孙中山抵沪的仅中国共产党人就有400多名,其中200名系上海大学学生……迎接领袖到来的同时"散发了一些传单要求对外国列强、

① 冷欣:《第三次恭迎总理记》,《传记文学》第7卷,第5期,1965年,第20页。
② 黄昌穀讲演:《孙中山先生北上与逝世后详情》,上海民智书局1927年版,第2页。
③ 《孙中山抵沪纪》,《申报》1924年11月18日,第9版。

中国军阀以及取消外国租界作公开斗争"。① 面对如此热烈的民众革命热情,作为斗争对象的外国租界当局对于孙中山登陆展现出强烈的抵触态度。这让孙中山从列强与民众对待自己的两种截然相反的态度中受到很大启示;二是孙文健康状态之危殆。《文汇报》云:"今晨(18 日)十时半记者驱东往莫礼爱路(今香山路)访问孙中山。孙寓附近,人山人海,盖有赞助孙氏者三千余人,集合彼间,竭诚欢迎。孙氏年来老境益增,与民国十年记者见彼时判若两人,发更灰白,容貌亦不若往日焕发。观孙氏之状,似极劳顿。"②

孙中山此时的心情想必是复杂的,一方面他有着单骑赴会的倨大决心,另一方面又必将功败垂成的不好预感。为使革命党人在政治上更加主动,他在未动身前,就发表《北上宣言》,重申了他欲推倒军阀及其所赖以生存之帝国主义的政治立场,全面地阐述了自己第三次北上的政治目的和革命主张,全然袒露心迹于国民面前。如此可见,政治家如孙中山之交通绝非只是一段普通旅程,更是宣传之旅、组织之旅。

上海是孙中山北上的第一站,或短或长,在当时并未有定数。抵沪前,甚至在抵沪后之前一二日,众人皆不知其决心如何。孙中山之所以选择在上海暂停,除了这里是他第二个"家"外,更因为这座城市是他可以"自由活动去宣传主义,组织团体,扩充党务"的地方。

宣传主义方面,孙中山使尽全力。在上海逗留这五天,孙中山拖着一具病躯、短憩莫利爱路宅邸,几乎一刻不得闲境,日日与媒体会面,天天与记者谈革命,将声量拉到最满。17 日还未下船之际,时有一日本东方社记者在船上对孙说:"上海《字林西报》日前

① 上海档案馆编译:《上海公共租界工部局警务日报选译——有关孙中山北上部分》,《历史档案》1985 年第 1 期。
② 《孙中山暨其秘书之谈话》,《申报》1924 年 11 月 18 日,第 9 版。

发有短文,略谓:'孙博士此次北上京津,所主张之救国国策,为废除各国在华不平等条约,收回中国一切租界。上海租界,乃为各国根据其历年与中国政府所订外交条约而来,孙博士此次假道上海,北上京津,住在上海租界内,不能作任何政治活动。'请教孙博士对此社论有何高见?"孙闻言乃愤然告之:"余对于时局之意见,及国民党之政策,一与余离粤时发表之宣言书相同,兹不另行发表。惟《字林西报》日前著论主张应拒绝余入沪租界,以外人而发是言,实太不自量。上海为中国之领土,吾人分明居主人之地位,彼辈不过为吾人之客,一般宾客并无拒绝主人入门之权利。倘租界当局有意阻碍吾在租界之居住,则吾对之有出坚决手段之决心。今之时代,已遭逢撤销一切外国在华租界之时机。吾人为贯彻此种目的起见,不惜极尽能力以赴之。中国人民早已不能忍耐外国侨民在中国领土之飞扬跋扈。"①同日,上午 10 时在寓所接见国闻、东南两家通讯社记者,下午 3 时又接见《申报》记者;18 日,与英文《文汇报》记者谈;19 日,寓所中举行招待上海新闻界的茶聚;20日,委派人员分赴各地宣传;21 日,交给《东京日日新闻》《大阪每日新闻》驻沪记者一份声明;22 日一早,孙中山一行人乘汽车直驶虹口汇山码头,搭乘日本邮轮"上海丸"离沪,取道日本,继续北上。7 时登船后,在房舱中略事休息,孙中山仍决定与记者在大餐厅见面。孙中山的政治主张在《北上宣言》中尽已表达,总结为一句话是他相信"凡武力与帝国主义结合者无不败。反之,与国民结合以速国民革命之进行者无不胜",明确提出,对于时局"主张召集国民会议,以谋中国之统一与建设"。② 寓沪期间,以上海为麦克风,孙中山仍会不厌其烦,与各方传媒接触,争取革命主动与国民支持。

---

① 《大元帅安抵上海之电讯》,《广州民国日报》1924 年 11 月 19 日,第 3 版。
② 《北上宣言》(1924 年 11 月 10 日),《孙中山全集》(第 11 卷),中华书局 1986年版,第 294—299 页。

主义之外,孙中山最关心还有组织建设。1924 年初,在孙中山主持下,中国国民党第一次全国代表大会胜利召开,通过《中国国民党第一次全国代表大会宣言》,重新解释了三民主义。以此大会与《宣言》为标志,第一次国共合作正式实现。会后,国民党决议设立执行部,以扩充党务。其中上海执行部统辖苏、皖、赣、浙四省和上海市党务,并监理上海特别市党部的职权。在实际运作中,只有上海、北京、汉口三地成功建立执行部,而汉口执行部旋遭湖北军警冲击,不久终结,相应事务统归上海执行部办理。因此,国民党上海执行部还辐射湘、鄂、陕各省,成为国民党中央驻地方的最大执行部之一。未及一年,在共产党员与国民党人的共同努力下,国民革命思想由南向北,在全国范围内以前所未有的规模广泛传播。

欣喜之余,亦有隐忧。随着国民党内部关于"容共"与"分共"的斗争愈演愈烈,国民党上海执行部中始终存在着共产党、国民党左派同国民党右派之间尖锐而复杂的斗争,且斗争呈现愈演愈烈之势。上海国民党员中"原以反共产派居大多数,其中老党员冯自由、居正、张静江、张继等因愤汪、胡、廖诸人之专横,都不问事,青年派何世桢、周颂西等则素与共产派为敌"。孙中山寓沪期间,不时会有国民党右派人士谒见,要当面"声讨"中国共产党"借本党名义及破坏本党等情","请总理毅然下令将共产党一律斥逐"。见此情形,孙中山"容颜似极不怡"。[①] 毛泽东等 14 名中国共产党人也曾联名致书孙中山,反映国民党上海执行部面临的困境。此函以"索薪"为由,揭露国民党右派阻挠工作,实为中国共产党人为国共合作上海执行部之存亡的抗争。

眼看国民革命的浪潮到来,而自己亲创之革命组织有分裂之态,孙中山自然心忧如焚。他选择调和左右,每遇来访者辄谓之

---

① 《孙中山与反共产派之谈话》,《顺天时报》1924 年 11 月 29 日,第 3 版。

曰:"尔等多不了解民生主义。余在粤曾有演讲,不久可出版,将来可再细心研究。共产党乃第三国际使之来加入本党,乃世界之政党,故余特许其享有跨党之特权,本党与之同负改造国家之责任,至关于纪律一层,现正酌量办法,尔等勿为帝国主义者煽惑可也,云云。"①正是因为孙中山的勉力维系,国民党在其党魁生前,总算是保持了国共合作的革命立场。

孙中山"上海丸"驶出吴淞口,远航日本,距 12 月 4 日天津"胃疾不能行"只有 12 天,而距他溘然而逝只剩 110 天。

三、和平、奋斗、救中国

关于召集国民会议的主张,最早是中共党人提出的。1923 年 2 月,陈独秀在《向导》杂志发表《中国之大患——职业兵与职业议员》就有此倡议雏形。② 同年 7 月,中共中央发表《第二次对于时局的主张》表示,不能依靠北京的国会,只有国民会议才真能代表国民来处理国家大事。当中共获悉孙中山此次北上坚定的反帝反军阀立场,决意推动关于国民会议的政治主张,开始全力支持孙中山北上,不仅在舆论上给予此次北上之行以大力宣传,发表《第四次对于时局的主张》,重申国民会议的意见;而且在军事上积极支持东征,巩固广州革命根据地,以消除孙中山的后顾之忧。在国共双方的共同努力下,中国出现了全国性的促成国民会议的呼声,各地民众团体纷纷通电拥护国民会议,国民会议运动蓬勃发展起来。

孙中山生命的最后一百天里,无论走到哪里、病有多严重,他总是反复强调这次北上的两个目的:一召集国民会议,是对付军阀的;二废除不平等条约,是对付帝国主义的。这是孙中山革命思

---

① 《孙中山与反共产派之谈话》,《顺天时报》1924 年 11 月 29 日,第 3 版。
② 独秀:《中国之大患——职业兵与职业议员》,《向导》周报 1923 年第 19 期,第 149—150 页。

想发展史上最具光彩的论述。正因如此，孙中山受到了民众的热烈欢迎。在他北上一行的沿途到处悬灯结彩，欢声雷动，老百姓把孙中山看作挽救民国命运的伟人。[①]

孙中山的革命主张当然亦受到奉系、皖系军阀的极力抵制。北京政变后不久，冯玉祥即遭排挤，在张作霖的支持下，段祺瑞出任"中华民国临时总执政"，抢在孙中山抵京前，于 11 月 24 日就任。他一面向列强保证遵守一切中外条约，以对抗孙中山废除不平等条约的主张；一面提出召开所谓的"善后会议"，以对抗孙中山主张的国民会议。面对政局突变，孙中山却并非放弃原定行程，而仍按原计划继续北上，一路宣传革命主张。

但激烈的政治斗争，加重了他的病情，1925 年 3 月 12 日上午 9 时半，一代伟人病逝于北京行辕。协和医院对其尸体进行了解剖处理。最终的解剖结论为："胆囊腺癌伴有胆囊管梗塞；肿瘤直接侵犯肝脏及横膈，广泛播散至双肺、腹膜、回肠、结肠及肠壁，引起结肠多处狭窄；又有慢性胆囊炎；胆囊结石；全身动脉中度粥样硬化；双肾弥漫性轻度疤痕形成，左肾囊肿，肺部陈旧性钙化结核，心脏轻度萎缩、肺气肿、腹水、肺水肿、蛔虫病。"最终死因定为"胆囊腺癌并广泛转移"。[②] 除了最终死因外，我们从尸检报告中可以看到，孙中山生前还忍受着多种慢性疾病的一并折磨。对照此情，复看孙中山生命尽头喃喃道："和平、奋斗、救中国……"怎能不叫人心生敬意！

结　语

孙中山被认为是中国历史上"枢纽"式人物。所谓"枢纽"，指

① 陈旭麓主编：《五四后三十年》，上海人民出版社 2019 年版，第 68 页。
② 孙中山生命临终之种种，参见姚霏、郑珠玲：《疾病、政治与医疗——疾病视野下的孙中山临终研究》，《史学月刊》2018 年第 2 期。

的是事物运转之中心环节。孙中山之重要性,过往很多言说都是围绕他结束中国帝制、开创亚洲首个共和国这一丰功伟绩而展开。事实上,孙中山之人物研究价值远远不限于此,传统中国许多制度终结于他手,现代中国很多变革又都发端乎其创见。笔者选择孙中山生命末期于上海一地逗留的 5 日中所办二三事,漫谈一番,可见统一之中国始终与国民民心相伴相随,北洋诸武人离心离德之主因在失去民意,南方革命政权之兴盛在于反其道而行之;第一次国共合作是国民大革命浪潮之保障,一党之利益不能在一国之国运上,此右派顽固之人所不能了解的奥义。每一次历史关键节点的政治选择,孙中山都彰显出"先知先觉者"对于中国时局、世界大势的准确把握,而这一能力远在其政敌的境界之上。可以说,一百多年来的中国,新旧、东西、乃至南北、统独,诸事要人,无一能绕过孙中山的活动联系与思想蔓延,以此窥见孙中山"枢纽"之历史地位,言之非虚。

(作者系上海社会科学院历史研究所研究员、
上海中山学社副社长)

高语罕与陈独秀
在上海的历史交往

徐光寿　吴家琪

　　高语罕与陈独秀都是近代安徽人,分属古都寿县和省城安庆,同在江淮之间,地域上较为接近,且主要活动都在上海。两人都是近代中国的进步知识分子。高语罕生于 1887 年,陈独秀生于 1879 年,8 岁的年龄差距在风起云涌的近代中国尤其是狂飙突进的五四时期,已属于两个不同时代的人,所以高语罕始终视陈独秀为自己的人生导师,倾其一生都在追随和支持陈独秀从事革命活动尤其文化斗争,成为陈独秀的"粉丝"和战友,在革命浪潮中并肩作战,在许多重大历史时刻都留下了深刻的印记。五四运动以后建党之初,当陈独秀在北京、上海等地成为风云人物时,高语罕则在家乡安徽积极策动陈独秀发动五四新文化运动,继而奔波于上海、安徽之间追随陈独秀建党和革命,大革命失败后仍与陈独秀思想与共、不改初衷,始终视陈独秀为自己的精神领袖。虽然两人在生命最后时刻,政治观点上出现了分歧,但两人的深厚情谊却一直延续下来。

　　如今,陈独秀的言行已基本清晰,高语罕的行踪也大致可循。但因高氏著述言论尤其与陈独秀相关的重要言论尚未结集出版面世,因此,追寻高语罕与陈独秀在上海的历史交往,就是一项既有学术价值又颇为艰难不易的研究。

一、在上海参与陈独秀发起新文化运动

　　高语罕(1887—1947 年),原名高超,出生于安徽寿县正阳关盐店巷。高语罕的家庭与教育背景和陈独秀有诸多相似:两人都出生于近乎没落的封建家族。高语罕祖上曾是大盐商,但是到了祖父一辈,家道已经衰落。父亲是私塾先生,高语罕在潜移默化之下积累了良好的国学功底①。陈独秀则是在祖父的板子和母亲的眼泪中勤学苦读。在这种家庭环境下,二人既对"四书""五经"等国学经典烂熟于心,在科举考试中都取得了不错的成绩,又都在不同的历史阶段走上了出国留学的道路,接受了新式教育。相似的经历和追求指引着二人走上相遇的人生道路。

　　二人相识于辛亥革命安徽光复的斗争中。高语罕时任安徽青年军秘书长,陈独秀则任安徽都督府秘书长,形成了事实上的上下级关系。1911 年 12 月,寿县人孙毓筠当选安徽省都督,便邀请陈独秀担任安徽都督府秘书长②,并召韩衍任军政府参谋长。韩衍在安徽组织成立青年军,亲自担任总军监,"还设有秘书长一人,由高超担任。"③对此,高语罕晚年也回忆时说,此时与陈独秀虽已相识,但"彼此只有在公开集会中接触"④。

　　辛亥革命前后,相同的资产阶级革命党人身份使得高语罕与陈独秀在上海的联系和交往日益密切。辛亥革命前,远在日本留学的陈独秀、高语罕等一批进步知识分子依旧心系国家,不时回国参加革命运动。陈独秀是留日学生各种革命活动的重要领导者和参与者,为清朝当局尤其安徽地方当局所不容。1913 年 9 月"二

---

　　①　王军:《高语罕传》,中共党史出版社 2011 年版,第 4—5 页。

　　②　唐宝林、林茂生:《陈独秀年谱》,上海人民出版社 1988 年版,第 53 页。

　　③　政协安徽省委员会文史资料工作组:《记韩衍》,《辛亥革命回忆录(第四集)》,中华书局 1963 年版,第 449 页。

　　④　高语罕著、王军校:《九死一生记》,中共党史出版社 2018 年版,第 81 页。

次革命"失败后,陈独秀因随柏文蔚主导安徽"二次革命"而被北洋政府安徽当局列为第一要犯,从安庆逃亡上海过程中在芜湖被捕,第一次感受到生命的威胁。但陈独秀临危不惧,"很从容地催促道:要枪决,就快点罢。"①幸得帮助而逃往上海,进而被迫流亡到高语罕已先期抵达的日本。

　　然而,安徽"二次革命"失败后,倪嗣冲以高语罕等留日学生与革命党有联系而停止其留学经费,失去资助的高语罕无奈回到上海,生活异常艰难,依靠四处投稿卖文糊口。高语罕后来也证实这一点,"二次革命失败后,亡命上海,我在法租界办小学,独秀住在法租界渔阳里二号"②,1915 年 6 月,陈独秀也从日本回到上海。上海作为近代中国的国际大都市,已成为当时进步知识分子施展政治抱负的首选之地。在上海,陈独秀准备创办一本新的杂志,他满怀信心地对上海亚东图书馆老板汪孟邹说:"只要十年八年的功夫,一定会发生很大的影响。"③9 月 15 日《青年杂志》的创刊,也为生计艰难卖文糊口的高语罕提供了条件,创刊号上就发表了高语罕《青年之敌》《青年与国家之前途》两篇文章。显然,《新青年》拉近了二人关系,开始了高语罕追随陈独秀的人生历程。

　　《新青年》创办之初,主要作者均来自安徽,创办初期其实成了皖籍知识分子的同仁刊物。"从第一卷至第三卷,由陈独秀'主撰'(1915 年 9 月 15 日至 1917 年 8 月 1 日),作者主要是皖籍学人。"④甚至"第一卷几乎是清一色的皖籍。"⑤高语罕也积极投稿,除创刊号外,在第一卷其他各期也发表了多篇文章,主题是激发青

---

① 高语罕:《参加陈独秀先生葬仪感言》,载《大公报》1942 年 6 月 4 日。
② 高语罕著、王军校:《九死一生记》,中共党史出版社 2018 年版,第 81 页。
③ 任建树:《陈独秀大传》,上海人民出版社 2012 年版,第 85 页。
④ 欧阳哲生:《〈新青年〉编辑演变历史考辨——以 1920—1921 同人书信为中心的探讨》,《历史研究》2009 年第 3 期,第 82 页。
⑤ 王奇生:《革命与反革命:社会文化视野下的民国政治》,社会科学文献出版社 2010 年版,第 3 页。

年的家国情怀,呼吁青年积极行动以救国图存。在《新青年》第二卷上,高语罕以"淮阴钓叟"为笔名发表了《青岛茹痛记》,揭露德、日帝国主义在山东的罪行。陈独秀携《新青年》迁往北京后,高语罕仍是重要作者。1920 年《新青年》迁回上海后,高语罕更是踊跃投稿。第七卷六号的"劳动节纪念号"上,发表了高语罕《芜湖劳动状况》一文,详细介绍了当时芜湖的劳动界情况,让芜湖的劳动界状况首次进入马克思主义者的视野。不难发现,高语罕发表在《新青年》上的一篇篇文章,正符合《新青年》不同时段的思想主张。高语罕在思想上积极支持《新青年》的主张,实际上是支持陈独秀的事业,追随陈独秀,这为二人日后更深程度的交往奠定了坚实的基础。

　　陈独秀创办《新青年》、发起五四新文化运动,其中心历经上海—北京—上海。一直通过高语罕、刘希平等皖籍革命分子对安徽新文化运动进行指导和影响。1916 年秋,高语罕经刘希平推荐,前往芜湖省立第五中学任教,以教员身份开展工作发挥作用。朱蕴山回忆道:"安徽的新文化运动,实际上是从芜湖五中开始的。"[1]在向《新青年》积极投稿的同时,高语罕经常与陈独秀、胡适、高一涵等人经常通信联系,讨论新文化运动问题,并密切关注陈独秀、胡适的动态,"因为你俩一举一动,皆与青年前途(文化运动、青年改造)有极大的关系。"[2]高还在芜湖执教期间极力提倡白话文,宣传革命思想。1921 年,高语罕将在芜湖三年来教学的部分讲义——《白话书信》在上海编辑出版,此书一经问世,就大受欢迎,"为亚东出版物中销数最多的一种,共印 10 万册以上。"[3]高语罕还经常将《新青年》《新潮》《每周评论》《星期评论》等期刊分

---

　　① 朱蕴山:《朱蕴山诗文集》,团结出版社 2008 年版,第 107 页。
　　② 《高语罕信九通》,《胡适遗稿及秘藏书信 31》,黄山书社 1994 年版,第 346、347 页。
　　③ 朱联保:《往事漫漫说亚东》,《20 世纪上海文史资料文库》第六辑,上海书店出版社 1999 年版,第 309 页。

发给五中进步学生阅读,让学生及时了解社会动态,关心社会关心国家,启发学生积极地参与到社会运动中去,提高了青年觉悟,并培养了诸多革命人才。

新文化运动解放了一代知识青年的思想,推动他们冲出封建主义的思想牢笼。作为"五四运动的总司令"的陈独秀在北京指导运动时,留在安徽芜湖任教的高语罕给予了及时、有力的行动支持,以实际行动推动这场运动,支持自己的老友。正是在与陈独秀等人的交往中,在领导安徽五四新文化运动的过程中,高语罕也逐渐确立了对马克思主义的信仰。作为其五四运动以来思想观点的集中体现,高语罕出版的《白话书信》,虽然其中掺杂了一些错误观点,但总体来看,在宣传马克思主义基本观点方面是正确的,堪称"安徽最早、最系统传播马克思主义的书籍"①。该书出版后虽屡经国民党查禁却再版了 39 次、印刷 10 万册之多,有力地推动了全国尤其安徽地区新文化运动的发展和马克思主义的传播。作为"安徽系统传播马克思主义的第一人",高语罕的思想转变,在某种程度上可以看作陈独秀等启蒙思想家影响下的知识分子群体思想发展的一个缩影。

二、在上海协助陈独秀开启创建党团事业

1920 年 1 月,因在安徽省立第二农业学校领导学生运动,高语罕终被军阀倪嗣冲下令解聘。被迫离开芜湖后,高语罕先到北京后转上海,追随着陈独秀的行踪。3 月下旬,陈独秀入住上海老渔阳里 2 号,高语罕时常去拜访他②。其时正值共产国际代表维经斯基经李大钊介绍来上海会见陈独秀,商谈具体的建党事宜。自

---

① 程祺庸:《亚东图书馆历史追踪》,安徽教育出版社 2016 年版,第 71 页。
② 高语罕:《入蜀前后》(7),载《民主与统一》1936 年 7 月 10 日。

此,陈独秀便开始筹备创建党团的伟大事业中。

正在上海的高语罕积极协助陈独秀开展创建党团的相关工作。据张国焘回忆,陈独秀在南京、安庆、芜湖等地物色一些青年发起社会主义青年团的组织,"他的老友著名学者高语罕那时正在安徽教书,是最先响应的人。"①同时,高语罕也是陈独秀"筹划在各地组织共产党小组"活动在安庆方面的联系人②。陈独秀曾写信委托高语罕在安徽建党。虽然当时未能建成,但高语罕对于安徽社会主义青年团的筹建仍发挥了重要作用。

建党前后,高语罕经常返于上海、安庆与芜湖之间,与安徽社会主义青年团联系密切,常为其提供有力指导,深得安徽团组织的信赖,成为陈独秀安徽创团的得力助手。1920年8月22日,中国最早的社会主义青年团组织在上海法租界新渔阳里6号建立,次年春,在陈独秀和高语罕的推动和筹划下,蔡晓舟在安庆建立安庆社会主义青年团筹备会,取名"安徽社会主义青年团"。1922年3月,安徽团组织负责人王逸龙给团临时中央负责人施存统写报告,说明安徽不能派专人参加中国社会主义青年团第一次代表大会的情况,同时提出由当时住在上海的高语罕作为安徽代表出席青年团"一大",并赋予高语罕代表安徽团组织建议表决的全权③。由此可见,高语罕在安徽团组织中的地位和影响。遗憾的是,由于原在上海召开的团一大改在广州召开,高语罕因赴德留学最终未能参会。

关于高语罕入党的时间、地点现仍未有确切史料证明,一般认为高是1920年10月在北京加入中国共产党北京支部。最直接的记载是在张申府的回忆录中,前后两次提及高语罕入党问题。"北京第一个发展了张国焘,以后又发展了高语罕""后来北京又发展

①　张国焘:《我的回忆》第一册,东方出版社1998年版,第98页。
②　[日]波多野善大著作,罗可群译:《国共合作》,广东省高等教育局科研处1982年版,第24页。
③　王逸龙:《拟请高语罕参加上海大会及代售〈先驱〉刊物事》,《安徽早期党团组织史料选》,安徽人民出版社1987年版,第1页。

了高语罕、刘仁静、邓中夏、罗章龙等,他们都是北大的学生"①,且张申府在回忆中国共产党旅德支部时也多次提及高语罕,说明其对高语罕印象比较深刻。有人认为张申府错把高君宇记成高语罕,因为高语罕并不是北大的学生。笔者认为张申府可能是错把在北大参加马克思学说研究会的高语罕认作北大的学生。罗章龙曾列出北京大学马克思学说研究会发起人及部分会员名录中,记载了"高语罕　安徽　芜湖中学教员"。② 高语罕在 1920 年前后写给胡适的信中提及"前天到上海,和独秀谈了几天""我想到京里来一趟"等字眼,侧面验证了高语罕在建党前后多次前往上海、北京,与陈独秀等人交往密切。周佛海在回忆中说到民国十年,需要在全国选派六七十代表参加第三国际召开的远东弱小民族会议,由于在安庆没有熟人,"在上海时,老早托高语罕介绍了两个人,于是拿着信去寻,但是这两个人并不是党员,安庆也没有党员"。③ 1921 年春,高语罕在刘希平的帮助下,又回到省立五中当学监,还请来了董亦湘、郑太朴、沈泽民等来五中当老师。"高语罕这时大概已是上海共产党筹备组的成员,带来的大多是同道者"。④ 通过上述诸多史料的记载可以看出高语罕与中国共产党的早期党员关系密切、交往频繁,并在建党初期高度参与党内事务。因此,根据现有的史料判断高语罕在 1920 年 10 月加入中国共产党还是很有说服力的。

沈雁冰回忆道:"平民女校是党办的第一个学校,上海大学是党办的第二个学校。"⑤而高语罕都曾担任这两所学校的教师进行讲学,积极参与并支持党的事业。中共一大召开后,陈独秀同李达

① 张申府:《所忆·张申府回忆录》,中国文史出版社 2012 年版,第 72、21 页。
② 罗章龙:《椿园载记》,三联书店 1984 年版,第 67、64 页。
③ 周佛海:《往矣集》,古今出版社 1943 年版,第 45 页。
④ 李宗邺:《回忆高语罕》,《寿县革命回忆录》,安徽人民出版社 1989 年版,第 32 页。
⑤ 矛盾:《我走过的道路(上)》,人民文学出版社 1997 年版,第 250 页。

商议,在上海创办一个女校,"以期养成妇运人才,开展妇运工作。"①1922 年 2 月,平民女校在上海法租界成立。陈独秀邀请高语罕担任讲习,陈独秀本人也在此任教,陈独秀教社会学,高语罕教语文。女校学员王一知回忆,"任教师的人都很忙,只有教国文课的高语罕住在学校里,可以随时质疑"②。高在上课时还自编教材,后来把这些教材整理为《国文作法》进行出版,以帮助更多青年学子。可见高语罕的工作态度和工作能力十分出众,认真出色地完成了陈独秀的任务。

1925 年,高语罕从德国留学归来,回到上海。此时,高语罕一生政治生涯的高光时刻才正式开启。五卅惨案后各地民族运动纷起,党内急需干部人才。鉴于高语罕在德国期间的学习和工作表现,回国后就被中共中央总书记陈独秀多次委以重任。高语罕始终不负所托,殚精竭虑地支持和协助陈独秀的工作,深得陈独秀信任。"陈独秀时常对人说,语罕是一个忠实的热烈的勇敢的精干的战士。"③这个评价显示出陈独秀对高语罕的充分肯定和信任。高语罕奉派担任上海总工会宣传科主任兼上海大学教授。高语罕对上海大学在中国革命中的地位给予了高度评价:"五卅运动是民族革命的前哨站,而担任这个前哨站之领导使命的,就是上海大学。"④高语罕在上海大学任教期间也是十分的认真负责,学生周启新回忆道:"高氏在上大讲授西方革命史,每周五次,每次两小时,既无课本,亦无讲义,往往旁征博引,无所不谈,学生以其渊博动听,亦时常满堂。"⑤

---

① 李达:《中国共产党得发起和第一次、第二次代表大会经过的回忆》,《一大前后》(二),人民出版社 1980 年版,第 14 页。

② 王一知:《我在革命斗争中成长》,《上海党史资料汇编》第 1 编,上海书店出版社 2018 年版,第 115 页。

③ 荣祖:《高语罕之荣枯得失》,载《社会新闻》1933 年第 2 卷第 20 期。

④ 高语罕:《烽火归来》,亚东图书馆 1939 年版,第 76 页。

⑤ 周启新:《上海大学始末》,《文史资料选辑》第一辑,上海人民出版社 1981 年版,第 122 页,

　　高语罕回国时,正值国共合作统一战线建立、国民革命高潮掀起。对此,高语罕也给予积极响应和大力推动。中共中央决定派遣高语罕与李大钊、张国焘、恽代英、瞿秋白等人作为跨党党员参加国民党"一大"的中委会①。受周恩来之邀,1925 年 12 月高语罕赴广州担任黄埔军校政治教官,教授政治学概论。在黄埔军校,他的课堂上总是精彩有趣,十分受学员欢迎。聂荣臻曾回忆,高语罕是当时最受学生欢迎的政治教官之一②。高语罕在校时还被国民党右派攻击为"黄埔四凶"之一,与恽代英、邓演达、张治中齐名,一度名声大振③。

　　1926 年 1 月 16 日,高语罕出席国民党"二大",并被中共中央指定为出席国民党"二大"的中共党团书记,并参与起草国民党"二大"宣言。在黄埔军校举行的出席国民党"二大"代表欢迎会上,高语罕作了发言,他表示:"如果蒋介石有反革命的思想和行为,我们一样地以对待段祺瑞的态度对待他,打倒他。"④此话被人断章取义、添油加醋地告诉了蒋介石,蒋介石便将其作为共产党倒蒋活动的事实之一。高语罕回到上海后发表《一封公开的信——致蒋介石先生》,解释自己并无此意。但蒋介石并不予谅解。危难之际,中共中央总书记陈独秀挺身而出,6 月 4 日他发表《给蒋介石的一封信》,专门为高语罕做了辩白和澄清。信中说:"语罕同志初回国,要好心太急切,期望国民党尤其期望黄埔军校也太急切,因此语罕态度都不免急切一点,至于'打倒我们的段祺瑞'之说,绝对没有,乃翻译之误…语罕是我的老朋友,我深知他,他一向很老成,当不至有这样荒嘐的见解。"⑤高语罕晚年在回忆时也说

①　罗章龙:《椿园载记》,三联书店 1984 年版,第 295 页。
②　聂荣臻:《回国参加大革命》,《第一次国共合作时期的黄埔军校》,文史资料出版社 1984 年版,第 105 页。
③　张治中:《张治中回忆录》,华文出版社 2007 年版,第 412 页。
④　包惠僧:《大革命时代在黄埔》,《第一次国共合作时期的黄埔军校》,文史资料出版社 1984 年版,第 167 页。
⑤　任建树:《陈独秀著作选编》第四卷,上海人民出版社 2009 年版,第 85—86 页。

道:"因为我刚从欧洲回国,满怀革命热情,丝毫不晓得顾忌,又丝毫没有政治经验,横冲直撞。"①这正好显示出高语罕曾经对党忠诚、不畏艰险的革命精神。

在上海,高语罕参加了上海工人第三次武装起义的领导工作。1927年3月在上海第三次工人武装起义前夕,在陈独秀、罗亦农等中共中央和上海区委联合组成的起义最高指挥机关特别委员会中,高语罕参加了尹宽等组成的宣传委员会②,负责中央特委会机关报《平民日报》,将党再次发动武装起义的指导思想和斗争策略迅速传向广大工人群众,高语罕的宣传本领也得到充分展现。不久,陈独秀由上海前往武汉,高语罕亦随行赴武汉任汉口《民国日报》总主笔。

陈独秀在上海开启创建党团伟大事业时,高语罕充分展现了对中国共产党和马克思列宁主义的坚定信仰,充分发挥了自己在宣传、组织方面的才能优势,一直在陈独秀的身边担负着"战士"的角色,并以其出色的能力完成中共中央和陈独秀赋予的重要使命,为党领导的革命工作作出了自己的贡献。

三、在上海陪伴陈独秀共度艰难时光

八七会议上,陈独秀被撤销了中共中央总书记职务。陈独秀正式离开了中共中央领导岗位后,不久来到上海。不久,在参加南昌起义失败后,高语罕亦辗转回到上海,被临时中央编入中共春野支部,又来到了陈独秀身边。

与一批长期追随陈独秀的党内同志一样,高语罕也对陈独秀的处境抱着同情的态度。1929年7月中东路事件发生时,陈独秀

---

① 高语罕:《九死一生记》,载于《新民报(上海)》1946年5月14日。
② 中共上海市委组织部等:《中国共产党上海市组织史资料(1920.8—1987.10)》,上海人民出版社1991年版,第41页。

认为当时中央提出的一些口号不符合实际,为此多次致信中央,提出批评意见。在受到警告和批评后,更是公开表示拥护托洛茨基的主张,反对共产国际和中共中央的政治主张,转变成取消主义者。11 月 15 日,中共中央政治局正式宣布开除陈独秀党籍,同时批准江苏省委开除彭述之、汪泽楷、马玉夫、蔡振德 4 人的决议。由于赞成陈独秀的政治主张,同情陈独秀的政治遭遇,高语罕选择站在陈独秀一边。其实,高语罕的表态不符合陈独秀的心意,"当时陈独秀给语罕的任务是继续保留党籍到最后的一天,在党中起一种'内应'的工作,以帮助反对运动的深入。"①但在 12 月 10 日,高语罕还是列名陈独秀和彭述之等人联名发表的《我们的政治意见书》,公然支持陈独秀,赞成托派的主张,不久也被中共中央和江苏省委指令春野支部开除党籍。1931 年 5 月,陈独秀在上海主持召开"中国共产党左派反对派"成立大会,并被推选为中国托派组织的总书记,高语罕也被推为"取消派的中央委员"②,把自己的政治命运与陈独秀紧紧地捆绑在一起,在错误的道路上越走越远,注定了其晚年的凄凉和悲哀。

　　1932 年 10 月,陈独秀在上海被公共租界当局逮捕并移交国民政府警方后,江苏江宁地方法院最终以"危害民国"罪判刑 8 年,囚禁于南京老虎桥监狱。身陷监狱的陈独秀曾多次写信给高语罕的爱人王灵均索要生活物资,以改善在监狱中的生活条件。从书信内容看,说高语罕夫妇是陈独秀在监狱外代理人应不为过。信中包含陈独秀的衣、食、住、书籍、转达亲友等安排,足见陈独秀对高语罕的信赖以及高语罕对落魄之中的陈独秀仍不离不弃。

　　在陈独秀生命的最后时光,高语罕一直追随左右。1937 年 8 月陈独秀从南京出狱,辗转武汉、重庆,最终定居在四川江津,高语

---

① 少离:《高语罕转变记》,《现代史料第四集》,波文书局 1980 年版,第 420 页。
② 少离:《高语罕转变记》,《现代史料第四集》,波文书局 1980 年版,第 422 页。

罕亦前往居住。两人虽都不再参政为官,却仍心系国家,力主抗战,经常在报纸上发表抗战见解。面对空前民族危机,两人对于时局的观点也出现了一些分歧。陈独秀曾发表文章,号召全体中国人民"有钱者出钱,有力者出力",共同抗战。高语罕抵达重庆后,在《前线的安徽》的创刊号中写道:"有钱者出钱,有力者出力,那就不能顾虑到什么民众生活了。"①有好事者告诉陈独秀,说高语罕竟写文章反对他,陈为此十分不悦,在大街上碰见高也不予理睬。不过两人很快便和好如初,高语罕的夫人在筹办妇孺医院时,陈独秀给予的"道义上的援助和鼓励不少"②。陈独秀还担任了高语罕侄女王立人婚礼的证婚人,足见二人私交之深厚。

陈独秀病逝后,下葬的棺木问题颇费周折,高语罕、邓燮康、周弗陵等人四处奔走,几经变化后才把棺木问题妥善解决。在参加陈独秀葬仪后,高语罕写下《参与陈独秀先生葬仪感言》,高度评价了陈独秀在思想史和文化史上的地位:"就是他在五四运动时代旗帜鲜明、堂堂正正地提出下述两个口号:拥护德先生——民主主义;拥护赛先生——科学……自此以后,一直到今,我们所努力奋斗以及政府现在所号召全国起来抗战的,还是这两个口号来做我们的指导原则。"③有人回忆高语罕与陈独秀时说:"他生前曾念念不忘,想建立一所独秀中学,以纪念陈独秀。"④可见高语罕对陈独秀的怀念与敬重之情。

难兄难弟的陈独秀与高语罕,晚年生活都过得十分清苦,除偶有亲友资助,基本都是凭借微薄的稿费维持生活。两人在晚年都潜心文学,不再从事政治活动。面对来路不明或国民党当局给予的钱财等,两人的态度出奇的一致,都予以拒绝,不愿为钱而改变

① 靳树鹏:《陋室漫笔》,时代文艺出版社 2004 年版,第 96 页。
② 高语罕:《入蜀前后》(6),载上海《民主与统一》1946 年第 6 期。
③ 高语罕:《参与陈独秀先生葬仪感言》,载《大公报》1942 年 6 月 4 日。
④ 大风:《陈独秀与高语罕》,载《力报》1947 年 4 月 29 日。

自己的政治立场。陈独秀拒绝蒋介石请其出任劳动部部长的邀请，并多次拒绝蒋介石等人的拉拢，并拒收钱财。高语罕也多次拒收李品仙的巨额钱款，对其说道"不得民众拥护，此钱亦非好来，不能送来污我！"①为了生活，高语罕便拼命的写作，然而在物价飞涨的时代，仍然入不敷出。高语罕随后又寻找一些其他的谋生途径，坚持自食其力，先后帮忙翻译基督教经典书籍和向观众讲解《红楼梦》等。晚年的高语罕因胃癌卧床不起，于1947年4月23日在南京的医院病逝。同年《民主与统一》刊登了《悼语罕先生》："语罕先生和他的朋友陈独秀先生一样，都由于为真理而奋斗，过的是极困苦的生活。"②李宗邺在《回忆高语罕》中写道：毕生知己陈独秀，身后萧条一样寒③。

　　拂去历史的尘埃，探寻近百年前两位安徽人物在上海的交往足迹，不难看出二人之间的相互支持、惺惺相惜。陈独秀是高语罕的人生导师，对高语罕的思想转变和政治生涯有着深刻的引领作用。高语罕是陈独秀的亲密战友和坚定追随者，积极响应五四新文化运动，并协助开展创建党团、推动国共合作等工作。即使在陈独秀政治上失势、生活上落魄之时，高语罕依然坚定地陪伴在陈独秀身边，坚定地支持和追随他。两位安徽老乡一生中最灿烂的时光都曾在上海这片土地上尽情挥洒自己的激情，为中国革命事业做出了不可磨灭的贡献。

　　　　（作者徐光寿系上海立信会计金融学院特聘教授、
　　上海大学博士生导师，中共上海市委党史研究室特约研究员；
　　　　　　吴家琪系上海大学马克思主义学院研究生）

---

　　①　《高语罕与李品仙》，载《风报（上海1947）》1947年5月2日。
　　②　《悼高语罕先生》，载《民主与统一》1947年第33期。
　　③　李宗邺：《回忆高语罕》，《寿县革命回忆录》，安徽人民出版社1989年版，第35页。

邹韬奋在上海

邵　雍

1895年11月5日邹韬奋出生于福建省永安市下渡村。1909年春,邹韬奋考取了福州工业学校。两年之后,又被送往上海南洋公学附属小学。在上海,邹韬奋从小学、中学,一直读到大学电机科二年级。1919年9月,他破格考入上海圣约翰大学文科三年级学习,1921年7月邹韬奋毕业,获得文学学士学位。恰逢上海厚生纱布交易所需要英文秘书,邹韬奋上任,成为工商界的一名职员。1922年,经黄炎培介绍,邹韬奋担任中华职业教育社任编辑部主任,负责主编《教育与职业》月刊及《职业教育丛书》。

一

1926年10月,原《生活》周刊主编转入银行界任事,该周刊改由邹韬奋负责编辑。根据社会和读者需要,邹韬奋决定从内容到形式对《生活》周刊进行一次大幅度的革新。他确定该刊的宗旨为"暗示人生修养,唤起服务精神,力谋社会改造"。1930年,为满足日益扩大的读者需求量,邹韬奋又成立了"书报代办部",专办读者服务业务,以后逐步发展成为在全国拥有分支店及办事处达五六十处之多的生活书店。

1931年九一八事变后,邹韬奋主办的《生活》周刊社主张抗日御侮,坚决反对国民党当局的不抵抗主义,同时支持劳苦大众为争取自身利益的斗争。《生活》周刊社曾发起"援助黑龙江省卫国健儿捐款",获得广大读者与全国人民的热烈响应,不几天,捐款就达十二万九千八百余元。1932年一·二八淞沪抗战开始后,邹韬奋利用《生活》周刊鼓吹抗日救国,介绍十九路军英勇抗战的事迹,征集各种军用品供应十九路军,还募款设立了生活伤兵医院,专门接待与医疗战斗中负伤的战士。①

当时的上海迅速成为在实际上领导全国救亡运动的中心。邹韬奋写道,南京当局对于上海这个"中心"地点,"最注意两个东西:一个是李公朴先生所办的拥有五千爱国青年学生的一个补习学校,还有一个便是被证实了每期有着二十万份销路的《大众生活》周刊。那个补习学校……所处地点虽属上海一隅,而上海的民众运动所发生的影响是要遍及全国的。至于《大众生活》,那更不限于上海一隅,是在海内外不胫而走的。"②

二

1932年12月中国民权保障同盟成立,主席为宋庆龄,副主席为蔡元培,总干事为杨杏佛。次年1月17日,上海分会在亚尔培路中央研究院开成立会,"主席蔡元培,记录邹韬奋,当场通过分会章程及发表宣言",邹韬奋与胡愈之、鲁迅等被选为上海分会执行委员。③ 邹韬奋是经应鲁迅、胡愈之的邀请参加民权保障同盟的。胡愈之当时协助邹韬奋共同主编《生活》周刊,1927年大革命失败之后,因遭到国民党通缉,旋即流亡法国,入巴黎大学法学院学习,开始接触并接受马克思主义。1931年回国,主编《东方杂志》,同年8月胡愈之发表《莫斯科印象记》,向国民介绍了社会主义的苏

① 参见邱钱牧:《中国民主党派史》,浙江教育出版社1981年版,第60—65页。
② 《韬奋文集》第三集,三联书店1955年版,第337—339页。
③ 《中国民权保障同盟沪分会成立》,《申报》1933年1月18日。

联，其间加入中国共产党。根据他的回忆，民权保障同盟第一次开会时，鲁迅托周建人"邀我，我再邀邹韬奋，我和邹去了。"①邹韬奋入盟后十分积极，经常参加同盟临时全国执行委员会与上海分会执行委员会召开的联席会议。他回忆说每次"开会时最有趣的是鲁迅先生和胡愈之先生的吸纸烟。他们两位吸纸烟都用不着火柴，一根刚完，即有一根接上，继续不断地接下去。"②

　　1933年1月7日邹韬奋写了《民权保障同盟》一文。邹韬奋写道："我们对于诸先生的意旨和热诚，敬【谨】表示无限的钦佩，惟在目前的实况之下，民权是否仅靠文电之吁请力争所能保障，实属疑问，……也许以宋、蔡诸先生身负党国重望，益以精诚热血，力争正义，为暴戾恣睢者所未敢横加摧残，收效或非平常民众团体所可同日而语。我们当然希望该同盟之积极进行，并愿竭其绵力所及，实践孙夫人所谓'对于共同之使命应有联合之战线与忠实之合作'"。邹韬奋强调："我们从历史上看来，便知民权之获得保障，决不是出于统治者的恩赐，乃全由民众努力奋斗争取得来的。不过依统治者的程度之高下，这种努力奋斗争取亦可有两种途径之分别。一种是用比较和平的方法，一种则为流血革命。……就历史上的事实看，总是到前法用到山穷水尽，无路可走时，第二法不待敦请而自己要应着环境的需要而强作不速之客。孙、蔡诸先生所发起的这个'民权保障同盟'当然是属于第一法，为中国计，我们当然希望该同盟的成功——希望之能否成为事实，那要看对象如何了。"③此文表露了邹韬奋在同盟中的激进立场。

　　　　① 《胡愈之谈民权同盟》，《中国民权保障同盟》，中国社会科学出版社1979年版，第160页。
　　　　② 邹韬奋：《患难余生记》，《中国民权保障同盟》，中国社会科学出版社1979年版，第164页。
　　　　③ 《中国民权保障同盟》，中国社会科学出版社1979年版，第18—19页。

　　1933年5月14日,初露头角的普罗作家丁玲女士[1]和革命史学家潘梓年先生在上海租界被秘密逮捕,几天后被害者的家属向民权保障同盟会提出发起释放运动的请求,随即5月24日《申报》发表了蔡元培、邹韬奋等38人营救丁玲、潘梓年的电文,全文如下:

　　　　南京国民政府行政院汪院长、司法行政部罗部长钧鉴,比闻著作家丁玲、潘梓年,突被上海市公安局逮捕,虽真相未明,然丁、潘二人,在著作界素著声望,于我国文化事业,不无微劳。元培等谊切同人,敢为呼吁,尚恳揆法衡情,量予释放。或移交法院,从宽办理,亦国家远怀佑文之德也。[2]

　　在这封电报中,邹韬奋在署名的38人中排名第六,虽然没有达到预期的目的,也毕竟为营救革命作家、史学家尽了自己的一份力。实事求是讲,民权保障同盟的营救活动只有极少数(如廖承志案)是成功的,而绝大多数都失败了(包括这一次),这从反面促使更多的人了解同盟所揭露的中国缺乏民权、人权的真相。

　　1933年6月18日中国民权保障同盟总干事杨杏佛被国民党特务暗杀。邹韬奋认为杨杏佛“为公而死,殊可钦敬”。在参加了杨的追悼会后,为了躲避国民党白色恐怖的迫害,他被迫舍家流亡海外。

三

　　1935年7月邹韬奋在美国报纸上看到《新生》杂志被封杀,主编杜重远被捕入狱的消息,愤而回国。11月16日,他在上海创办了《大众生活》周刊。不久,一二·九运动爆发,邹韬奋在《大众生活》上接连发表评论予以高度赞扬,称“这是大众运动的急先锋,

----

　　① 丁玲是当时公认的几个中国女作家之一,《在黑暗中》、《自杀者的日记》等小说的作者。
　　② 《中国民权保障同盟》,中国社会科学出版社1979年版,第84页。

民族解放前途的曙光!"他呼吁凡是确以民族解放斗争为前提的人们,应该"共同擎起民族解放斗争的大旗以血诚拥护学生救亡运动,推动全国大众的全盘的努力奋斗!"《大众生活》因此受到广大民众的热烈欢迎,同年12月时销售量达到20万份,超过原来的《生活》周刊,打破当时中国杂志发行纪录。

12月12日马相伯、邹韬奋等人联名发表《上海文化界救国运动宣言》称,"华北青年热烈的救国运动,尤其引起我们十二万分的同情。因为华北事件的教训,我们应该进一步的觉悟! 与其到了敌人刀口放在我们的项颈的时候,再下最大的决心,毋宁早日奋起,更有效的保存民族元气,争取民族解放。……敌人的压迫愈严重,中国人民对民族解放的要求,亦愈高涨。尽量的组织民众,一心一德的拿铁和血与敌人作殊死战,是中国民族的唯一出路。"①12月27日,上海文化界救国会成立,邹韬奋担任执行委员。

蒋介石曾派胡宗南到上海劝邹韬奋改变立场,拥护南京国民政府。邹韬奋与胡宗南辩论了四个小时,强调在政府没有公开抗日之前,我们没有办法拥护。1936年1月,邹韬奋的同学、中统头目徐恩曾等人再到上海劝说威逼,双方不欢而散。后来上海闻人杜月笙又提出亲自护送邹韬奋到南京与蒋介石面谈。邹韬奋表示,作为个人与蒋没什么关系,要说组织,自己代表不了救国会,不能与杜一道去南京。蒋介石连遭拒绝后大为恼火,1936年2月,《大众生活》出至第16期时被国民政府查封。邹韬奋于1936年3月出走上海,前往香港。

同年5月31日至6月1日,在宋庆龄、马相伯、沈钧儒、章乃器等策划下,全国各界救国联合会在上海成立。邹韬奋是7月②从

---

① 《大众生活》第一卷第6期,1935年12月21日。

② 邹韬奋在1937年6月25日接受第二次庭审时又说是"八月里在上海接到通知,才知被选为执行委员。"参见中国社会科学院近代史研究所中华民国史研究室主编《救国会》,中国社会科学出版社1981年版,第315页,待考。

香港到上海后才接到当选通知的,他完全赞成全救会联合各党各派的抗日救国宣言和"集中全力对日"的政治纲领。

邹韬奋在香港期间,与好友金仲华一起,于6月7日出版了《生活日报》,有力地推动了西南地区的爱国救亡运动。但鉴于香港偏安一隅,地利不便,邹韬奋遂根据读者要求,宣告从8月1日起移至上海出版。后因国民政府的种种阻挠而未果。于是邹韬奋便将《生活日报》的副刊"星期增刊"更名为《生活星期刊》,加以复刊,继续以上海为舆论主阵地,支持各地的抗日爱国运动。

在《八一宣言》精神的影响下,协助邹韬奋共同主编《生活周刊》的共产党员胡愈之受潘汉年之命,为救国会起草了《告全国同胞书》。邹韬奋、陶行知率先在该文件上签字,1936年7月15日邹韬奋又亲自从香港到上海征求了沈钧儒、章乃器等人意见。①经过一番修改,最后由沈、章、邹、陶四人联合署名,以《团结御侮的几个基本条件与最低要求》为题,发表在8月5日《生活知识》半月刊上。《团结御侮的几个基本条件与最低要求》重申救亡阵线的立场是"不躲避,不退却,不放弃立场,不动摇意志,一直到中华民族解放运动达到完全胜利的一天"。该文件要求国民党蒋介石马上做到:"第一,停止对西南军事行动;第二,和红军停战议和,共同抗日;第三,开放抗日言论自由和救国运动自由。"文件赞成中国共产党"停止内战,联合各党各派,共同抗日救国"的政治主张,相信"这一个政策会引起今后中国政治上重大的影响。"同时希望红军"应该立即停止攻袭中央军,以谋和议进行的便利;在红军占领区域内,对富农、地主、商人,应该采取宽容态度;在各大城市内,应该竭力避免有些足以削弱抗日力量的劳资冲突。"②

这一文件后来被转送到中共中央,已经到达陕北的毛泽东看

① 《救国会》,中国社会科学出版社1981年版,第444页。
② 《救国会》,中国社会科学出版社1981年版,第117—125页。

后十分高兴。8月10日他亲自给章乃器、陶行知、沈钧儒、邹韬奋等4人写信,信中说,"我们同意你们的宣言纲领和要求,诚恳的愿意与你们合作,与一切愿意参加这一斗争的政治的组织或个人合作,以便如你们纲领与要求上所提出的一样,来共同进行抗日救国的斗争。"他最后表示:"我们希望你们和各地一切救国组织派遣代表来参加苏维埃政府,……我们诚意的愿意在全国联合救国会的纲领上加入签名。"①这封公开信不仅在《救国时报》《巴黎时报》公开发表,而且还有油印文本流传,给了全救会以巨大的支持和鼓舞。9月18日毛泽东再次致函章乃器、陶行知、沈钧儒、邹韬奋,指出"先生们抗日救国的言论和英勇的行动,已经引起全国广大民众的同情,同样使我们全体红军和苏区、人民对先生们发生无限的敬意!"毛泽东对他们说:"我委托潘汉年同志与诸位先生经常交换意见和转达我们对诸位先生的热烈希望。"②

四

　　国民党当局对邹韬奋等人的态度完全相反。全救会成立不久,国民党上海市市长吴铁城就在1936年6月5日发表谈话,蔑称少数野心家组织了全救会,"这个团体简直是一个反动的东西。"③后来吴铁城邀请全救会领袖沈钧儒、邹韬奋、李公朴、章乃器到市政府便餐。餐后吴铁城宣布全救会为非法,并命令"一,立刻写好通告解散全国各界救国联合会,二,把所有印刷品送到市政府来,以备销毁。否则今天便把你们拘留起来!"他还用嘲笑的口吻说:"你们要做民族英雄吗?那就让你们尝尝民族英雄的滋味吧!"沈等据理抗争,予以驳斥,并表示:"我们只能保证我们自己

---

① 《救国会》,中国社会科学出版社1981年版,第128—136页。
② 《毛泽东书信选集》,人民出版社1983年版,第63—64页。
③ 《救亡情报》第6期,1936年6月14日。

一不躲避,二不逃跑。"①

　　在 1936 年上海各次抗日救亡活动中,邹韬奋总是事先跟沈钧儒、章乃器、王造时、史良、沙千里、李公朴等人周密讨论和细心布置,是组织者与领导者之一。

　　11 月 12 日上海各界救国会在静安寺基督教女青年会堂召开纪念孙中山诞辰大会。会上,上海沪东区日本纱厂的工人代表控诉了日本资本家对工人的迫害和虐待,介绍了他们为争取自身利益进行罢工斗争的情况。邹韬奋为了援助工人,捐了一天的薪水。② 三天以后,上海救国会呼吁全国同胞援助日商纱厂罢工工人,并宣布"我们对于抗日罢工的援助,是义不容辞,而且要竭尽心力的,我们除已经举行募捐慰劳的工作之外,并且已经组织了日商纱厂罢工后援会。……我们号召全国同胞的援助。"③

　　11 月 23 日凌晨二时,国民政府上海市公安局会同公共租界、法租界巡捕房逮捕了全国各界救国联合会领袖沈钧儒、章乃器、王造时、邹韬奋、李公朴、沙千里和史良七人。这就是震惊中外的"七君子之狱"。

　　1937 年 4 月 3 日江苏高等法院炮制了一份《起诉书》,指控沈钧儒等涉嫌"勾结共产党,组织非法团体,煽动罢工罢课,扰乱地方秩序,图谋颠覆政府",又称"七君子"等"对于智识简单之工人,竟不惜多方煽惑,以遂其不法之企图。"④6 月 11 日、6 月 25 日邹韬奋在江苏高等法院两次受审时,在法庭上进行了有理有据的回答,巧妙地利用这一场合宣传联合抗日的主张。第一次庭审时法官问:"人民阵线与救国阵线有什么区别?"邹韬奋明确回答:"外国的人

---

① 　章乃器:《我和救国会》,《中华民国史资料丛稿》第六辑,中华书局 1980 年版,第 31 页。

② 　《救国会》,中国社会科学出版社 1981 年版,第 303 页。

③ 　《救亡情报》援助日厂华工罢工号外,1936 年 11 月 15 日。

④ 　上海《大公报》1937 年 4 月 4 日。

民阵线含有对内意味,救国阵线是抗日,收回东北四省,复恢华北主权,完全对付日本。"[1]不料第二次庭审时法官又别有用心地问:"《生活日报》上说人民阵线与人民救国阵线一样的,是不是?"邹韬奋马上回答:"去年七月间,有一读者来信,曾用'人民阵线'四字,我回信答复说,团结抗日很好,但用'人民阵线'四字有毛病,以后不可再用,以免误会。起诉书上反说我讲人民阵线,岂非断章取义,故入人罪?"[2]第二次庭审时法官还以1936年11月全救会请张学良出兵援绥的电报说事:"救国会电报十一月中发出,西安事变即于十二月中爆发。救国会电报引起西安事变",意欲嫁祸七君子。邹韬奋在看了审判长递来的全救会致张学良电后说:"此电内容明白说请他出兵抗日,并非叫他举行兵谏;且全救会时有同样电文给国民政府及傅、韩、宋,检察官何以不仔细看看?"并请他说明电报中所谓援绥究竟和西安事变有何因果关系?在邹韬奋的连连逼问下,检察官只好沉默。[3]

7月31日,在各方压力之下,南京国民政府不得不将沈钧儒等七人释放。

五

邹韬奋获释后,于1937年8月19日在上海创办了《抗战》三日刊,次年7月该刊与柳湜主编的《全民》周刊合并,更名为《全民抗战》三日刊。为了满足全国各界朋友的爱国民主要求,他还先后出版了《全民抗战》战地版五日刊和《全民抗战》通俗版周刊以及《抗战画报》六日刊。这些刊物均以宣传抗战救国,争取民主权利为中心内容,波及范围之广,影响力之大,在当时均属罕见。《全民

---

① 《救国会》,中国社会科学出版社1981年版,第302页。
② 《救国会》,中国社会科学出版社1981年版,第316页。
③ 《救国会》,中国社会科学出版社1981年版,第316—317页。

抗战》销售量突破 30 万份,居全国刊物发行量之冠,鼓舞了中国人民抗击日本法西斯的斗志,有力地推动了爱国民主运动的发展。

1942 年 1 月,邹韬奋辗转来到苏北抗日民主根据地。3 月,邹韬奋不幸查出罹患耳癌,被迫回上海就医。他忍受耳癌袭来的刻骨疼痛,伏在床上赶写了《患难余生记》一书(未完成)和《对国事的呼吁》一文。

弥留之际,邹韬奋口授遗嘱,郑重提出加入中国共产党的申请:"请中国共产党中央严格审查我一生奋斗历史。如其合格,请追认入党。"1944 年 7 月 24 日,邹韬奋在上海病逝,享年 48 岁。9 月 28 日,中共中央追认他为中国共产党正式党员,对其一生及其从事的事业给予高度评价。

获悉邹韬奋病情并采取积极救治方案的新四军军长陈毅于 1944 年 11 月 22 日在延安各界人士及韬奋生前好友追悼邹韬奋大会上讲话时指出,"韬奋先生是由民主主义者走上共产主义者的道路。他的业绩,对于每个中国的民主主义者和共产主义者都是很好的教育。"①而上海这座英雄的城市正是韬奋先生学习、生活、战斗,创造伟业佳绩的主场,是以邹韬奋为代表的爱国民主人士接受党的领导,走向光明的摇篮。

(作者系上海师范大学特聘教授、
中共上海市委党史研究室特约研究员)

---

① 刘树发主编:《陈毅年谱》,人民出版社 1995 年版,第 436 页。

陈云在商务印书馆时期
一张重要照片拍摄时间的考证

程曦敏

关于陈云在商务印书馆时期一张重要照片的拍摄时间,学界存在不同的看法,而之所以出现此情况与该照片现存有两个不同的版本有关。通过对照片所涉及的商务印书馆工人组织——发行所职工会以及该会第一届执行委员会委员的考证,可以确定,该照片的拍摄时间为 1926 年 8 月,最有可能的准确日期是 8 月 27 日。

一、同一张照片的不同表述

在陈云早年的革命生涯中,商务印书馆时期是非常重要的一个阶段,他在这里首次参与和领导了工人罢工斗争,并加入了中国共产党,这是陈云走上革命道路的起点。① 目前关于陈云在商务印书馆时期革命活动的研究是较为充分的,尤其是中共中央文献研究室主编的《陈云传》和《陈云年谱》出版后,相关史实已较

---

① 陈云于 1919 年 12 月中旬进入商务印书馆工作,至 1927 年 9、10 月间离开,在商务印书馆工作时间长达七年半,其间他于 1925 年 8、9 月间经董亦湘、恽雨棠二人介绍加入中国共产党。正如中央文献研究室所编《陈云传》中所言:"在商务印书馆工作的七年间,陈云完成了从一个学徒、店员到一名无产阶级革命者的转变。"参见中共中央文献研究室编:《陈云传》(上),中央文献出版社 2005 年版,第 15、35、52 页。

为清楚。① 不过,令人遗憾的是,关于这一时期陈云的照片资料存世极少,据笔者所见,现存仅有两种,详见下图:

图一

图二

图片来源:中共中央文献研究室编:《陈云传》(上),中央文献出版社 2005 年版,第 19、38 页。

---

① 中共中央文献研究室编:《陈云传》,中央文献出版社 2005 年版;中共中央文献研究室编:《陈云年谱(修订本)》,中央文献出版社 2015 年版。除此之外,比较有代表性的研究还包括:李蕊珍、姚元祥:《陈云早期革命活动述略》,朱佳木主编:《陈云和他的事业——陈云生平和思想研讨会论文集》,中央文献出版社 1996 年版,第 977—987 页;崔桂林、曹自求:《陈云早年生平与在上海的革命活动研究述评》,中共中央文献研究室陈云研究组编:《陈云研究述评》,中央文献出版社 2004 年版,第 103—120 页;崔桂林:《陈云在商务印书馆时期的革命活动》,全国陈云生平和思想研讨会组织委员会编:《陈云百周年纪念——全国陈云生平和思想研讨会论文集》,中央文献出版社 2006 年版,第 1035—1047 页。

如图所示,图一前排左三为陈云,图二后排右五为陈云,上述照片均为其在商务印书馆工作期间的合影,其中图一被引用的频次极高,在许多有关陈云的著述中都能见到。可以说,图一中的陈云是最为大众所熟知的青年陈云形象。① 不过,笔者近期在阅读相关著述时却发现,对于此张重要照片的拍摄时间,学界的看法不尽一致。

目前关于图一的拍摄时间,大体有以下三种不同的看法:第一种是 1925 年 8 月,以《上海商务印书馆职工运动史》为代表;② 第二种是 1925 年 9 月,以中共中央文献研究室主编的《陈云传》为代表;③第三种是 1926 年 8 月,房中的《陈云与商务印书馆》一文采用了这一时间。④ 而之所以出现同一张照片不同拍摄时间的情况,与该照片现存有两个不同的版本直接相关,版本的不同之处主要体现在照片的文字说明上。

图三是照片的第一个版本,如图所示,照片上方的文字说明为"商务印书馆发行所职工会第一届执行委员会委员摄于一九二五年",1925 年 8 月和 9 月的说法均来源于图三,相关著述所配照片亦大多为图三的版本。

---

① 在一些以陈云为主题的历史著述中,有时还能见到青年陈云的单人照,但仔细比对后可以发现,这些单人照均是从图一的集体照中截取出来的。关于青年陈云的单人照可参见中共中央文献研究室陈云研究组编著:《领袖画传系列:陈云》,辽宁人民出版社 2018 年版,第 9 页;刘金田等编著:《图说陈云》,华夏出版社 2008 年版,第 1 页。

② 上海市新闻出版局、上海商务印书馆职工运动史编写组编:《上海商务印书馆职工运动史》,中共党史出版社 1991 年版,第 206 页。

③ 《陈云传》(上),第 38 页。持相同观点的还包括:曹应旺:《陈云的上海情结》,《党史博览》2011 年第 2 期;陶蕾:《工人运动寻初心　商务馆内铸使命——陈云的早期革命经历》,《党史文苑》2020 年第 2 期。

④ 房中:《陈云与商务印书馆》,《湘潮》2012 年第 12 期。《领袖画传系列——陈云》和余薇的《陈云领导商务印书馆工人运动》只标注了照片的拍摄年份为 1926 年,但未说明具体月份。参见《领袖画传系列:陈云》,第 16 页;余薇:《陈云领导商务印书馆工人运动》,《百年潮》2019 年第 9 期。

图三

图片来源：上海市新闻出版局、上海商务印书馆职工运动史编写组编：
《上海商务印书馆职工运动史》，中共党史出版社 1991 年版，第 206 页。

　　图四是照片的另一个版本，其文字说明为"商务印书馆职工会
第一届委员　十五年八月摄"。1926 年 8 月的说法即来源于图

图四

图片来源：中共中央文献研究室陈云研究组编著：《领袖画传系
列：陈云》，辽宁人民出版社 2018 年版，第 16—17 页。

四,照片中的"十五年"被解读为民国十五年,即1926年,相关著述所配照片亦大多为图四的版本。

由于该照片现存有两个版本,不同版本标注的时间不同,由此产生了对同一张照片不同拍摄时间的解读。本文拟依据相关历史资料,对照片的确切拍摄时间加以考证。

二、商务印书馆工人组织的考证

由前文可知,图三与图四的文字说明中均提及商务印书馆的工人组织,图三是"商务印书馆发行所职工会",图四则是"商务印书馆职工会"。显然,该照片与商务印书馆的工人组织"职工会"密切相关。

商务印书馆1897年成立于上海,到20世纪20年代,经过近30年的发展,已成为全国首屈一指的集印刷、发行、出版于一体的综合性文化教育机构,仅上海总部所设部门就包括编译所、印刷所、发行所、总务处等"三所一处",职工多达三千余人。[1] 关于商务印书馆的工人组织,据现有资料记载,其最早的工人组织是1917年成立的集成同志社。当时因商务印书馆将排字工人工作量的计算方法,由按版面测算改为按实际字数计算,排字工人为了维护自身权益,暗中组织集成同志社进行罢工斗争,后因罢工失败,组织亦随之解散。[2] 此后的较长一段时间,商务印书馆中无工人组织的存在。

新的工人组织直到1925年才得以建立。之所以是这一时间,与当时工人运动发展的大背景有关。1925年1月,中国共产党第四次全国代表大会通过《对于职工运动之议决案》,决定大力发展

---

[1] 商务印书馆上海印刷厂编:《商务印书馆职工运动史料辑要》,1988年印行,第3、6页。

[2] 《上海商务印书馆职工运动史》,第19—20页。

工人运动,并将上海、汉口、天津等工业发达城市作为工人运动的重点。① 2月15日,在中共的领导下,上海印刷工人联合会成立,成员以商务印书馆和中华书局的工人为主。② 五卅运动爆发后,上海举行全市大罢工,商务印书馆工人亦积极参与其中,在参加罢工的过程中,工人们提出了建立工会的要求。③ 6月21日,商务印书馆印刷所职工在上海闸北虬江路广舞台召开工会成立大会,商务印书馆印刷所工会正式成立,这是1925年商务印书馆成立的第一个工人组织。④

印刷所工会成立后,开始积极筹划在商务印书馆举行罢工。罢工除了要求馆方承认工会组织外,另一个重要诉求是提高职工的待遇。当时商务印书馆职工薪资普遍较低,学徒初期月薪仅2元,3年后升为职员,月薪5元,任职员满5年,月薪才达到15至20元,职工中因薪资微薄而未能携带眷属者占全体职工的95%。另据商务印书馆的规定,职工需每日上午8时到馆,下午7时半出馆,工作时间长达11.5小时,对此工人们的意见也很大。⑤ 罢工的提议得到了商务印书馆广大职工的支持。8月22日,商务印书馆发行所率先罢工,并宣告成立商务印书馆发行所职工会(筹),陈云被推选为职工会委员长。之后印刷所、总务处、编译所相继罢工。27日,馆方同意工人的诉求,罢工取得胜利。⑥

罢工结束后,印刷所工会公开挂出工会的牌子。9月1日,发

---

① 《对于职工运动之议决案》(1925年1月),载中共中央文献研究室、中央档案馆编:《建党以来重要文献选编》第二册,中央文献出版社2011年版,第226—238页。

② 《上海商务印书馆职工运动史》,第27页。

③ 《上海商务印书馆职工运动史》,第29页。

④ 《上海商务印书馆职工运动史》,第37页。

⑤ 《上海商务印书馆职工运动史》,第38—39页。

⑥ 《陈云年谱》上卷,第21—25页;《上海商务印书馆职工运动史》,第39—43页。

行所职工召开全体大会,宣布正式成立商务印书馆发行所职工会(简称商务印书馆职工会)①,并选举产生职工会第一届执行委员会,陈云再次当选为委员长。此后,总务处和编译所职工亦分别成立了同人会。上述四个工人组织被商务印书馆职工称为"四大工会",商务印书馆的这一工人组织格局,一直延续至1927年大革命失败前。②

综上,图三的"商务印书馆发行所职工会"和图四的"商务印书馆职工会",即是1925年8月22日开始筹建,9月1日正式成立的商务印书馆发行所职工会。该工人组织的领导机构为职工会执行委员会,照片中的人物即职工会第一届执委会委员。由此可知,照片最早的拍摄时间为1925年9月1日,1925年8月的说法首先可以排除,这显然是将8月22日职工会筹备成立的时间误认为是正式成立时间所致。

三、职工会第一届执行委员会委员的考证

如前所述,照片中的人物为商务印书馆发行所职工会第一届执行委员会委员。关于该执委会的具体构成,据《商务印书馆职工运动史》记载,9月1日发行所职工全体大会选举产生了陈云、章郁庵、徐新之、恽雨棠、谢庆斋等11人为执行委员,李兰阶、陈华祥、张慕良等3人为监察委员。③ 遗憾的是,该书并未列明执行委员的全部名单。另据《陈云传》,11名执行委员分别为陈云、章郁庵、徐新之、唐文光、恽雨棠、谢德生、孙琨瑜、章绍钧、马卫群、吴志

① 罢工期间,商务印书馆发行所职工会曾印发过一份传单,其标题为《商务印书馆职工会宣言》。由此可知,商务印书馆发行所职工会又简称为商务印书馆职工会。参见《上海商务印书馆职工运动史》,第207页。
② 《陈云年谱》上卷,第26页;《上海商务印书馆职工运动史》,第45—47页。
③ 《上海商务印书馆职工运动史》,第45页。

青、赵耀全。① 但书中只列了执行委员的名单。《陈云传》的执行委员名单来源于1930年出版的《商务印书馆发行所职工会职工年刊》，该刊收录有由时任职工会秘书处文书金蝶亮撰写的《本会的成立及其发展》一文。据该文记载，9月1日发行所职工全体大会的选举结果为："廖陈云、章郁庵、徐新之、唐文光、恽雨棠、谢德生、孙琨瑜、章绍钧、马卫群、吴志青、赵耀全等十一人当选执行委员。李兰阶、陈华祥、张慕良等三人当选为监察委员。毛显球、姚松柏、王宝元等三人当选为候补委员（按当时候补委员，不分执行与监察缺席时，均可递补）。"② 由此可以确定，职工会第一届执委会委员共有17人，其中执行委员11人，监察委员3人，候补委员3人。

不过，与9月1日选举产生的第一届执行委员会委员相比，照片中的人物并不完全一致，照片中只有14人，其中前排坐者6人，左起为马卫群、陈华祥、陈云、徐新之、章郁庵、孙琨瑜，后排站者8人，左起为谢德生、赵耀全、王宝元、李兰阶、唐文光、吴志青、张慕良、姚松柏。③ 两者相较不难发现，执委会委员中的恽雨棠、章绍钧、毛显球未出现在照片之中。

上述3人为何没有参加职工会第一届执行委员会委员的合影？其原因不外乎有以下两种可能：

一是合影时3人临时有事。笔者认为此种可能性较低。对于商务印书馆发行所职工会而言，执委会的地位十分关键，④执委会

---

① 《陈云传》（上），第37页。《上海商务印书馆职工运动史》一书中记载的谢庆斋即谢德生，德生为其原名。参见沈文泉编著：《湖州名人志》，杭州出版社2009年版，第525页。

② 金蝶亮：《本会的成立及其发展》，载《商务印书馆发行所职工会职工年刊》（1930年10月），上海市档案馆藏：Y8-1-655，第41页。

③ 中国革命博物馆编：《中国革命博物院藏品选》，文物出版社2003年版，第110页。

④ 《商务印书馆发行所职工会章程》第十条规定，本会最高机关为职工全体大会，全体大会闭会期间，执行委员会为最高机关。参见金蝶亮：《本会的成立及其发展》，载《商务印书馆发行所职工会职工年刊》（1930年10月），上海市档案馆藏：Y8-1-655，第41页。

委员的合影具有重要的纪念意义,委员如无特殊情况,理应不会缺席,即便有委员临时有事,合影日期亦可改期,不致出现人员不齐的情况,更何况是缺席 3 人之多。

二是合影时 3 人已非执委会委员。此种可能性的成立,需建立在有史料能够证实,在 9 月 1 日发行所职工全体大会以后,执委会委员名单有过调整,且调整的刚好是上述 3 人。

在有关商务印书馆罢工的史料中,笔者找到了此问题的相关线索。1925 年 12 月 21 日,因商务印书馆馆方违反 8 月劳资双方签订的复工条件,无故解雇发行所和印刷所近百名职工,工人们举行了该年度的第二次罢工。经过多日斗争,职工与馆方于 25 日达成协议,由商务印书馆出资 15 000 元作为被裁职工的退职金。至于退职金具体如何分配,公司不加干涉,由职工自行决定。① 1926 年 1 月 5 日,发行所职工会召开执行委员、小组组长联席会议,讨论退职金的具体分配办法,会议决定另行成立支配委员会专门负责此事,陈云等 9 人被推选为支配委员。② 支配委员会成立后,其首要工作即统计两次罢工期间的辞职员工。为了公平分配款项,支配委员会将辞职员工分为被辞和自辞两种,前者是被馆方辞退,后者则是职工主动辞职,只有前一种情况才能领取退职金。在支配委员会的统计表中,恰好有前文提及的未参加第一届执行委员会合影的 3 人。据统计表显示,3 人中,恽雨棠属于自辞,其离职时间是 1925 年 10 月 27 日;章绍钧和毛显球属于被辞,两人的离职时间分别是 1925 年 10 月和 12 月 19 日。③

①　《上海商务印书馆职工运动史》,第 47—48,54 页;金蝶亮:《本会的成立及其发展》,载《商务印书馆发行所职工会职工年刊》(1930 年 10 月),上海市档案馆藏:Y8－1－655,第 63—64 页。

②　金蝶亮:《本会的成立及其发展》,载《商务印书馆发行所职工会职工年刊》(1930 年 10 月),上海市档案馆藏:Y8－1－655,第 63—64 页。

③　金蝶亮:《本会的成立及其发展》,载《商务印书馆发行所职工会职工年刊》(1930 年 10 月),上海市档案馆藏:Y8－1－655,第 66—68 页。

　　由此可知,1925 年 10 月和 12 月恽雨棠、章绍钧、毛显球先后离职,这直接导致 3 人的职工会执行委员会委员职务无法继续履行。根据《商务印书馆发行所职工会章程》第九条"候补委员如遇执行委员辞职时,得依次递补之"①的规定,10 月恽雨棠、章绍钧离职后,执委会即发生过人事变动,候补委员毛显球、姚松柏依次递补为执行委员,待 12 月毛显球离职后,执委会委员再次进行了调整,候补委员王宝元递补为执行委员。1926 年 1 月 17 日职工会的一次联席会议记录亦显示,姚松柏和王宝元当时已为执行委员。②故而可以确定,职工会第一届执委会委员只有在 1925 年 12 月 19 日毛显球被辞退后,才会与照片中的委员构成完全一致。因此,该照片的拍摄时间应不早于 1925 年 12 月 19 日,1925 年 9 月的说法亦由此得以排除。

四、结　　论

　　综上所述,运用排除法可知,1926 年 8 月即为照片的拍摄时间,该时间与图四文字说明中的时间一致。而之所以在此时拍摄,与发行所职工会执行委员会的换届选举有关。

　　根据《商务印书馆发行所职工会章程》之规定,执行委员会委员的任期为一年,可连选连任。③ 1926 年 9 月 1 日即为第一届执委会届满的时间,换届选举应安排在此前举行。发行所职工会考虑到该年 8、9 两月恰逢商务印书馆三十周年纪念,届时公司将举行各类庆祝活动,事务势必十分繁忙,因此,执委会于 7 月 5 日作

---

　　① 金蝶亮:《本会的成立及其发展》,载《商务印书馆发行所职工会职工年刊》(1930 年 10 月),上海市档案馆藏:Y8－1－655,第 42 页。
　　② 金蝶亮:《本会的成立及其发展》,载《商务印书馆发行所职工会职工年刊》(1930 年 10 月),上海市档案馆藏:Y8－1－655,第 72 页。
　　③ 金蝶亮:《本会的成立及其发展》,载《商务印书馆发行所职工会职工年刊》(1930 年 10 月),上海市档案馆藏:Y8－1－655,第 42 页。

出决定,换届选举定于 7 月 16 日举行。[①] 16 日,发行所召开全体大会,经全体职工投票选举产生了第二届执行委员会,组成如下:执行委员 11 人,包括谢德生、章郁庵、唐文光、陈云、徐新之、马卫群、王宝元、宋慰祖、薛兆胜、李兰阶、姚松柏;候补执行委员 5 人,包括吴志青、李明杰、朱耀奎、孙琨瑜、娄大本;监察委员 3 人,包括陈华祥、张慕良、吴雨生;候补监察委员 1 人,张贞祥。[②] 上届执委会委员除赵耀全外,均再次当选。

虽然第二届执行委员会业已产生,但全体大会规定,两届执委会的交接工作待第一届执委会任期到后再予进行。[③] 8 月 26 日,发行所职工会召开新旧委员、组织干事联席会议,举行新旧委员交替礼;27 日,召开新旧委员交替会议,交接职工会印信及事务,并确定执委会委员的具体分工,在此次会议上,徐新之被推选为新一届执委会委员长,陈云担任宣传股长。[④] 上述两次会议是两届执委会的交接会议,相较于平时的事务性会议,更具有仪式性和纪念意义,委员们在此期间合影是合乎常理的。因此,照片的拍摄时间应是 26 日或 27 日。[⑤]

另外,观察照片的座次安排可以发现,两届执委会委员长陈云

①　金蝶亮:《本会的成立及其发展》,载《商务印书馆发行所职工会职工年刊》(1930 年 10 月),上海市档案馆藏:Y8-1-655,第 87 页。需要说明的是,商务印书馆成立于 1897 年,按理其三十周年纪念应为 1927 年,但据史料记载,时任商务印书馆董事长张元济曾于 1926 年 8 月 8 日发表文章《祝商务印书馆三十年纪念》,并在当天举行的商务印书馆成立三十周年庆祝大会上作了讲话。由此可知,商务印书馆三十周年纪念确于 1926 年举行。参见张元济:《张元济全集　第四卷　诗文》,商务印书馆 2008 年版,第 397—398 页。

②　金蝶亮:《本会的成立及其发展》,载《商务印书馆发行所职工会职工年刊》(1930 年 10 月),上海市档案馆藏:Y8-1-655,第 89 页。

③　金蝶亮:《本会的成立及其发展》,载《商务印书馆发行所职工会职工年刊》(1930 年 10 月),上海市档案馆藏:Y8-1-655,第 88 页。

④　金蝶亮:《本会的成立及其发展》,载《商务印书馆发行所职工会职工年刊》(1930 年 10 月),上海市档案馆藏:Y8-1-655,第 94 页。

⑤　当时除了拍摄了第一届执委会委员合影外,应该也拍摄了第二届执委会委员的合影,但目前未见到此张照片。

和徐新之是紧挨而坐,且两人的位置位于照片的正中,据此亦可推断,合影时第二届执委会委员长人选已经揭晓。由此可进一步推测,第一届执委会委员合影的具体日期是 1926 年 8 月 27 日。

随之而来的另一个问题是,图三是如何形成的? 其文字说明中的时间信息为何出现了错误? 根据现有材料,图三的来源与1950 年代的一次捐赠有关。1959 年,时任商务印书馆总经理的陈翰伯曾向中央革命博物馆筹备处①捐赠了一张陈云在商务印书馆工作期间的合影。该照片原件现收藏于中国国家博物馆,详见下图:

图五

图片来源:中国国家博物馆官网:http://www.chnmuseum.cn/zp/zpml/201812/t20181218_26483.shtml。

---

① 中央革命博物馆筹备处成立于 1950 年 3 月,1960 年正式命名为中国革命博物馆,2003 年中国革命博物馆与中国历史博物馆合并组建中国国家博物馆。参见北京市地方志编纂委员会编著:《北京志·文物卷·博物馆志》,北京出版社 2006 年版,第 53 页;《北京文物百科全书》编委会编著:《北京文物百科全书》,京华出版社 2007 年版,第 580 页。

如图所示,该照片粘贴于一张纸板之上,照片原件与图一一致,本身并无文字说明,纸板上方写有"商务印书馆发行所职工会第一届执行委员摄于一九二五年",其内容与图三的文字说明基本一致,下方则标明了照片中人物的姓名,上下方的字迹相同,字迹颜色深浅一致,显然为同一人在同一时间所写。引起笔者注意的是,纸板上标注的陈云姓名为"陈云",但商务印书馆时期其姓名实为"廖陈云",由此可以断定,纸板上所附文字并非照片拍摄时所加,而是后来补上的。

另一个值得注意的细节是图五文字说明中使用的是公元纪年。众所周知,1912 年中华民国正式成立后,国家历法改用阳历,采用民国纪年,公元纪年直到 1949 年中华人民共和国成立后才被确定为全国统一的纪年方式。① 因此,民国时期拍摄的照片,其文字说明中的日期一般使用民国纪年,图二和图四即是如此。据此可进一步明确,图五的文字说明应是 1949 年 10 月新中国成立后所加。

至于上述文字是陈翰伯捐赠时即有,抑或是博物馆相关研究人员所写,我们从中央革命博物馆筹备处给陈翰伯寄的感谢函中可看出端倪。该感谢函提及,陈翰伯捐赠的照片已被列为革命文物,并复制了三张,"一送陈云副总理,一带交上海办事处,一连本函存卷",照片的复制件与图三完全一致,函中还特别标注了照片中人物姓名。② 假如陈翰伯捐赠的照片附有图五中的文字说明,博物馆显然没有必要在感谢函中再次标注姓名。由此可知,上述文字乃博物馆研究人员所加。显然,博物馆在收到捐赠照片后,即组织相关人员加以考证,得出照片为商务印书馆发行所职工会第

---

① 朱文哲:《西历·国历·公历:近代中国的历法"正名"》,《史林》2019 年第 6 期。

② 学者李辉收藏了中央革命博物馆筹备处寄给陈翰伯的感谢函、捐赠证书以及照片复制件,他在一篇文章中介绍了相关内容,并在文中附有照片复制件、感谢函的影印件。参见李辉:《故纸堆里的陈翰伯》,《书城》2016 年第 11 期。

一届执行委员的合影,且合影时间为执委会成立时的 1925 年,并加写了文字说明,图五即由此而来。此后,相关人员注意到照片中的人物并非均为"执行委员",①因此在制作照片复制件时,文字说明修改为"商务印书馆发行所职工会第一届执行委员会委员摄于一九二五年",但拍摄时间未作修正,由此形成了图三的版本。

（作者系中共上海市委党校中共党史教研部讲师,
华东师范大学历史学博士）

---

① 本文第二部分考证得出,照片中包括商务印书馆发行所职工会第一届执行委员会的执行委员、监察委员及候补委员。

中国百余年来的五代民营企业家和他们的社会公益事业

范永进

从 1840 年的鸦片战争到今天，一百八十余年的近现代史中，中国从封建社会历经多轮变革进入社会主义社会，从封建小农经济逐步发展到社会主义市场经济。其间，"企业"的概念被引入中国，经营企业的企业家群体也从无到有地产生了，并在晚清洋务运动、民国早中期、改革开放初期、1992 年邓小平南方谈话、2000 年互联网浪潮及"四新经济"兴起五个历史阶段中分别形成了较为典型的五代民营企业家阶层。五代企业家承前启后，为近现代以来中国经济发展和现代化建设作出了巨大贡献。与此同时，也为中国社会公益事业作出重要贡献。

一、中国百余年历史发展中的五代企业家

1. 洋务运动催生了中国第一代官督商办企业家

鸦片战争失败后，曾国藩、李鸿章、左宗棠、张之洞等人物于19 世纪中后叶兴起，他们兴办"洋务"，发起了"洋务运动"，试图"师夷长技以制夷"，催生了中国第一批现代意义上的企业以及第一代官督商办企业家，洋务运动中的企业形态主要有官办军工企业和官督民办的民用企业两种。

1861 年曾国藩创办安庆内军械所，到 1893 年张之洞创办湖北

枪炮厂,洋务派官僚先后创办了大大小小19家官办军工企业。其中的典型代表有:曾国藩、李鸿章1865年在上海创办的江南制造总局,左宗棠1866年在福州马尾创办的福州船政局等。

19世纪70年代,为弥补军工经费之不足,洋务派官僚通过向社会集资入股的办法来创办民用工业。因此"官为维持,商为承办"的所谓官督商办企业便应运而生,成为当时民用企业的主要形式。从19世纪70年代到90年代初,在洋务派官僚的组织下,又办了20多个官督商办民用企业,涉及采矿、冶金、纺织、航运、铁路以及电讯事业等。这些企业构成了中国近现代工业的基础。其中的典型代表企业有李鸿章1872年在上海创办的轮船招商局、1880年创办的上海机器织布局等。

洋务派要聘请外国专家,和外商打交道,买办、翻译等职业也由此诞生。为了管理好近现代企业,第一代企业家应运而生。这一时期的企业特点在于均为政府主办的企业或依附于政府的企业,因而这一时期的企业家或作为政府企业的经理人,或依附于政府势力,在各个方面均受到政府的制约,其中的代表性先驱人物有"晚清第一经理人"郑观应、"红顶商人"胡雪岩等,他们经办过多家企业,后来由于列强欺凌、清廷腐败、制度落后、内斗激烈等种种原因,很多以失败告终。综合来看,由洋务运动所催生的这一代企业和企业家并不是主动而为,从诞生之日起就受到本国封建保守势力和外国列强的双重夹击,他们的最终失败,也同洋务运动本身一样,似乎逃脱不了历史的宿命。

2. 实业救国声浪中产生的第二代民族企业家

1895年甲午战败,标志着洋务运动失败。当时康有为、梁启超主张变法图存,清朝最后一位状元——张謇提出了实业救国的口号,强调中国人要依靠振兴实业,通过富民强国来达到救国的目标。张謇不仅提出了实业救国的主张,还付诸实践,从而又影响和带动了荣宗敬、荣德生、虞洽卿、卢作孚、范旭东、吴蕴初、刘靖基、王光英等一大批有志之士先后投身于兴办实业的大潮中,催生了具有鲜明时代特征的第二代民族企业家。其中,一些年轻企业家,如刘靖基、王光英,以及荣德生的四儿子荣毅仁等,在1978年改革开放后重新被国家委以重任,为国家继续贡献自己的力量。

这一代民族企业家跨度大、数量多,尤其在民国成立的早中期直至抗战全面爆发前,因欧洲列强忙于一战无暇东顾、国内军阀混战官僚资本尚未强大、中国经济工业化过程中产生大量内需等诸多因素,民族企业也得到了一定程度的发展,主要是在棉纺工业、面粉加工、日用化工、航运交通等和民生相关的诸多领域,得到了发展的空间。同时,民族企业和企业家们也参与推动上海逐步成为远东国际大都市,推动天津、武汉等地成为重要的工业城市,作出了一定的贡献。

然而,中国的民族资本主义是在半殖民地半封建的社会中产生的,它从一开始就受到外国资本主义和本国封建势力的压迫和束缚,因此不可避免地带有"先天不足,后天畸形"的特点。具体表现为:地域分布不合理,集中在东南沿海;缺乏资金;行业分布不合理,主要是轻工业发展迅速、重工业发展缓慢,尚未形成完整的工业体系。中国民族资产阶级有反对外国资本主义侵略和本国封建主义压迫的要求,但是,中国民族资本主义企业由于资金少、规模小、技术力量薄弱,对外国资本主义和本国封建势力存在着一定的依赖关系,又有同外国资本主义和本国封建主义相妥协的一面,只能在夹缝中曲折发展。

3. 第三代民营企业家成长于改革开放初期

新中国成立后不久,社会主义改造逐步开始,1950年8月10日,卢作孚以"公私合营"的方式将民生公司的资产交给政府,随后全国公私合营的大幕正式拉开,在计划经济体制下,民营企业家阶层在此后将近三十年的时间里停止了发展,民营企业基本消失。

1978年12月党的十一届三中全会召开,工作重心转向经济建设,拉开了改革开放的序幕。诞生于改革开放初期的第三代民营企业及其企业家主要是从三个方面产生的:一是从国营企业、集体企业的改革中产生,代表人物有浙江海盐衬衫厂的步鑫生、石家庄造纸厂的马胜利等,他们通过计件工资、承包经营等粗放型改革释放企业活力,在一定时期内取得成效。二是再次起用老一辈工商业者创办企业,在邓小平"钱要用起来,人要用起来"的号召下,一批原工商业者出来,代表性的有刘靖基牵头创办的爱建、荣毅仁牵头创办的中信、王光英牵头创办的光大等。三是对外开放后通过引进外资、举办中外合资企业等外资企业,比如中德合资的上海大众汽车、中英合资的希尔顿酒店等等,中国企业家也从中学习并积累了经验。

第三代民营企业家们在我国经济转折时期贡献巨大,很多企业因改革开放政策而成长起来,同时也在改革开放摸着石头过河的过程中做了不少开创性的工作,一些代表人物的影响一直延续至今。

如,以兼跨第二代、第三代企业家刘靖基、唐君远等为代表的1 000多位海内外原工商业者,集资5 700万于1979年9月22日创办了改革开放后第一家民营企业上海市工商界爱国建设公司,公司成立之初就有认款人大会(相当于股东大会)、董事会、监事会、经营层等现代企业制度的基本架构,在改革开放初期形成了"三百六十行,行行有爱建"的广泛影响;荣毅仁任首任董事长的中信公司通过开辟各种融资方式吸引和利用外资,以服务于国内经济建设,对国民经济发展起到了"拾遗补缺"的重要作用;光大则作为当时国内第一家驻港公司,王光英以他丰富的经验,领导公司用中外合资的方式完成了很多大型的建设项目。

又如,步鑫生、马胜利等早期民营企业家,他们勇于推行承包责任制、打破大锅饭、讲究产品质量、创出产品品牌,在企业界解放思想、大胆改革方面作了表率,一时间风光无二;张瑞敏在青岛电冰箱总厂基础上创办的海尔公司,至今仍是国内家电龙头企业,他在管理理念、方法、案例等方面的贡献,为国际企业管理领域所承认;作为新中国第一股的飞乐音响股票,被邓小平作为礼物赠送给来访的纽交所主席约翰·凡尔霖,同时代,一批股份制企业的改革探索工作对证券市场的建立发挥了重要作用。

4. 1992 年邓小平"南方谈话"成就的第四代民营企业家

1992 年邓小平的"南方谈话"强调中国要搞市场经济,成为后来深化改革、扩大开放的指导思想;1992 年 10 月,中共十四大明确提出建立社会主义市场经济体制的改革目标;1993 年 11 月,党的十四届三中全会通过了《关于建立社会主义市场经济体制若干问题的决定》,指出我国国有企业改革的方向是建立现代企业制度。此外,1992 年前还发生了一件影响深远的事,那就是 1990 年 4 月中央宣布开发开放浦东,上海也开始步入大发展时期。这一轮以建立市场经济体制和现代企业制度为目标的思想解放和制度改革,催生的新一批民营企业和企业家如雨后春笋般爆发出来,当时还有不少党政干部和学者也下海经商。

1992 年前后,起步早一点的中科院柳传志在单位 20 平方米的传达室里创办了联想公司,随后一大批企业诞生于这段时期,如复旦的郭广昌联合同学梁信军等人创办了复星的前身广信科技咨询公司。第四代民营企业家的代表人物还有万科公司的王石、巨人集团的史玉柱、万通集团的冯仑、均瑶集团的王均瑶、王均金、王均豪三兄弟等;同时,还有鲁冠球、曹德旺等一批早就专注致力于实业经济的企业家,他们在改革开放之前就从事于乡镇小厂、小生产组,在改革开放之初承包办厂发家起步,又在 1992 年这个时代带来的制度红利中将企业做大做强,走向全国并继续走向世界。值得比较的,这时在国有企业建立现代企业制度的改革中也诞生了一批具有高水平企业管理能力和市场竞争能力的国企管理者,例如央企的宋志平、宁高宁,上海国企的葛文耀、王佳芬等,他们都是在 1992 年前后走上国有企业一把手管理岗位的。

第四代民营企业家们的成功,不仅有体制改革等外部环境因素促成,还有其个人自身修养、视野格局、知性理性等内因推动,很多人被有志于创业的后来者们视为成功的偶像,其创业精神、成功故事、管理经验被大家津津乐道和反复学习。这一代企业家,不仅其经商办企业的经济活动对我国 90 年代后的经济腾飞作出了贡献,而且其中一批知名企业家也在家国情怀和大局思考中,承上启下凝练中国企业家精神,他们中很多人在当今社会中的影响仍不可小觑。

5. 活跃在"四新"经济中的第五代民营企业家

2000 年前后,首先是在新一轮科技革命中成熟起来的互联网经济日益推广,改变了世界,颠覆了传统的生产和生活方式;同时,中国加入世贸组织后,在全球化融合过程中,加快工业化步伐并逐步建立起完善的制造业体系门类。在新一代信息技术、新工业革命以及制造业与服务业融合发展的背景下,中国诞生了以现代信息技术广泛嵌入和深化应用为基础,以技术创新、应用创新、模式创新为内核并相互融合的新型经济形态,也就是以新技术、新产业、新业态、新模式为核心的"四新"经济。"四新"经济造就了一批具有创新思维、引领意识的新一代民营企业家。

阿里巴巴的马云、腾讯的马化腾、百度的李彦宏等是中国最早在互联网浪潮中催生的新一代企业家杰出代表。有经济学家将以"BAT"为代表的互联网企业称之为"平台经济",认为它具有颠覆传统、要素整合、赢家通吃等各种新特点。属于平台经济领域的企业家还有京东的刘强东、美团的王兴、携程的梁建章等一批知名企业家,他们一般都具有超前眼光,立足于市场需求,充分挖掘和利用互联网、高科技的优势,推动企业快速成长。

与此同时,中国提出并坚持工业化和信息化两化融合的方向,继续向智能化进军,在通信领域,任正非带领的华为代表中国参与世界竞争,起步于八九十年代,兴起于互联网建设的大潮,近年来则因中美在高科技领域的激烈竞争而数度牵动国人的心,2023年9月,华为发布的最新手机测试显示,功能可能已达到5.5G的水平,被认为是对美国制裁的一个新突破,华为的成功发展与管理经验也成为大家研究的对象。还有,新能源、新材料、生物医药以及芯片制造等领域也都涌现出一批有影响力的龙头企业、独角兽企业。知名企业家如比亚迪的王传福、宁德时代的曾毓群等,而在科技型企业中,还有更多的企业家并不常出现在公众的传媒视角中,但在各自的领域,他们都是响当当的人物。这代企业家的创新创业,也是在国际竞争中代表中国发声音,在为中华民族伟大复兴而贡献力量。

二、百余年来中国五代企业家的社会公益事业

纵观中国近现代史百余年来的五代企业和民营企业家,我们可以看到,中国现代企业诞生的历史原因及内在逻辑与西方有所不同。中国企业和企业家的命运同国运兴衰、民族复兴、制度变革等重大历史的联系更为紧密。同时,也受到中国几千年家国天下传统思想文化的熏陶和影响,中国企业家比较重视家国情怀。一些知名企业家,在他们的人生中,除兴办企业推动经济发展外,对做好社会公益事业也非常重视。近现代中国史波澜壮阔、跌宕起伏,不同的时代有不同的主题,一代人有一代人的使命,五代企业家办社会公益事业的热点也跟随时代主题而共鸣。

1. 第一代官督商办企业家热衷科学和思想启蒙、热心赈灾

第一代洋务派企业家是中国近现代化的先驱,他们中的很多人对引进科技、启迪民智抱以极大的热情,其中比较著名的人物有郑观应、唐廷枢等。

郑观应是广东香山县人,他既是实业家,也是教育家、慈善家,

曾任上海电报局总办、轮船招商局总办、开平煤矿局总办等。他所著的《盛世危言》一书首次要求清廷"立宪法""开议会",还主张习商战、兴学校,对政治、经济、军事、外交、文化诸方面的改革提出了切实可行的方案,他还是我国倡导义务教育、全民教育的先驱者。

唐廷枢和郑观应同为晚清四大买办之一,他一生创办工商企业40多家,涉及轮船运输、煤矿、铁路、保险、水泥等领域,是中国近现代工业化的先驱。他热心从事社会公益事业,参与投资上海历史上第一家医院——仁济医院,还赞助普育堂、辅元堂、清节堂等慈善机构,支持文化教育,资助建立格致书院、英华书馆,资助容闳选拔第一批留美学生,编写中国第一本英语词典和教科书。他还积极投身于赈济山西、河北等地饥荒。

谈到赈灾,晚清时期不仅内忧外患、兵荒马乱,而且自然灾害也明显增多,数度出现规模巨大、破坏力极强的特大型灾害。1855年黄河在河南兰阳县(今兰考县)铜瓦厢决口并由此改道,是近300年间黄河泛滥最严重的一次,数百万人受灾。在1877年、1878年前后,更是发生了连续数年的"丁戊奇荒",是华北地区罕见的特大旱灾饥荒,造成1 000余万人饿死,另有2 000余万灾民逃荒。这场灾难中,盛宣怀应李鸿章之邀参与赈灾,他带头发动义赈,筹得巨额民间善款,深入灾区接触灾民,染上终生疾病。他通过商人特有的高效方式将赈灾银两发放到灾民手中,后来又积极参与赈济1879年天津水灾、1880年苏北山东救灾、1882年及1883年安徽水灾等十余次大灾难,病逝前选择将自己财产的40%无偿捐献给慈善机构,价值达480万两白银。此外,他还和吕海寰、吴重熹一同上奏办大清红十字会。

第一代企业家在做社会公益事业的同时,也开创了我国近现代社会公益事业的先河,他们承继林则徐等先驱开眼看世界之风,随之投身于近现代化工业文明、社会进步的滚滚洪流,发挥了重要作用。

2. 第二代民族企业家推动社会文明进步、投身抗日救亡

无论是洋务运动的"师夷长技以制夷",还是百日维新、辛亥革命等资产阶级的改良、革命,都没能挽回晚清以降中国日益滑落、四分五裂的国势,以张謇为代表的第二代企业家们主张并实施"实业救国",同时,也将推动文明进步的社会公益事业当作了自己的追求。张謇将南通作为自己实现社会理想的基地,兴办了一系列文化教育事业,他开创了唐闸镇工业区,使南通成为我国早期的民族资本主义工业基地之一,其城市建设按照一城三镇的格局,成为长江下游的重要商埠以及苏北的经济、文化和政治中心。张謇一生创办和参与创办了20多家企业,370多所学校,为中国近现代民族工业的兴起、教育事业的发展作出了宝贵贡献。习近平总书记称赞他"是中国民营企业家的先贤和楷模"。

修桥铺路等公益事业,既是中国历史上富人回报桑梓的固有传统,也是近现代城市文明的重要基础设施。如荣德生在50岁时已成当时中国首富,在他的家乡无锡修了一座桥,桥有50个孔。他对钱穆说,也许过很多年后,我的这些面粉厂、棉布厂都会消失掉,但这座桥有可能还存在。果然,如今无锡的面粉工厂、棉纺厂都成为遗迹,但那座桥建成将近百年了,还在走人通车。

抗日战争爆发后,第二代企业家们有众多毁家纾难、可歌可泣的故事。卢作孚指挥的广为人知宜昌大撤退,被称为中国版敦刻尔克,抢运了无数人员和物资,保存了大后方建设的有生力量以及中国民族工业的元气,成为中国抗战最终胜利的坚强后盾。此外,参与支持抗战的不仅有国内的众多企业家,出钱出力,成立或支援各地、各种救济会、劝募会等;还有一批海外华侨领袖、企业家,著名的如陈嘉庚等,为国家购买飞机、大炮、药品、粮食等物资,支援抗日。

3. 第三代民营企业家凝聚家国情怀、促进改革开放事业

中国的第三代企业家,也是改革开放后的第一代民营企业家,

这代企业家可以说是白手起家的二次创业者。虽然，其中的部分原工商业者有一些落实政策发还的财物，但是大多数人缺少积累，一些承包或转制来的企业，往往基础也很薄弱，还处于亟待积累和投入再生产的初创期；并且，中国彼时大多数行业、企业规模和水平都大幅落后于西方发达国家，投资方面需要奋起直追。

然而，就是在这样艰苦的条件下，这一代企业家们仍然展现出热衷社会公益事业的高尚情怀。如既是第二代企业家、也是第三代企业家的刘靖基先生，是著名的社会活动家、书画收藏家和鉴赏家，早年用经商积累资金收藏了大量名贵字画，他把南宋张即之《行书待漏院记卷》、元代赵孟頫《行书十札卷》、倪瓒《六君子图轴》、董其昌《秋兴八景图册》等传世精品捐赠给上海博物馆，是20世纪80年代上博入藏最为精良的一批书画。1980年，上海博物馆专门为此举行"刘靖基同志捐献珍藏文物授奖会"。在刘靖基等爱建老一辈领导下，爱建公司以实际行动支持改革开放、城市建设和社会公益事业，在工商界凝聚起了爱国建设的情怀和力量。在90年代初，刘靖基还发挥了社会活动家的作用，和美国总统老布什的特使陈香梅女士频频接触，为中美关系缓和架起了交流的桥梁，他毕生致力于祖国繁荣昌盛和统一大业，为沪港澳台经济共同发展作出了特殊贡献。

爱建公司的另一位主要创始人唐君远，他来自无锡纺织世家唐氏家族。唐氏家族自明中期就已持续兴旺，他们长期致力于赈灾、教育等慈善活动，以传承中华民族优良传统发展壮大，花开富贵。唐君远在改革开放初对其已是香港知名企业家的长子唐翔千说："你要带头回来投资，办点企业，引进点先进设备，为国家做点事情，如果蚀了本，就算是孝敬我的好了。"在他的鼓励下，唐翔千在深圳、新疆、上海等地投资合资办了一批企业，引起港澳工商界的积极反响。1987年，唐君远用唐翔千孝敬他的钱在大同中学创设"唐君远奖学金"，1999年注册基金达4 000万元，现为"上海唐君远教育基金会"。

20 世纪 80 年代,还有一大批民营企业和企业家在改革开放中成长起来,其中一部分在 90 年代、21 世纪做大做强,这些企业家中有的后来又成为著名的慈善家。

4. 第四代民营企业家关心社会慈善、推动科教兴国

邓小平在改革开放之初,就确定了"让一部分人、一部分地区先富起来,以带动和帮助落后的地区"的先富带动共富的方针。进入 20 世纪 90 年代后,我国第三代、第四代民营企业家们都成长起来了,其中不少有识之士、有爱人士就在办好企业之余推动和投身到共富的事业当中来。这个年代,社会公益事业从个人捐赠到形成组织化运作、从慈善赈灾到促进地区脱贫、从经济领域到科教文卫全面推开。

1992 年 9 月 12 日,爱建公司在上海市委、市政府的关心支持下,将历年积累的 4 500 万元捐赠出来,设立上海工商界爱国建设特种基金,成为当时的新生事物。基金成立后,历年对社会文化教育事业、科技事业、社会福利等公益事业进行资助。2005 年,更名为上海工商界爱国建设特种基金会。

1993 年 6 月 18 日,上海股市"老八股"之一申华实业创始人瞿建国以个人名义资助 1 000 万元成立上海市建国社会公益基金会,开始主要是民间公益事业和扶贫帮困,后来发展到环保、生命健康、文化教育等领域。

1994 年 4 月 3 日,刘永好等十位非公有制经济代表人士发表了"让我们投身到扶贫的光彩事业中来"的倡议书,共同倡议开展以扶贫开发为主题,以互惠互利、自觉自愿为原则,以帮助"老、少、边、穷"地区开发资源、兴办企业、培训人才为主要内容的光彩事业。中央统战部和全国工商联给予了充分肯定和大力支持,下发了《关于大力推动光彩事业的意见》,成立了以全国政协副主席、全国工商联主席经叔平(时任上海爱建股份有限公司副董事长)

为名誉会长，全国政协副主席、中央统战部部长王兆国为会长的中国光彩事业促进会。

在中国慈善事业领域知名度很高的曹德旺，自1983年第一次捐款，至今已累计捐款数百亿元。2021年5月，曹德旺发起了福耀科技大学的创建，该校是由河仁慈善基金会首期捐资100亿元人民币，以民办公助的形式，与福州市人民政府合作创办的一所新型应用型、研究性大学。

5. 第五代民营企业家围绕民族复兴，关注科教文化、精准扶贫

进入新世纪以来，中华民族伟大复兴的步伐越走越快，越走越稳。2022年6月17日，我国第三艘航母"福建舰"成功下水，福建舰完全由我国自主研发，创下了多项世界之最。这背后是我国经济、科技、工业等各方面综合实力的体现，这里头，有包括第五代企业家在内的数代企业家的贡献，而20年前，我国航母梦的实现启动，恰巧也是从一位民营企业家的爱国公益行动开始的。

这名企业家叫徐增平。他以企业发展游乐项目为名，耗资数千万美金，从乌克兰购得航母"瓦良格"号，历经数年艰辛，于2002年将船运回国内，将其以公司的名义捐给国家。而徐增平的公司在捐献后亏损巨大，不久宣布破产。这艘未竣工的航母在经过十年的改造工作以后，在2012年9月25日以"辽宁号"航母身份交付中国海军使用。而徐增平本人又东山再起，重新挣回不菲的身价，继续他的社会公益事业，并将重点转向教育领域，2011年4月18号，徐增平向清华大学捐献2亿元人民币。

在中国的企业家们先富起来以后，中国的教育事业也得到了空前的支持。特别是"四新"经济领域的企业家们不少出自名校，他们给母校捐款的手笔都不小，以"BAT"的三位创始人为例：李彦宏携夫人马东敏在母校北京大学120周年校庆之际捐款6.6亿元，联合成立北大百度基金，用于人工智能和其他相关学科的研究和探索；马云分别在2015年、2017两次为母校杭州师范大学捐款

合计 1.5 亿元;马化腾等 4 位腾讯创始人联合向母校深圳大学捐赠 3.5 亿元人民币,共同发起设立深圳大学人才基金,其中马化腾一人捐款 2 亿人民币。著名企业家给母校的捐款还有:刘强东 2017 年向母校人民大学捐赠 3 亿元设立人大京东基金,后为妻子章泽天母校清华大学捐款 2 亿元,合计 5 亿元;小米雷军曾向母校武汉大学捐款 1 亿元后于 2023 年又捐赠 13 亿元;拼多多创始人黄峥 2021 年向母校浙江大学捐 1 亿美元;段永平在浙江大学即将迎来 125 周年校庆之际捐款 1.7 亿元;郭广昌在复旦 110 周年校庆时以复星公司名义捐 1 亿元;宁德时代的曾毓群在 2021 年向母校上海交大捐赠了 200 万股宁德时代股票,对应市值达 14 亿元。

此外,在全国各地有众多大大小小的民营企业家们热衷复兴中华传统文化,办了许多弘扬传统文化的书院,为文化复兴贡献力量;还有不少企业家热心于追思华夏人文先祖、回报桑梓、民族宗教、团结全球华人等领域的公益事业,慷慨解囊,他们这些都为中华传统文化的弘扬传承作出了自己的贡献。

由于网络支付的兴起,在社会公益事业领域还有一项虽然不是企业家出资,但却是由企业家推动的工作,就是在慈善领域的众筹。较典型的例子是腾讯公益,它由腾讯公司与腾讯公益慈善基金会联合在 2007 年发起,至 2022 年 5 月 18 日,平台累计筹款超过 180 亿元,用户捐款超过 6 亿人次,有超过 1.5 万个公益机构入驻平台帮助逾 11 万个公益项目筹集资金。

在第五代企业家创业和活跃的时代,一些已获得成功的第四代民营企业家也在"四新"经济领域进行了多元化投资,一方面强调传统业务的互联网思维,另一方面加大对创新型企业的早期投资。这些企业家,兼具第四、第五代企业家的战略定力和前瞻眼光,他们在从事慈善事业时,也往往和国家的大政方针相配合。

2016 年,为了响应中央脱贫攻坚、精准扶贫的号召,中国光彩事业促进会副会长王均金在均瑶集团内成立了"均瑶集团精准扶贫行动领导小组"，以当初创业般的干劲亲自深入贫困地区走访调研，贵州洛朗村的板栗产业就是均瑶集团参与脱贫攻坚众多项目的其中之一。通过4年的深耕细作，均瑶为当地带去了科学高效的种植技术、精细化的现代管理模式和商品化的整套产业链，激发当地百姓脱贫致富的奋斗梦，也让曾经卖不出价的优质板栗"重获新生"。均瑶集团成立以来已先后投入20多亿元人民币用于光彩项目帮扶，10多亿元用于教育事业，2亿多元用于各种公益活动和慈善事业。2020年初，新冠疫情暴发后，王均金任董事长的多家企业纷纷捐助抗疫，其中，爱建集团曾两次分别捐赠1千万元抗疫物资。

此外，郭广昌在复星集团开创提出"健康扶贫"理念，以"我们守护村医，村医守护大家"为指导，启动了乡村医生健康扶贫项目。通过村医守护工程重点，开展村医保障工程、慢病签约管理奖励包、贫困大病患者救助、优秀乡村医生培养推选以及现代化的智慧卫生室建设等一系列举措进行立体帮扶。

2021年中国共产党建党百年，在党和政府的领导下，经过数代人的艰辛努力，发挥了中国人民勤劳、勇敢、智慧的传统优良品质，我国终于打赢脱贫攻坚战，全面建成小康社会，成功实现了第一个百年奋斗目标。这其中，也凝结着一代代企业家们乐善好施、倾情投入、不忘初心、长期坚持的一份功劳。

三、当代民营企业家要在经济发展和社会公益事业作为中担当时代使命

当代中国民营企业家处于承前启后的关键历史方位，处于中华民族伟大复兴的关键历史方位，处于推动第三次分配和全社会先富带后富并走向共同富裕的关键历史方位，要看清这历史方位，需要具有大智慧。只有看清自己的历史方位，才能明白自身的时

代使命;只有顺应时代潮流,才能团结方方面面力量,有所作为;只有自觉担当时代使命,才能立于不败之地。

时至今日,人类社会发展正经历着前所未有的大变革,当代民营企业家所面对的外部环境又出现了许多新情况。而当前中国经济发展、社会和谐对企业家创新创业的需求尤为迫切,优秀的中国民营企业家经过了这么多年打拼,已经具备了相当的战略眼光和战略布局能力,未来最关键的是如何去把握历史机遇,承担继续创造财富、参与财富第三次分配、积极推动全社会共同富裕的时代责任,这不仅将影响民营企业和企业家的成与败,也将有益以中国式现代化全面推进中华民族伟大复兴的历史进程。在这个中国经济发展和社会公益事业的历史大局中,有四项使命亟待当代中国民营企业家自觉担当。

1. **努力做大做强的使命。** 中国的世界五百强企业已经不少,但称得上强的还不多,在这方面,企业发展的空间还很大。做大与做强有相似也有区别,做大不一定意味着做强,做强也不一定意味着做大,我们应当具有既做大又做强的担当。同时还要强调规范、健康、持续的发展,只有这样才能在做大做强的同时能够做优做久。现阶段,企业的竞争,已经从最初单纯的产品竞争、价格竞争、质量竞争,发展到品牌和文化竞争。我们通常说,做大做强靠力量,做久要靠文化,企业经营最高层次就是经营文化,要充分发挥文化的引领作用,打造企业的软实力。与此同时,中国企业家还要以实际行动凝练中国特色的商道,将中华民族血脉中的家国情怀铸入当代企业家精神之中,使企业经营、经济发展、社会公益、文明进步等融合起来,成为我们文化自信的重要组成部分。

2. **不断创新创业的使命。** 当今社会发展速度很快,变化很大,只有不断创新发展,转型升级,才能跟上时代的节奏。民营企业家也要顺应时代的发展,不断加强管理创新、技术创新、产品创新和理念创新。"英雄不问出身,英雄自问出身",很多企业起点比较低,但是通过不断创新创业,可以做大、做强、做久。如今,"四新"经济方兴未艾,我国还有很多"卡脖子"技术、"卡脖子"领域,有待企业家们整合社会资源进行创新创业,在创新创业的过程中推动经济转型,促进社会发展,助力科教事业进步,带动劳动就业充分,促进人才结构优化,既是中国经济发展的需要,也是一项相当重要的社会公益事业。

3. 参与国际竞争的使命。目前,国与国之间存在经济、政治、文化等各个方面的竞争,只有通过有效的竞争才能更好地发展,企业也是如此,培养竞争力是应对竞争最有效的方式。企业要发展壮大,就需要走出上海,走出中国,走向全世界,广泛深入地参与国际竞争,致力于国际行业和产品竞争,争取国际标准制定的主导权,抢占国际市场的话语权,同时,向国际社会充分展示中国道路的可行性、科学性乃至优越性。在这方面,中国高铁建设、华为5G建设等都是"走出去"参与国际竞争的榜样,但是这种竞争今天面临着美国为首的西方霸权的打压。世界格局正在重构,企业家参与国际竞争,打铁还需自身硬,这不仅仅是一家、两家企业,一个、两个行业的事情,而是有待于我们占领科技制高点、形成服务优势、形成更为完整的产业链和生态链,才能把国际竞争的主动权拿到自己手中。

4. 承担社会责任的使命。人生要怀有大爱之心,企业发展要肩负社会责任,民营企业家应拥有家国情怀。虽然经济是全球化的,但企业家是有祖国的。在中国传统文化中,对为富者也有一定的要求共识,那就是富人要行善积德、造福桑梓,从而荫及子孙;今天,社会公益事业同时也是一种财富传承的重要方式,既是家族的传承,也是道德的传承,更是民族的传承。中央提出了"第三次分配",日益强调共同富裕的重要性,这是从当下中国实际和中华民族伟大复兴长远使命提出的要求。有远见的企业家如何响应这个要求,担当社会责任? 今天,企业家们不仅有很多领域可以作为,如扶贫赈灾、振兴科教、社会公平、为老服务、文化复兴、民族团结等等；慈善家们也有很多命题可以思考，如按照中央关于"第三次分配"、共同富裕等要求，如何改进我国社会公益事业的方式，包括官方、半官方、非官方的力量在这方面的分工、发展及配合等。

孟子云："五百年必有王者兴，其间必有名世者。"相信当代民营企业家一定能够肩负历史使命，担当社会责任，传播正能量，正确认识和处理好国家、企业、个人三者之间的关系，创办、经营企业不断走向成功；同时，以"立德、立功、立言"三不朽的目标为引领和鼓舞，既要有龙腾四海、誉冠全球的雄心壮志，更要有泰山不移、扎根祖国的信念情怀，倾情铸造中国特色的企业家精神，为中国社会慈善事业的大发展贡献力量，为实现"两个百年"奋斗目标和中华民族伟大复兴的"中国梦"而努力奋斗！

（作者系爱建集团党委书记、监事会主席，

爱建特种基金会理事长）

经济纵横

浦东开发开放的
重大实践与精神价值

张兆安

1990 年 4 月 18 日,党中央国务院正式宣布浦东开发开放;
1992 年 10 月 11 日,国务院批复上海市设立浦东新区。

30 多年来,浦东开发开放先后经历了形态开发、功能提升、综合改革全面推进、新一轮改革开放四个历史发展阶段,经济总量超常规增长、发展质量跨越式提升、城市功能不断完善,社会事业快速发展,改革不断深入推进、开放体系逐渐形成、区域治理能力不断增强。

30 多年来,浦东肩负着实现国家战略的重大使命,大胆闯、大胆试,每一次创新、每一次突破、每一个方面的先行先试、每一项经济社会发展的成果,都在中国改革开放历史进程中留下深深足迹,成为中国特色社会主义建设的生动缩影。如今,浦东已经成为彰显中国理念、中国方案、中国道路的实践范例,更是新时代中国改革开放、创新发展的旗帜和标杆。

一、浦东开发开放重大战略部署推出的战略背景

20 世纪 80 年代末和 90 年代初,我国不仅面临着国内经济转型改革和国际格局出现重大调整所带来的复杂局面及严峻挑战,更面临着中国举什么旗、走什么路、打什么牌的严峻考验。

（一）如何深入推进经济体制改革

1978 年党的十一届三中全会拉开了我国改革开放的大幕,改革率先从农村取得有效突破,而沿海地区开放也迈出了重要步伐。但是,随着改革开放逐渐深入到城市改革和沿江开放,我国经济运行进程中出现了一些新情况和新问题,尤其是 1984 年四季度之后出现了过热态势,到 1988 年更突出表现为"四过一乱",即过旺的社会需求,过快的工业发展速度,过多的信贷和货币投放,过高的物价涨幅,经济秩序混乱。同时,生产资料价格双轨制也引发了一些"官倒"和腐败现象,因而群众反映强烈。

在这历史紧要关头,1989 年 6 月中共中央召开了十三届四中全会。全会强调要继续坚决执行党的十一届三中全会以来的路线、方针和政策,要继续坚决执行党的十三大确定的"一个中心、两个基本点"的基本路线。应该说,这次全会在党的历史发展上是一次非常重要的会议。它不仅对进一步稳定当时的全国局势具有重大作用,而且通过继续搞好治理整顿,更好地坚持了改革开放,促进了经济持续、稳定、协调地发展。

（二）如何应对世界格局重大变化

1989 年,东欧发生剧变。从波兰开始,接着扩展到东德、捷克斯洛伐克、匈牙利、保加利亚、罗马尼亚等国家。同时,东西德在经历 45 年分裂后重新统一,南斯拉夫一分为五(之后又一分为六,再加上科索沃单方面宣布从塞尔维亚独立,未被国际社会普遍承认,实为一分为七;而捷克斯洛伐克于 1993 年也分为捷克和斯洛伐克)。这个事件在 1991 年 12 月以苏联解体告终,不仅标志着东欧各个社会主义国家的政治经济制度发生根本性的改变,而且也被认为标志着冷战的结束。

这一系列的剧烈变化,使得整个世界格局发生了巨大改变,1989 年春夏之交的政治风波后,美国率先采取停止与中国政府所有高层接触等"制裁"措施。期间,美国国会先后通过 20 多项干涉中国内政的议案,试图进一步在政治和经济上对中国施加压力,不少西方国家公开宣布对中国进行各种形式的"制裁",企图中止高层接触,以在政治和外交上孤立中国;而且试图通过延缓贷款、撤走技术人员、恶化经济贸易,中止高科技合作,达到以压促变的目的。一时间,山雨欲来风满楼。

(三) 中国改革开放需要推出新战略

在如此复杂的国内形势和国际环境之下,已经处在十字路口的中国改革开放,下一步怎么走? 全国关注,全世界关注。在这个决定中国命运与前途的紧要关头,作为中国改革开放总设计师的邓小平同志希望上海能够采取重大动作,在国内更好地推进改革开放,在国际上树立更加改革开放的旗帜;而党中央高瞻远瞩、运筹帷幄、审时度势地作出了浦东开发开放的重大战略部署,从而向全世界释放了中国将坚定不移推进改革开放的重要信号。

浦东开发开放重大战略举措的推出,犹如一石激起千层浪。这充分表明:第一,中国将坚持推进改革开放,不走回头路;第二,中国将坚持走中国特色社会主义道路,不走邪路;第三,上海开始从中国改革开放的"后卫"变成了"前锋",充分表明中国改革开放将全面展开;第四,中国将坚持通过改革开放与世界接轨,走共同发展道路;第五,中国在治理整顿经济的过程中,仍然需要推动改革开放向前发展,希望全世界能够正确认识到中国对发展的强烈意志和渴望。

二、浦东开发开放重大战略推进落地的重大实践

浦东开发开放是党中央国务院在开放的特定时机、改革的特定阶段,选择特别战略区域,采取特别开发开放政策,并通过三轮综合配套改革形成的发展模式。这种改革开放系统集成模式,可归纳为"立足战略使命,坚持开放创新推动改革发展"。其特色

是：双向开放，以对外开放引领对内开放；系统创新，以制度创新推动科技创新；集成改革，政府管理与企业改革并举，走出一条可持续可复制的高质量发展之路。因此，浦东开发开放30年的基本经验可以归纳为"四个立足、十二个坚持"。

（一）立足党的全面领导，服务国家战略大局

1. 坚持党的全面领导，是浦东开发开放的重要法宝

在浦东开发开放的每一个关键时刻，党中央审时度势、总揽全局做出新的重要战略部署，赋予新的重大使命，浦东综合配套改革试点、设立自贸试验区等都使得浦东不断迈上新台阶；中共上海市委提出新目标、新要求、新任务、新举措，使得浦东成为推动上海改革开放和创新发展的重要引擎；而党的领导又始终贯穿落实和充分体现在浦东开发开放的各个方面和各个环节。浦东有一句响亮的口号："一流党建，一流开发"，充分发挥了党建工作对于开发开放的重要作用。在发展总部经济和楼宇经济的同时，浦东又在全国率先探索"楼宇"党建工作，充分发挥了党组织促进发展的作用。

2. 坚持服务国家战略，是浦东开发开放的重要使命

按照党中央国务院"以浦东开发开放为龙头，进一步开放长江沿岸城市，尽快把上海建成国际经济、金融、贸易中心，带动长江三角洲和整个长江流域地区经济的新飞跃。"的总体要求，浦东开发开放坚持"开发浦东、振兴上海、服务全国、面向世界"，坚持"服务长三角、服务长江流域、服务全国"，坚持实行对内对外"双向开放"，让全国各地共享浦东开发开放的资源和效应，充分发挥辐射带动作用。在浦东开发开放初期，一批"省部楼"拔地而起，至今还发挥着各地对外开放"窗口"作用；作为全国第一个的上海自贸试验区，一系列制度性创新成果复制推广到全国，并在服务"一带一路"建设中发挥了桥头堡作用。

3. 坚持开创历史进程，是浦东开发开放的重要担当

浦东开发开放是一个全新的探索，浦东新区又是全国第一个

新区。这个"新"字,必须有一系列的内涵来支撑,必须有一系列成就来诠释,也必须具有敢于第一个吃"螃蟹"的精气神。于是,全国唯一的金融贸易区,全国第一个出口加工区、第一个海关特殊监管区域和保税区、第一个保税交易市场、第一个自贸试验区、第一家中外合资商业零售企业、第一个跨境贸易电商平台、第一家中外合作办学项目、第一座超高层摩天大楼、第一座跨海大桥、第一个开展"证照分离"改革试点等,在浦东纷纷破土而出,取得了成功,发挥了示范作用。所有这些"唯一"和"第一",实际上就是浦东担当精神的真实体现。

(二) 立足双向开放,以对外开放引领对内开放

4. 坚持对外开放,是浦东开发开放的重要主线

浦东开发开放由点到面,由易到难,由浅到深,遵循了一条与时俱进的发展新路子。1990 年代,四个功能区积极利用外资,引进外资银行,构建要素市场体系,率先发展第三产业,首创市长国际咨询会议。2000 年代,中国加入世界贸易组织之后,设立地方政府第一家 WTO 事务中心,探索发展总部经济、研发中心,引进一大批先进制造业和现代服务业项目。2010 年代,上海世博会进一步提升了浦东开发开放能级,自贸试验区确立以负面清单为核心的投资管理制度,推进贸易便利化,形成一系列可复制推广的做法,而临港新片区建设又将把浦东开发开放推向一个新的高度。

5. 坚持对内联动,是浦东开发开放的重要举措

在上海,统筹协调浦东浦西发展,浦西支持了浦东建设,浦东为浦西疏解了空间布局,实现"东西一体,联动发展"。在长三角,浦东开发开放带来巨大的外资与项目,纷纷在长三角周边地区布局,使得开放成为长三角有力的市场化力量;张江高科技园区担负着长三角孵化研发"总部"功能,90%以上的研发创新项目落户到长三角生产基地,推动了长三角产业链、创新链的发展。在长江流域,依托长江黄金水道江海联运、启运港等政策,深入带动长江腹

地发展。在全国,上海证券交易所、上海期货交易所、上海黄金交易所、中国外汇交易中心等一大批全国性金融交易平台为中国企业提供源源不断的资本力量。

(三) 立足系统创新,以制度型开放推动发展创新

6. 坚持探索发展创新,是浦东开发开放的重要特色

从浦东开发开放开始,一系列全国"首创"案例开始展现并延续至今。"规划先行"通过立足"国际化"和"现代化"两个基本面,以一流的规划设计水平、管理体系、运行机制描绘发展蓝图且"一张蓝图干到底"。陆家嘴金融贸易区是我国第一次为一个区域规划进行国际咨询,第一个汇集国际智慧的规划方案。"不搞特区搞新区",浦东蓬勃发展与新区不特而特密切相关,也为以后全国各地新区建设发挥了示范作用。"不搞经济技术开发区搞功能开发区",目的是实现"再造中心",四个国家级功能开发区和浦东国际机场、洋山港形成了浦东三条发展轴,探索了以功能开发为核心的新区开发模式。

7. 坚持推进金融创新,是浦东开发开放的重要先导

在浦东开发开放初期,面临资金匮乏的矛盾。针对这个难题,浦东在坚持土地公有制前提下,系统推行土地使用权有偿转让,积极探索形成"资金空转,土地实转"的开发模式,为解决建设资金问题开创了先例。两次中国银行业全面对外开放先行先试,全国第一家证券交易所、全国第一个国家级期货交易市场、全国首家保险交易所、全国第一个外资金融机构经营人民币业务的试点区域、全国第一家上市的股份制银行,"沪港通"开通运行,金砖国家新开发银行等机构落户运营等,使得浦东不断培育和集聚了一批重要的金融要素市场,进而为上海建设国际金融中心提供了强大的支撑。

8. 坚持推进贸易创新,是浦东开发开放的重要抓手

按照"两种资源,两个市场"战略构想,浦东不断提高贸易能

级。全国第一家中外合资商业零售企业、中外合资外贸企业、中外合资物流企业，率先打破了中资经营一统天下的格局，一大批具有国际竞争力的贸易企业汇集浦东。从保税区起航，外高桥保税区成为全国第一个海关特殊监管区域和保税区，设立了全国第一个的上海保税生产资料市场，之后又发展成为上海外高桥保税交易市场。从自贸试验区深入，全国第一个自贸试验区在浦东设立，创造了一系列制度创新和开放成果，复制推广到各地自贸区乃至全国。在取得试验成果的基础上，又推出了临港新片区建设，争取在全国各地自贸区建设上再往前走一步。

9. 坚持推进航运创新，是浦东开发开放的重要环节

浦东开发开放深入发展，上海的航运从黄浦江腾挪到了面向更为广阔的海洋。围绕提升全球航运资源配置能力，促进金融、贸易、航运的融合发展，使得浦东成为了上海国际航运中心建设的主要承载区域，外高桥港、洋山深水港、浦东国际机场等建设增强了上海国际航运中心的枢纽功能，上海港集装箱吞吐量居全球第 1 位，浦东国际机场货邮吞吐量居全球第 3 位，一大批航运和空运等功能性服务业企业聚集浦东，各类航运资源开始高度集聚，航运服务功能逐渐健全，航运市场环境不断优化，现代物流服务水平不断提高，明显提高了浦东乃至上海的全球资源配置的能力和水平。

10. 坚持推进科技创新，是浦东开发开放的重要支撑

浦东开发开放，离不开科技支撑。2014 年，习近平总书记要求上海加快建设具有全球影响力的科技创新中心，浦东再一次担当起科创中心核心区的历史重任并推出一系列有力举措。全力打造重要载体，建设张江国家综合科学城，上海光源二期等一批重大科技基础设施落户张江。加快科技体制改革，药品上市许可持有人制度率先形成试点案例，医疗器械注册许可人制度获批落地。严格保护知识产权，设立中国（浦东）知识产权保护中心。加快科技人才集聚，制定发布提高海外人才出入境和工作便利度措施。

布局引领全国重大高新技术产业领域的发展,承载担当大飞机、集成电路、生物医药等"国之脊梁"的战略性产业。

(四)立足集成改革,走出可复制推广的发展之路

11. 坚持行政管理体制改革,是浦东开发开放的重要保证

浦东开发开放初期探索"小政府,大社会"模式,新区管委会设立 10 个部门,机构精简 81%,公务员人数仅是其他区县的 64%,降低了管理成本,实现了高效率。结合综合配套改革试点,开展"一门式"审批服务机制、企业注册登记工商、税务、质监"三联动"改革、"告知承诺"审批制等改革试点。在全国率先建立覆盖工商、质监、食药监、价格检查等职能的市场监管局,设立知识产权"三合一"机构,组建集中环保市容、建设交通、规划土地等执法事项的城管执法局。在全国率先实施"证照分离"改革试点,推进企业市场准入"全网通办",个人社区事务"全区通办",政府政务信息"全城共享"。

12. 坚持社会治理统筹,是浦东开发开放的重要突破

浦东开发开放需要推进经济快速发展,也要促进社会事业和精神文明建设全面发展,这都需要统筹协调。统筹协调产城融合发展,各大功能区进行生产、生活、生态功能的整体开发,进而成为了全国产城融合发展的标杆。统筹协调城乡一体化发展,在开发开放之初提出以各功能开发区主动带动周围乡镇的"列车工程",使得城乡差异得到改善。统筹协调经济社会发展,大力发展教育、医疗卫生事业,吸引全国第一家中外合作办学项目、第一家外商独资职业培训机构,以及上海第一家民办本科大学。统筹协调经济发展与生态保护的关系,使得浦东成为具有很强吸引力的宜居之地。

三、浦东开发开放重大实践凝练形成的精神价值

伟大实践孕育伟大精神,伟大精神鼓舞伟大实践。浦东开发

开放重大实践充分表明:坚定信心、改革开放,是转危为机谋求发展的唯一出路;国家使命、地方担当,是推动快速转型发展的强大动力;全球标准、功能集聚,是提升全球经济地位的重要路径;经济领先、社会跟进,是实现高质量发展的必然选择;区划保障、协同创新,是激发内在活力的有效手段。

30多年来,在党中央国务院的坚强领导下,在上海市委市政府的总体部署下,在各级领导干部和人民群众的创新实践中,浦东不断培育和铸就了开发开放的精神价值。这些精神价值,可以形象地体现为放眼全球的志气,一往无前的勇气,开拓创新的锐气,常有梦想的心气,坚忍不拔的朝气,集中表现为创新精神、开放精神、科学精神、担当精神。

(一)创新精神价值

中华民族自古就有"苟日新,日日新,又日新"的创新精神。创新精神生动地体现在浦东开发开放过程中,并不断推进浦东开发开放的进程。具体表现为:勤于探索,勇于实践;自我革命,大胆突破;开拓进取、攻坚克难。

1.勤于探索、勇于实践

30年来,浦东既不断探索,又不断实践。在开发开放之初,浦东建设者们通过开创"资金空转、土地实转"模式,解决了资金的燃眉之急;通过组建开发公司进行商业性开发,形成政府规范土地一级市场、放开搞活土地二级市场的"资金空转,批租实转,成片开发"开发模式。在开发开放进程中,浦东充分体现出敢想敢闯、永不言败、从不放弃的精神,不仅坚定地进行二次创业,而且也充分体现在自贸试验区建设中。

2.自我革命、大胆突破

30年来,浦东既不断突破,又不断创新。率先探索生产要素市场化配置,使得要素成为浦东比较优势;率先探索服务业对外开放,外资银行试营人民币业务等一系列全国开放首创在浦东诞生;

率先改革行政审批制度,开展证照分离改革,行政效率有效提升;率先进行综合配套改革,形成一系列好经验;以开放倒逼改革,率先开展自贸区试验的制度创新。由此,"浦东现象"变成"中国样本","浦东试点"变成"中国经验"。

3. 开拓进取、攻坚克难

30 多年来,浦东敢涉险滩,勇闯难关。在开发开放进程中,浦东不断提升创新策源能力,优化创新创业环境,服务科创中心建设。"创新药""中国芯""蓝天梦""未来车""智能造""数据港"等六个"千亿元级"硬核产业正在加速培育,而全球规模最大、种类最全、综合能力最强的光子大科学设施群在张江国家综合科学中心初现规模。因此,开拓进取、攻坚克难的创新精神,激励着浦东为科创中心添砖加瓦。

(二)开放精神价值

中华民族自古即有"天下大同"的宽广胸怀,以开放精神积极开展同域外民族的交往和合作,而浦东将开放精神淋漓尽致地展现出来。具体表现为:面向世界,对标一流;统筹协同,共享发展;尊重包容,互鉴合作。

1. 面向世界、对标一流

30 多年来,浦东的建设者们始终站在地球仪旁思考开发开放。从开发开放初期一直延续到今天,浦东始终对标国际一流水平、国际一流标准,充分借鉴国际先进经验和成熟做法,坚持规划先行、立法先行、金融先行、创新先行,以开放促改革,以改革促发展,不断实现资源、要素和创新集聚,推动浦东改革开放与创新发展。

2. 统筹协同、共享发展

30 多年来,浦东推动东西联动发展,城乡统筹发展,区域共同发展。东西联动发展,浦东开发得到浦西的支持,而浦东发展又为浦西的改造和发展创造了条件;城乡统筹发展,浦东的城市发展和乡村建设"一盘棋",相得益彰。区域共同发展,浦东积极实施区域发展国家战略,利用跨省市合作优势,有效带动长三角、长江中上游内陆区域开发开放。

3. 尊重包容、互鉴合作

30多年来,浦东积极推进各种文明交流交融、互学互鉴,促进不同文明共同发展。习近平总书记指出,中国开放的大门不会关闭,只会越开越大。浦东站在新的历史起点上,着力推动规则、规制、管理、标准等制度型开放,提供高水平制度供给、高质量产品供给、高效率资金供给,开放广度、力度不断加大,促进市场发展,激发各类主体活力,更好服务构建新发展格局。

(三)科学精神价值

中华民族自古即有崇尚科学的传统。浦东开发开放充分体现了崇尚科学原则、秉持科学态度、尊重科学规律、坚守科学认知、运用科学方法、实施科学举措,激发和运用科学的力量,为推动经济社会发展提供不竭动力的科学精神。具体表现为:人民至上,以人为本;规划先行,引领发展;与时俱进,顺势而为。

1. 人民至上、以人为本

30多年来,浦东坚持以人民为中心。教育公平、均衡、优质发展,医疗水平根本性提升,重大文化设施落地;构建完善社会保障体系,推动居民充分就业,提升养老设施供给能力,加快建设保障性住房;坚持重心下移,构建党建引领的自治、共治、德治、法治"四位一体"的基层治理新格局,强化街镇公共服务、公共管理和公共安全职能等。

2. 规划先行、引领发展

30多年来,浦东坚持国际化视野和高标准发展理念,确保开发开放始终保持高起点规划,坚持规划先行和引领,在全国率先采取国际咨询会、国际竞争性招标方式,提高规划的国际化水平,提升开发开放的国际影响力。党的十八大以来,浦东开发开放对标国际最高标准、最高水平的投资贸易规则,发挥自贸试验区的示范引领作用,进一步造就了浦东发展奇迹。

3. 与时俱进、顺势而为

30 多年来,浦东开发开放取得的历史性成就也是与时俱进、顺势而为的结果。近年来,浦东率先组建城市运行中心,依托物联网、视联网等技术,推进智能化、精细化管理,实现"一屏观全域、一网管全城",同时,还将"一网通办""一网统管"的神经网络延伸到企业和百姓身边,得到了广大企业和人民群众的普遍认可。

(四)担当精神价值

中华优秀传统文化"天下兴亡,匹夫有责""先天下之忧而忧,后天下之乐而乐""位卑未敢忘忧国""为天地立心,为生民立命,为往圣继绝学,为万世开太平"等体现的担当精神,为浦东开发开放提供了不竭的精神动力。具体表现为:围绕中心,服务大局;迎难而上,一往无前;脚踏实地,追求卓越。

1. 围绕中心、服务大局

30 多年来,浦东始终立足国家战略。1990 年,党中央作出开发开放浦东重要战略决策。党的十四大强调以浦东开发开放为龙头,进一步开放长江沿岸城市,尽快把上海建成国际经济、金融、贸易中心之一,带动长三角和整个长江流域地区经济新飞跃。党的十五大、十六大、十七大都要求浦东在扩大开放、自主创新等方面走在前列。进入新时代,浦东更是承担了一系列的国家重要战略任务,为服务党和国家发展大局作出突出贡献。

2. 迎难而上、一往无前

30 多年来,浦东直面发展难题,迎难而上,创造了一个又一个的浦东奇迹。习近平总书记强调,我们中国共产党人干革命、搞建设、抓改革,从来都是为了解决中国的现实问题和难题。从 1990 年到 2019 年,浦东的生产总值从 60 亿元跃升到 1.27 万亿元,财政总收入从 11 亿元增加到 4 000 亿元,而且以全国 1/8 000 的面积创造了全国 1/80 的国内生产总值、1/15 的货物进出口总额,取得了举世瞩目的丰硕成就。①

3. 脚踏实地、追求卓越

30多年来,浦东摸着石头过河,在实践中摸索,在探索中前行,体现出脚踏实地、知行合一的担当精神。习近平总书记指出"伟大梦想不是等得来、喊得来的,而是拼出来、干出来的""我们要拿出抓铁有痕、踏石留印的韧劲,以钉钉子精神抓好落实,确保各项重大改革举措落到实处"。浦东始终以扎实有力、卓有成效的工作,向勇当上海乃至全国标杆的目标迈进,坚定信心、追求卓越、不辱使命、不负重托,在压力中诞生,在压力中成长。

四、新时代浦东开发开放需要再出发

2020年11月12日,习近平总书记出席浦东开发开放30周年庆祝大会并发表重要讲话,并且提出要支持浦东新区实现高水平改革开放,将浦东打造成为社会主义现代化建设引领区。未来,浦东开发开放将努力在危机中育新机、于变局中开新局,并且继续引领上海乃至全国的高水平改革开放、高质量发展、高品质生活、高效能治理,彰显新时代中国改革开放的浦东力量。

(一)深入打造社会主义现代化建设引领区

按照习近平总书记指引的方向,浦东还需要作出一系列的努力。突出体现在:一是要聚焦"激活高质量发展新动力"的要求,全面加强改革系统集成;二是要聚焦"增创国际合作和竞争新优势",深入推进高水平制度型开放;三是要聚焦"服务构建新发展格局",持续增强全球资源配置能力;四是要聚焦"打造自主创新新高地",全力做强创新引擎;五是要聚焦"开创人民城市建设新局面",加快提高城市治理现代化水平。

---

① 数据来源:《上海浦东新区统计年鉴2019》。

（二）深入服务国家重大发展战略

一是建设好自贸区及临港新片区，打造成为上海更具国际市场影响力和竞争力的特殊经济功能区、强化"四大功能"的核心承载区、高质量发展的新高地。二是承载好进博会溢出效应，把浦东打造成为进博会溢出效应的重要承载区。三是服务好"一带一路"建设，把浦东建设成为服务"一带一路"、推动市场主体走出去的桥头堡。四是支持好长三角一体化发展，为长三角提供全方位、高水准的国际化经济、金融、贸易、航运、科创服务。五是围绕构建"以国内大循环为主体、国内国际双循环相互促进的新发展格局"，找到浦东的战略新定位。

（三）增强五个中心核心功能

一是增强经济服务功能，提升浦东在上海乃至长三角经济社会发展中的拉动力、吸引力和凝聚力。二是增强金融服务功能，提高全球金融资源配置能力，完善金融市场体系，推动金融为实体经济和科技创新服务。三是增强贸易服务功能，吸引各类跨国公司总部、国际经贸组织、各类贸易纠纷解决机构落户浦东，推动服务贸易、转口贸易、离岸贸易、数字贸易发展，构建跨境电子交易平台。四是增强航运服务功能，加快聚集航运和航空高端要素，吸引国际领先船公司和空运公司、第三方物流公司亚太总部以及相关高端服务业落户浦东，加强综合保税区建设。五是增强科创服务功能，抓住张江科学城建设契机，围绕关键领域、核心技术，完善政产学研体系，推进科技成果产业化进程。

（四）深入实施创新驱动发展战略

一是提升科技创新策源能力。围绕重点领域、关键技术、科技攻关，全力打造张江综合性国际科学中心，加速形成科学特征明显、科技要素集聚、充满创新活力的科技创新策源地，推动一大批大科学设施、国家实验室、研发中心、创新中心等布局。二是强化高端产业引领作用。打造世界级高端制造业集群，加快战略性重点产业发展。打造世界级高端服务业集群,推动地区总部向亚太总部、全球总部升级,加快全球高端专业服务业聚集。三是优化人才制度体系。探索适应科技创新规律的人才制度改革,建立健全人才制度体系,促进人才流动,建设国际人才港。

(五)深入推进城市治理现代化进程

一是紧紧围绕城市治理现代化目标,不断提升政府治理能力,不断提升智能化管理水平,实现经济社会协调发展。二是推动浦东治理现代化进程,坚持以人为本,确立"人民城市人民建,人民城市为人民"理念,加强协同治理,精细管理标准,科学治理方法。三是加强基层基础建设,不断提升社区治理能力和水平,不断解决基层治理所面临的热点、焦点、难点问题。

(作者系上海社会科学院原副院长、区县研究中心主任、
研究员、博士生导师)

上海乡镇企业发展回顾

吴振兴

家庭联产承包责任制在全国范围内推开后,促进了农村生产力的大发展,使农村的劳动力、资金和土地等生产要素得以实现新的组合。在这种情况下,长期处于缓慢发展的社队工业,到了20世纪80年代中期获得了迅猛发展的机会。

邓小平曾经指出:"我国农村改革开放的最大收获是乡镇企业发展起来了,异军突起"。改革开放40多年来,上海郊区乡镇企业持续、快速发展,为振兴郊区农村经济、提高农民生活水平、加快城乡一体化发挥了重要作用,已经成为郊区农村经济的重要支柱和全市国民经济的重要组成部分。

上海乡镇企业发展过程

上海郊区乡镇企业同全国各地农村一样,已有40余年的发展历史。在这40多年时间里,经历了风风雨雨的考验,走过了艰难曲折的道路。从发展过程看,大体上可分为四个阶段。

1. 50年代中期至60年代

上海郊区乡镇企业的起步,可以追溯到农业合作化时期的社办工厂。在合作化运动中,为了适应农村集体经济的发展和城乡人民生活的需要,有些农业生产合作社,因陋就简地办起了一些农具修理、农副产品加工等小工厂。从1958年8月到年底,短短5

个月郊区 103 个人民公社就办起了社办工厂 2 166 个,务工社员达 8 万多人。

60 年代,由于严重自然灾害和经济政策的失误,致使国民经济处于严重的困难时期。郊区农村大部分社队企业也出现了关、停、并、转的局面,至 1962 年底,郊区社办工厂减少到 388 个,务工社员下降到 1.2 万人。以后,随着国民经济形势的好转,郊区社队工业才逐步摆脱萎缩的态势。

2. 70 年代

上海是我国最大的工业城市,由于"文化大革命"的影响,70 年代初、中期,整个城市生产、生活资料的供应十分紧张。这时,由于社队工厂大都出现亏本,因而迫使这些企业想到市区寻找工业产品的加工任务。此外,相对稳定的农村又能替代部分城市工业因"停产闹革命"造成的生产下降,以弥补市场商品供应的不足。这样,社队工业又开始得到缓慢发展。1976 年,郊区社队工业企业虽已发展到 5 055 个,务工社员 42.3 万人,但年总产值仅为 12 亿元。总的说来,70 年代是上海郊区社队工业艰难前进的年代。

3. 80 年代

1978 年 12 月党的十一届三中全会召开,从此,社队工业在中国历史上揭开了新的一页。这次会议原则通过的《中共中央关于加快农村发展若干问题的决定》指出:"社队工业要有一个大发展","凡是符合经济合理的原则,宜于农村加工的农副产品,要逐步由社队企业加工。城市工厂要把一部分宜于农村加工的产品或零部件有计划地扩散给社队企业经营,支援设备,指导技术。国家对社队企业,要分别不同情况,实行低税或免税政策"。这是党中央、国务院发展农村社队工业的一个纲领性文献。1984 年 4 号文件,中央又同意农牧渔业部提出的把社队企业改称为乡镇企业,并着重指出:发展乡镇企业,是多种经营的重要组成部分,是农业生产的重要支柱,是广大农民群众走向共同富裕的重要途径,是国家财政收入新的重要来源,是国民经济的重要力量,是国营企业的重要补充。这"六个重要",高度概括乡镇企业在整个国民经济中的重要地位和作用。1980~1989年间,郊区乡镇企业的工业总产值年递增率达27%。

但是,在一段时间里,乡镇企业仍然受到不公正的责难和非议。如有的认为发展乡镇企业是"以小挤大""以落后挤先进",是"不正之风风源"等。上海乡镇企业也不例外。

4.90年代初至今

90年代,特别是1992年以来,上海郊区乡镇企业进入了持续高速发展的新阶段。与过去相比,这一时期的乡镇企业无论是规模、水平和速度等方面,都有了很大发展,有着鲜明的时代特色。一批具有相当规模和技术水平的骨干企业发展壮大了起来;工农联营企业又有新的发展,成为乡镇企业的一大支柱;外贸出口,"三资"企业发展迅猛,出口额大幅度增长;集团型企业实现了零的突破,有了一定发展;企业管理上了一个新台阶,一批企业进入国家级、市级先进行列。乡镇企业的发展壮大,既使农村的经济社会面貌发生了深刻变化,又弥补了城市工业的不足,使全市工业在"八五"期间保持了稳定增长,还增加了出口创汇和国家的财政收入。

上海乡镇企业发展条件

上海郊区乡镇企业进入20世纪80年代中期以后,获得快速发展,其原因是多方面的,除党中央、国务院制订了一系列发展乡镇企业的大政策外,从上海实际情况来看,有一个正确的发展方针,有一系列鼓励发展的政策措施,有一整套完善的经营机制,有市委、市政府的有力支持,有一支脱颖而出的企业家队伍,这是郊区乡镇企业保持持续、快速、健康发展的重要条件。

1. 有一个正确的发展方针

即在实践中逐步形成的发展郊区农村经济,包括发展乡镇企业的方针,这就是城乡一体化和四个基地(副食品生产基地、城市工业扩散基地、外贸出口创汇基地和科研中试基地)的方针。党的十一届三中全会以后,全党工作的着重点开始转到以经济建设为中心上来。对于农村工作,党中央明确指出要走发展乡镇企业的道路,这是一个历史性的转折。但就全国范围来说,在发展乡镇企业的方针上曾经有过不同看法,也有过一些争议。从开始时提出的"三就地",即就地取材、就地加工、就地销售;到后来提出的"种、养、加",即以种植、养殖业为原料,然后发展加工业。这一方针在乡镇企业发展的初始阶段是对的,但是随着乡镇企业的发展,这个方针显然束缚了乡镇企业的前进步伐。以后,党中央根据乡镇企业发展的实际,提出了"四服务"方针,即发展乡镇企业要为农业生产服务、为城市工业服务、为外贸出口服务和为城乡人民生活服务,才使乡镇企业在全国范围内得以稳步发展。根据"四服务"方针,上海提出了"城乡通开"的思路,鼓励城市工业企业向郊区扩散产品。在 1986 年初召开的上海市农村工作会议上,市委、市政府第一次明确提出了"城乡一体化"的问题。"城乡一体化",当时是从上海这个全国最大工业城市所处的地位和发展需要提出的,它的内涵是广泛的,包括经济、社会和思想文化建设等方面,但主导方面要求从城乡一体出发来规划和发展城乡工业。从此,"城乡一体化"就成为发展上海郊区农村经济、特别是发展乡镇企业的指导方针。在此基础上,为了更好地推动城乡联合,加快乡镇企业的发展步伐,在 1987 年召开的上海市农村工作会议上,市委、市政府又提出要在"城乡一体化"方针指导下,把郊区建设成为城市工业扩散基地、外贸出口创汇基地、科研中试基地和城市副食品生产基地。至此,上海形成了"城乡一体化"和建设"四个基地"的发展郊区农村经济和乡镇企业的正确方针。这一方针的提出和完善,是在总结乡镇企业发展中正反两方面经验后逐步加以充实和完善的。这一方针是上海贯彻落实党中央关于发展乡镇企业要坚持"四服务"方针,结合上海是全国最大的工业城市,又是全国最大的对外贸易口岸这个实际情况提出的。80年代中期以来,郊区乡镇企业发展的实践证明,这一方针是推动城乡联合、工农联合、发展乡镇企业的正确方针。

　　2.有一系列鼓励发展的政策措施

　　为了促进、推动和鼓励城市企业发展与郊区的联合,80年代中期开始,市委、市政府采取了一系列鼓励发展乡镇企业的重要政策措施。主要有:

　　在税收政策上。经过调查研究和借鉴外地的减免税政策情况,1986年市有关部门对乡镇企业的税收作了较大调整。一是对新办乡镇企业,在开办第一年纳税有困难的免征所得税一年;对松江、金山、青浦、崇明县和宝山县的长兴、横沙两岛,以及经济薄弱的乡、村在当地新办的乡镇企业,在免征二年期满后纳税仍有困难的,经申请还可酌情再减征或免征所得税一年。同时还规定,对新办乡镇企业的产品税率低于5%的产品,也给予一定的免税期限。二是对乡镇企业从本市各新办联营企业分得的利润免征所得税一年;松江、金山、青浦、崇明县以及长兴、横沙两岛的乡镇企业和经济薄弱的乡、镇、村,从当地新办联营企业分得的利润,免征所得税二年;崇明县和长兴、横沙两岛的乡镇企业,从当地新办联营企业分得的利润免税期满后,纳税仍有困难的,经申请可酌情再减征或免征所得税一年。三是为鼓励地方国营企业到郊区乡镇企业开展横向联合,其从联营企业中分得的利润除免征调节税外,可减半征收所得税一年;对从松江、金山、青浦、崇明县以及长兴、横沙两岛和从经济薄弱乡、村举办的联营企业中分得的利润,减半征收所得税二年;对同崇明县和长兴、横沙两岛乡镇企业联营的国营企业,凡乡镇企业方分得的第三年利润经批准继续免征一年的,国营企业方也可继续减半征收所得税一年。对市属大集体企业同郊区乡镇企业联营的,视同国营企业同等待遇。四是对乡镇企业的专项生产措施贷款,继续实行新增利润税前还贷65%,经济效益好的可提高到70%。1988年一批老企业普遍反映对新增利润没有政策优惠,因而不愿多生产时,市税务部门会同市有关政策研究部门调查研究后,作出了第二次调整税收政策的规定。一,对新办乡镇企业,区别地域界限,区别近郊、中郊、远郊不同经济地区,对所得税的减免期限分别确定为一、二、三年。二,对新发展的工农联营企业,也区别上述三类不同地区,包括工农双方所得税的减免期限,分别确定为二、三、四年。三,对老企业,从1988年起在5年内实行增利减半征收所得税。前三年以1987年为基数,后两年以上一年为基数。四,对技术改造措施项目贷款,继续实行新增利润税前还贷,但最高不超过60%。90年代发展的三资企业等,原则上参照实行上述有关的政策规定。这些减免税政策的调整和实施,促进和调动了城市企业向郊区农村扩散产品的积极性。

在信贷政策上。为鼓励城乡联营企业的发展,市农业银行在信贷上给予扶持。对新办乡镇企业和城乡联营企业,原来规定的自有资金比例,根据项目评估的情况给予必要的浮动。还对新办的城乡联营企业,工农双方的投入资金改原由工农双方各自的专业银行(工方为工商银行,农方为农业银行)贷款为由联营企业一个法人向当地银行或多家银行贷款。

在项目审批上。包括项目、用地、环保等方面,实行明责放权,扩大县(区)政府统筹、协调经济工作的权限。从1988年起,对乡、村新办的乡镇企业项目,改原由市、县分级审批为由县(区)政府审批。对市属企业与郊区乡镇新建的城乡联营企业项目,总投资在1 000万元以下的,经工方主管局在联营协议书、计划任务书上签章认可后,由联营企业所在地的县(区)政府审批,报市有关部门备案;凡总投资在1 000万元以上(含1 000万元)的项目,由工农双方的市主管局联合审批,报市经委及有关部门备案;凡总投资在2 000万元以上(含2 000万元)的项目,由工农双方报市主管局再报市经委审批。对中外合资、合作项目,凡投资在500万美元以下的项目由县(区)审批。这样,就把乡、村新办的项目、城乡联营企业投资在1 000万元以下的项目,以及投资在500万美元以下的中外合资项目,都归县(区)政府审批;并对新建项目的用地,每年由市给县核定一个用地指标,然后也由县在用地指标内统筹安排,包括环保、卫生、防火等由县召开联席会议,集体审批,从而大大简化了项目的审批手续,使郊区80%左右的新办项目能够在县(区)审批。1992年以来,随着“两级政府、两级管理”体制的实施,市对县(区)进一步实行明责放权,城乡联营企业总投资在5 000万元以下、中外合资合作项目总投资在1 000万美元以下(市级县级工业开发区总投资在3 000万美元以下)的项目,也明确由县(区)审批。这样,不仅使原审批项目难、征地难等问题得到明显缓解,还大大提高了办事效率,这是上海郊区乡镇企业进入80年代中期以来得到快速发展的一个重要原因。

3. 有一整套完善灵活的经营机制

在改革开放的大潮中,上海郊区乡镇企业如同全国乡镇企业一样,在实践中逐步形成了一整套比较符合社会主义商品经济发展规律的经济运行机制。这一机制主要表现在:灵活应变的经营机制,注重供销的市场机制,优胜劣汰的竞争机制,自负盈亏的风险机制,多劳多得的分配机制,能进能出的用工机制,机构精简的管理机制和外引内育的人才机制等。在这些经营机制中,优胜劣汰的竞争机制和注重供销的市场机制是其精髓。正是依靠这些灵活的经营机制,乡镇企业才能根据市场变化及时调节生产经营活动,并能较快地吸收其他经济类型企业的经验,取长补短,产生内在的动力,不断增强自身的素质和竞争能力。其特点和优势有:一是比较注意掌握信息,强化营销。与国有大中型企业比较起来,乡镇企业缺少的是"等、靠、要"的经营条件，而更多的是由"自主经营，自负盈亏"带来的活力和动力。因此，比较重视信息和营销工作。例如，嘉定区外岗领带厂建立了以产品"新、奇、特、全"，服务周到、主动，销售手段灵活来取胜的市场竞争机制，全厂供销人员虽然不足 10 人，但在全国各主要城市都建立了销售网点，使该厂生产的"熊猫"牌领带飞进千家万户。二是比较注意自主用人，竞争上岗。捧着"铁饭碗"、吃"大锅饭"是长期影响国有大中型企业活力的内部症结所在。要治好企业中较为普遍存在的"混病、懒症"，就要建立起能进能出、优胜劣汰的用工机制。这方面郊区乡镇企业做得也是比较好的。例如，闵行区宇宙平绒厂，对生产成绩不达标的职工，实行厂内待业，离岗培训，培训期间只发基本生活费。对确实不能胜任本职工作的职工调离岗位，同时调整工资。这样在劳动用工制度上就较好地体现了动态管理和竞争上岗的长处。三是比较注意人才引进和技术积累。一个企业有无实力和后劲，关键在于人才和技术力量蓄积的好差。近几年来郊区乡镇企业普遍重视引进人才和技术来满足企业"求生存、求发展"的需要。例如，闵行区虹桥自动化控制设备厂，最近几年连续引进了20 多名科技人才，从而形成了人才、技术优势，为开发第四代微机控制仪表这一高精产品创造了条件。现在，不仅企业走出了困境，而且在 3 年时间内企业的经济效益翻了两番。事实表明，上海郊区乡镇企业凭借这些经营机制，先后经受住了几次国家经济紧缩的宏观环境的考验。依靠这些机制，乡镇企业才有可能为一大批乡、村企业干部的成长，提供锻炼、提高和一显身手的舞台，从而造就了一支具有一定素质的懂生产、善经营、会管理的企业骨干队伍。依靠这些机制，才较好地发挥了乡（镇）、村集体经济的优越性和调动了广大干部群众的积极性，从而基本克服了近年来部分企业产品积压、资金沉淀、效益下降、亏损增加等经济下滑的暂时困难，使大多数企业生产发展，部分企业生产、销售、利润同步增加,外贸出口生产呈现出蓬勃发展的好势头。

4. 有市委、市政府的有力支持

郊区乡镇企业在发展中遇到困难的时候,始终得到市委、市政府主要领导的关心和支持,从而鼓舞了郊区广大干部、群众发展乡镇企业的信心。"七五"期间,郊区乡镇企业在发展中遇到过不少困难,在舆论上也受到过不少责难和非议。但在关键时刻,总是得到市委、市政府的关心和支持。第一次是在 1984 年冬到 1985 年上半年,国家针对工业增长速度过快、固定资产投资规模过大、信贷资金和消费基金增长过猛、部分商品价格上涨过多等,在经济生活中出现某些新的不稳定因素,因而在减少对企业直接控制的同时,加强了间接控制的措施。这些间接控制措施,对作为国民经济重要组成部分的乡镇企业来说,也必然要受到波及、受到制约、受到控制,这是很自然的。但当时,上海曾一度在舆论上责难乡镇企业,在某些政策方面也有执行偏紧的问题,使郊区乡镇企业的发展受到一些影响。在关系到乡镇企业能不能继续保持有一个较快发展速度的关键时刻,上海市人民政府于 1986 年 9 月召开了第二次城乡工业协调大会。当时担任副市长的黄菊在会上作了重要报告。他在充分肯定郊区乡镇企业发展方向和已经取得成绩的同时,着重阐述了以"城乡一体化"去规划和发展城乡工业的指导思想,并提出要有计划地加快城市工业向郊区的扩散和联合,努力探索上海郊区乡镇企业"城郊型"模式的新经验。会上还第一次明确提出,全市各条战线和各个部门,都要从上海的全局出发,为全市经济的发展和振兴大局着想,要在全市 6 000 多平方公里内做好这篇文章。会议还要求城市企业、科技等部门,在向郊区扩散、转移和联合中,要切实贯彻平等互利的原则,市的各个综合部门都要努力为乡镇企业的发展创造一个良好的外部环境。这次城乡工业协调大会的召开,较快地统一了人们的思想,提高了认识,使城乡交往得到进一步加强。第二次是党的十三届三中全会提出要

"治理经济环境,整顿经济秩序",这是十分必要的。但当时在上海有的部门的同志不作具体分析,通过舆论工具指责乡镇企业的所谓"超高速",有的甚至怀疑发展乡镇企业的方向,把国民经济运行中暂时遇到的困难归罪于乡镇企业,从而对乡镇企业的责难风再度刮起。正当郊区农村干部担心党的政策是否会变化的时候,在1989年初市委、市政府召开的农村工作会议上,当时担任中共上海市委书记的江泽民明确指出,在治理、整顿中稳步发展乡镇企业,是农村工作中一项坚定不移的方针。江泽民还引用邓小平说过的一句话:"农村改革总的来说发展是比较快的,农民的积极性调动起来了。我们完全没有预料到的最大的收获,就是乡镇企业发展起来了,突然冒出搞多种经营,搞商品经济,搞各种小型企业,异军突起。这不是中央的功绩。乡镇企业每年都是百分之二十几的增长率,这种情况持续发展了几年,一直到现在还这样。"江泽民说,乡镇企业的崛起是农村经济发展的必然规律,也是农村改革的一大收获,发展乡镇企业的方向不会改变。上海郊区乡镇企业要在治理、整顿中继续为全市经济发展作贡献。他明确提出1989年郊区乡镇企业增长速度定为20%是必要的。这是因为:一是从1989年全市工业增长5%看,安排全民工业增长2%较为稳妥,这就要乡镇企业必须增长20%才能完成全年全市工业计划任务。二是从过去10年的实际情况看,全市工业增长1个百分点,乡镇企业就要增长4个百分点(1978~1988年全市工业产值年平均增长6%,乡镇工业为26.4%),从这一规律来看,1989年全市工业增长5%,郊区乡镇企业增长20%也是适宜的。三是从10个县(区)的测算情况看,要维持县(区)财政日益增长的支出,县级财政年收入需要增长5%~6%,相应要求乡镇企业必须增长20%左右才能维持日常开支。四是为了确保上海"菜篮子"工程计划的实施,稳定城市副食品供应,也要求乡镇企业有一定的增长速度。江泽民最后指出,上海郊区乡镇企业是城市大工业的延伸和补充,乡镇企业同大工业是"一荣俱荣，一损俱损"的利益共同体。他要求乡镇企业继续发挥农村经济的支柱作用，为全市经济的发展再作贡献。江泽民的讲话使郊区干部，特别是乡镇企业战线上的干部、职工受到极大鼓舞。随着讲话精神在各条战线的传达贯彻，比较快地统一了各部门的思想认识。大家团结一致，振奋精神，千方百计地去克服困难，使郊区乡镇企业当年实现了增长20%的目标，并在90年代初期使郊区乡镇企业保持了持续增长的好势头。

5. 有一支脱颖而出的企业家队伍

改革开放以来，上海郊区乡镇企业之所以能创造出如此辉煌的业绩，离不开党中央、国务院一系列方针、政策的正确指引，离不开上海市委、市政府和各级党政领导的高度重视和正确领导，离不开有关部门和社会各界的热情关心和支持，离不开广大农民，尤其是数百万乡镇企业干部、职工的艰苦努力。这其中乡镇企业家作出了特殊的历史性的重大贡献。上海郊区乡镇企业不断发展、壮大的过程，就是一批又一批乡镇企业家脱颖而出，不断涌现、成长和成熟的过程。乡镇企业家是在党的改革开放政策环境下，我国农村社会主义市场经济发展的产物，是农村先进生产力的代表，是乡镇企业改革和发展的排头兵。

乡镇企业家最可贵之处在于，鼓足干劲，深化改革，发展经济，坚持不懈。正是凭藉这种鼓足干劲的拼搏精神，才使一大批企业家在不长的时间里，从门外汉变为成功地驾驭经营之道的行家。在上海、在郊区为人们所熟知的：上海大江股份有限公司董事长、总经理、党委书记杜述古，上海农工商集团总公司董事长、总经理、党委书记罗大明，上海汇丽集团公司总经理张永定，上海舒乐集团公司总经理尤朝群，上海凯托集团公司总经理蔡福忠，上海嘉宝股份有限公司总经理卢万兴，上海界龙彩印股份有限公司总经理费钧德，上海望春花股份有限公司总经理李佩培，上海紫江集团公司总经理沈雯，上海 ACE 箱包有限公司总经理朱国权等，就是其中最杰出的代表。在他们身上,最集中地体现出了广大企业干部、职工的优秀品质。

坚持坚定正确的政治方向。他们坚定不移地贯彻执行党的基本路线,坚持以经济建设为中心,坚持四项基本原则,坚持改革开放,模范地贯彻执行党和国家的法律、法规和政策,团结和率领广大企业职工搞好生产,搞好经营,奔共同富裕道路。

胸怀远大的理想和目标。他们勇于开拓,不断创新,在发展社会主义市场经济这一前无古人的宏伟事业中,始终站在市场经济大潮的前列,敢于向落后的管理和经营模式挑战,不断地向书本和实践学习,比较好地掌握了社会主义市场经济基本理论和现代管理知识,并在实践中不断创新发展。

善于发现、培养和起用人才。乡镇企业家最懂得人才的重要性,因此,他们求贤若渴,不拘一格招揽人才、培养人才,在企业中形成了强有力的管理、财务、技术和供销等人才队伍,充分发挥各类人才在推进企业技术进步和完善企业经营管理中的作用。

勇于改革,不断完善企业经营机制。乡镇企业家是企业改革的积极探索者,从企业承包经营责任制到企业内部劳动、工资、人事、分配、购销制度改革,从企业产权制度改革和股份合作制、股份制、公司制的试点到推动企业间的联合和组建企业集团、发展工业区等,都进行了积极的探索和实践,从而初步建立起适应市场经济发展的企业运行机制,为乡镇企业逐步建立现代企业制度奠定了基础。

注重思想政治工作,加强企业文化建设。乡镇企业家们深深懂得调动企业全体职工的积极性、主动性和创造性,是企业兴旺发达的根本。他们从企业实际出发,开展多种形式、生动活泼的思想政治工作和企业文化建设,不断更新全体职工的思想观念,提高政治、技术和文化素质,培养健康向上的企业群体精神,增强了企业的向心力和凝聚力,为企业发展提供了精神支柱、智力支柱和思想保证。

　　回顾郊区乡镇企业所走过的历程和取得巨大成功的基本经验,企业家的历史作用是至关重要的。这方面还可以总结很多,其中重要的有两条:一是始终坚持以提高经济效益为中心,不断地提高企业的技术、管理水平和自身整体素质,努力走出一条具有乡镇企业特色的既有一定发展速度又有较高经济效益的发展路子。二是充分发挥以市场为导向的经营机制,从市场中来,到市场中去,千方百计地捕捉市场信息,不断开拓市场,充分发挥供销人员的作用,加强供销队伍的建设,努力搞活企业经营,提高乡镇企业市场适应能力和竞争能力。这是上海郊区乡镇企业得以持续、快速、健康发展的又一重要条件。

　　　　　　　　　　（作者系中共上海市委党史研究室原副主任）

民营企业参与全球科创
中心建设研究

上海市宏观经济学会、上海市经济体制改革研究会、
上海工商界爱国建设特种基金会联合课题组

创新在我国现代化建设全局中占据核心地位,企业是科技创新的主体,而民营企业则是推进中国式现代化的生力军。当前正处于上海科技创新中心功能全面升级的关键阶段,国家进一步高度重视民营经济做大做优做强,为民营企业在新形势下进一步释放活力、提升创新能力,深度参与上海国际科创中心提供了强有力的支持和引导。

本文从总结民营企业参与全球科创中心建设的重要作用和路径经验入手,通过深入调研代表性企业,梳理其深化科技创新的现实需求与发展难点,并从企业和政府两个维度提出针对性的举措建议,推动民营企业为解决"卡脖子"难题及加快建设科技强国作出贡献,进一步将科创策源核心功能向纵深推进,实现民营企业壮大和全球科创中心建设互相促进。

一、民营企业参与全球科创中心建设的重要意义

(一)科技创新成为当今世界重塑国际格局的关键力量,上海强化科技创新策源功能的使命要求更为紧迫

党的十八大以来,习近平总书记站在我国和世界发展的历史

新方位,坚持把创新作为引领发展的第一动力,把科技创新摆在国家发展全局的核心位置,对科技创新发展进行了顶层设计和系统谋划,提出一系列新理念新思想新战略,部署推进一系列重大科技发展和改革举措。2014年5月,习近平总书记在上海考察时指出,"上海要努力在推进科技创新、实施创新驱动发展战略方面走在全国前头、走到世界前列,加快向具有全球影响力的科技创新中心进军",建设具有全球影响力的科技创新中心是党和国家赋予上海的重任。

进入"十四五"时期,世界百年未有之大变局深刻演化,我国进入迈向创新型国家前列的关键期,世界新一轮科技革命与我国发展方式转变发生历史性交汇。一方面,以人工智能、量子信息、航空航天、基因编辑等为代表的未来产业正在引领新一轮科技革命和产业变革新科技赋能、新产业融合带来新机遇;另一方面,经济全球化遭遇逆流,国际经贸摩擦加剧,新冠肺炎疫情全球大流行推动大变局加速变化,我国处于产业链"卡脖子"技术突破、实现科技自立自强的爬坡过坎关键时期。在此背景下,上海亟需对标习近平总书记提出的"四个新""四个第一""两个一批"的新要求,加快具有全球影响力的科技创新中心建设,抢占全球科技制高点,牢牢把握未来发展主动权。

(二) 民营企业是科技创新的重要力量,历来为上海经济社会发展和科技创新功能做出了重要贡献

习近平总书记多次明确指出,要发挥企业在技术创新中的主体作用,要把企业作为科技成果创新转化的关键载体。而民营企业则是企业主体中最广大、最活跃的主体,是创新要素集成、科技成果转化的生力军。习近平总书记高度重视民营经济在科技创新方面的重要作用,强调要让民营经济创新源泉充分涌流,让民营经济创造活力充分迸发,在推进科技自立自强和科技成果转化中发挥更大作用。

从上海科技创新中心的建设历程来看,民营企业科技创新贡献度不断提升。上海民营科技企业数量占全部科技企业的比重超过90%;2021年上海高新技术企业超过2万家,其中民营企业占比达到70%左右;近半数的专利授权量由民营企业获得。根据胡润研究院发布《2023全球独角兽榜》显示,全球共有1 361家独角兽企业,其中中国316家、上海66家(占比4.8%),总估值11 147亿元(占比3.7%),城市独角兽总量位于第四,仅次于北京。民营企业增长逐步成为上海科创中心建设最富活力、最具潜力、最有创造性的力量,不少民营企业精耕细分领域,行业占有率、品牌营销力明显提升,成为细分领域转型升级的引领者和知名品牌、行业标准的提供者,在新一代信息技术、智能网联汽车、科技型制造、数字创意等领域,一大批优秀民营企业脱颖而出。

(三)上海科技创新中心建设正处于从形成基本框架体系向实现功能全面升级的关键阶段,进一步激发民企活力是全面建成科创中心的必然举措

建成全球科创中心的一个重要标志是拥有一批具有全球影响力的创新型领军企业。从上海的发展实际来看,领军企业数量仍然不足、企业集群创新的核心驱动力不强,迫切需要广大民营企业深入参与战略、发挥更大作用。如普华永道全球创新1 000强企业上海仅5家,少于东京(15家)和伦敦(10家);2020胡润全球独角兽榜中,上海有47家,北京则多达93家;"瞪羚企业"数量上,上海(1 723家)也远少于北京(3 190家)、深圳(2 740家),这些企业主要是民营性质为主的中小型科技创新企业。与之相应的,是上海民营科创型企业所涉行业仍偏重传统产业,"高精尖缺新"等领域的民企参与度有待提升。根据泽平宏观发布的《2023中国民营企业百强榜》,55%的企业集中于粤浙京苏,前20位企业中无一家上海企业;上海上榜民营企业的前3名分别为东方希望集团有限公司(第30名,有色金属业)、新城控股集团有限公司(第38位,房地产业)、复星国际有限公司(第39位,综合类),上海民企中仅有拼多多(总排名第78位,民企创新力排名第9位)、华勤技术(第86位)2家互联网相关企业上榜。在新全球形势、新发展格局下,进一步激发民营科技型企业的科技创新活力和动力,更好支持其积极参与到上海建设具有全球影响力的科技创新中心建设中,是必然之举。

二、民营企业参与全球科创中心建设的历史经验

上海科创中心的建设构想可以追溯到20世纪70年代。1978年,上海科技大会提出"在21世纪内把上海建成一个具有世界先进水平的科学技术基地"战略目标,上海在科技创新和技术进步中的战略地位逐步确立。与此同时,随着改革开放的深入推进,民营经济从数量和总体规模等多方意义上迅速成为产业主体力量以及技术创新的重要源泉。可以说,以改革开放为起点,民营企业的发展与上海全球科创中心的建设共生共长、同频共振,相互成就、密不可分。尤其是近年来,上海全面推进科技创新中心建设,一大批民营科技型企业以过硬的科技研发能力、蓬勃的创新内生力、卓越的品牌建设力、深耕产业细分领域成为各行业的佼佼者,为上海民营企业服务具有全球影响力的科技创新中心建设起到了很好的示范和引领作用。总结其路径经验,可以得到以下若干启示:

(一) 融入国家战略,勇当科技开路先锋

民营企业作为我国最广大、最活跃的创新主体,在发展壮大过程中往往将自身命运与国家命运紧密结合,勇于把重心放在我国技术空白、产业短板的领域,实现多项"从1到100"的突破。民营企业通过融入国家战略,自发践行复兴使命,针对国内"卡脖子"的卡链点、断链点,寻找产业、市场创新的着力点,解决国家战略安全制备所需的关键材料、关键装备等问题,主动维护国家经济安

全;在推动解决"卡脖子"难题、打破国外垄断和封锁的过程中,寻求到了自身的发展道路和行业内的一席之地。而国家则反过来依托战略重视、市场优势、产业链优势,进一步通过国产替代、"首台套"政策支持等方式,反哺、支持了民营企业夯实基础技术、开拓市场需求、打通上下游环节,实现企业的发展壮大和自身价值体现。在集成电路、生物医药、高端医疗设备、人工智能等国家"卡脖子"的关键前沿领域,这种相互哺育、共同发展的模式尤为明显。

(二)抢抓市场机遇,坚持专精特新道路

在国家政策的大力倡导下,"专精特新"成为中小型民营科技型企业发展的重要方向,从自身长远战略定位出发,提高企业科技创新的敏锐度,通过深耕专业领域、专注于细分市场、增强创新能力强,朝着专业化、精细化、特色化和新颖化发展,实现生产技术或工艺国际领先,单项产品市场占有率位居全球前列,为我国中高端制造业产业链配套、细分领域技术和市场领先、提高资源利用率和附加值做出了重要贡献。

(三)紧跟产业集聚,利用全链生态优势

民营科技型企业依托上海各主要创业园区集聚效应与上海全产业链优势,充分借力上海的人才优势、产业优势推动企业成长。张江高科技园区以信息技术、生物医药为重点的主导产业,紫竹高新区已形成信息软件、数字视听、生命科学、智能制造、航空电子、新能源与新材料等六大类主导产业,杨浦长阳创谷正在打造"创新平台+技术支撑+创新企业+场景应用"四位一体的 AI 创新创业生态。在各主要科创产业区内,上海区域内产业链上的民营科技型企业得以更好地融入创新生态,与头部企业、上下游环节、科研院所和技术平台形成良好的合作交流互动,在产业集聚中更好找准定位、发现商机、寻求共赢,从而激发创新动能,实现产业关键细节突破。

(四)用好政府政策,争取政府资源倾斜

政府和民营企业在推动创新、建设全球科创中心的过程中,共

同参与,相互补充,协同配合。政府致力于创造一个鼓励创新的环境,公平合理地规范参与者的行为,减少创新面临的障碍。政府与民营企业、政府与大学和技术中心等的多部门之间的合作都是促进创新的关键。政府在法规、制度和经济等方面提供必要条件,为创新提供保障和激励,民营企业方可积极投入创新,并转化创新成果。只有充分发挥各自的优势,才可以保持产业与科学创新的可持续性。民营科技型企业在融入上海科创中心建设的历史经验中表明,积极寻求企业发展与科技政策的契合点,各展所长,依托政策帮扶,是企业度过初创期、转型期的重要保障。民营科创型企业通过积极申报国家级、省市区级资金项目,围绕企业自身优势,聚集创新资源,针对重点项目进行科技攻关,培育发展核心技术和产品,实现企业健康发展。

(五)合作科研平台,深化产学研用一体

围绕主营业务开展产学研合作创新是民营科技型企业寻求发展和技术创新的重要路径。通过建设企业技术中心、技术创新中心、院士工作站等创新平台,与众多高校研究院所达成了长期合作协议,参与基础科技创新,布局未来新产品新技术,以企企联合、校企联合的方式不断增强自主创新能力建设,助力地区科创发展。一方面,注重人才合作。主要依托引进和培养高技术人才、联合开发、委托开发、培训交流等合作方式,实现双向输送人才。企业通过定岗实习不仅可以为学生提供更好的实践操作平台,促进学校人才培养与企业岗位实际需求"无缝"对接,更能增强学生对企业的了解与认同感,为企业留住技能型人才开辟一条便捷的途径。同时,企业也可以为在职员工提供学业晋升渠道,培养高素质复合型人才,大力推进人才队伍建设。另一方面,通过与国内高校、科研院所技术共同研发合作,始终跟踪国际最先进的技术与产品开发与进展。主要通过合作技术研发平台、技术转化平台、联合实验室或研究中心等的建立,推动市级重大平台科研平台建设,促进信

息交流、产学共进，提升产学研合作深度和效率。

（六）培育行业人才，发挥智力创新动能

民营科技型企业在战略规划指导下不断完善研发团队的构建，各专业的建设遵循自上而下的原则，在保证专业核心人员及后备人才的基础上建立了一支认真肯干的研发人员队伍。在高端人才引进方面，注重行业领军人才、海归精英、专家学者、知名企业从业多年具有丰富行业经验的资深人才，包括国家及上海认定的海外高层次人才。在人才待遇和措施方面，民营科技型企业探索建立了科学合理、分层分类的人才招聘、培养、考核、选拔、晋升机制，并制定了一系列奖励政策激励创新。此外，部分专精特新"小巨人"企业还与国内知名高校探索产教融合的联合培养模式，通过支持校企多方任职，构筑沟通桥梁，加大校企交流、技术合作，拓展人才引进渠道。但目前仅有部分民营科技型企业可以在住房、落户、子女入学等方面可以给予人才队伍协助。

三、民营企业的主体特征和参与全球科创中心建设的主要难点

（一）人才资源制约

上海民营企业已经拥有一定规模的创新团队，但是具备市场敏锐度、内部整合力、综合创新力的领军型人才相对较少。同时，创新产业人才培养具有"周期长、成本大"的特点，对于部分新兴行业紧缺人才，相互"挖墙脚"情况严重。此外，由于上海生活成本较高，人才帮扶政策力度有待进一步提升，在落户、退税、改善住房等方面给予更大政策支持，帮助民营企业减轻用人留人的成本负担。

（二）资金要素资源

民营科创型企业在获得金融支持时仍面临隐性制度性壁垒。

针对科技开发特别是中小民营企业高风险、高科技项目的贷款获批普遍比较困难,而证券市场融资对于中小民营企业来讲设置了较高的门槛,多数企业均被拒之门外,大多是民营企业以一级市场股权融资为主。财税政策相对中小民营企业而言,优惠政策内容覆盖有限、政策无法得到有效落实,财政科研经费多被用于支持国有企业、科研院所及各大高校的建设与发展方面,真正用在中小民营企业科技创新方面的经费实则少之又少,这在一定程度上增加了企业进行科技创新的阻力。

(三) 社会资源制约

民营企业特别是民营中小企业在经营过程中因所有制形式或企业规模导致在融资、用工、用地等方面出现困难,存在要素分配上的"所有制歧视"和"隐形政策壁垒"。如政府关系协调方面,民营中小企业面临更大的困难,存在隐形的所有制歧视性资质要求、评审标准和额外条件,有些已投产多年的民营企业因政府规划调整等因素,产证等行政手续办理进度慢;又如大科学设施方面,未能切实与民营企业开放共享,亟需通过政策支持,帮助民营企业减轻研发设施投入的压力,减少基础研究的大投入。

(四) 供应链保障制约

民营企业资源获取能力较弱,在产品创新中可能面临上下游供应链的堵点困难。比如上游方面,我国在电子信息、装备制造等方面具有一定优势,但在材料、精密加工技术、高端工艺等方面基础薄弱,仍需依靠进口渠道。下游方面,国产化攻关需要较大投入,高端科技装备对元器件、原材料的性能要求高,但市场规模又相对较小,民营企业大力投入研发出的创新产品和技术可能难以快速取得市场认可、实现产业化应用,或是无法形成规模经济效益,从而提高了民营企业的创新风险、打击了其创新积极性。

(五) 创新生态制约

近年来,在新冠疫情冲击、美国在关键技术领域"卡脖子"等充满不确定性与风险挑战的经营背景下,对成长阶段的民营科技型企业而言,创新转型风险增高、不确定性增强,从客观上增加了民营企业家对创新存在畏难情绪,导致一部分民营企业家创新精神趋于保守谨慎。此外,政府层面鼓励创新、包容创新的生态环境有待完善,有利于民营企业科技创新的营商环境、行政服务效率有待进一步提升,相关扶持政策还不够精准,不同部门和机构设立的科技创新政策支持统筹性不强,科技创新政策与财政、税收、金融、社保、人事等多项制度衔接不通畅,政府部门、产学研、上下游合作的创新资源整合、创新协同机制还不够完善。

综合来看,民营企业参与科技创新的特征明显、优势突出,但短板也随之而生。优势方面,民营企业的体制机制更加灵活,更加敢闯敢干,具有天然的创新精神;同时民营企业通常以中小企业规模为主,相比大型企业,创新机制更为灵活、对市场需求反应更为灵敏,能够更好地把握市场风向和技术趋势,及时调整生产和研发方向,响应市场和客户需求,有助于填补重要但是市场规模有限的产业技术、工艺、产品、环节。因此,国有企业在整合集聚创新资源、提供新技术迭代与应用环境等方面有基础优势,尤其是能够在攻克关键核心技术、实现原始创新领域"从0到1"重大科技突破,塑造大国竞争领先优势中发挥基础性作用;而民营科技型企业是推动科技创新"从1到10到100"的持续突破的重要动力。劣势方面,正是由于民营企业高度市场化,规模较小,往往缺乏雄厚的资产背书,导致创新资源组织能力较弱,已陷入市场配置资源扭曲、劣币驱逐良币的境况。因此,进一步促进民营企业扬长避短、科创赋能,需要市场和政府两方共同努力。

四、民营企业参与全球科创中心建设举措建议

从民营企业自身的角度出发,提升科技创新实力、参与科创中

心建设,应进一步坚定信念和定力、寻求合适的创新方向、采用有效的创新方法和路径、完善有利于科技创新的企业综合管理能力。

(一) 坚持着眼长远、坚定战略定力,弘扬企业家精神

国务院总理李强在十四届全国人大一次会议闭幕后出席记者会时表示,"时代呼唤广大民营企业家谱写新的创业史,希望民营企业家大力弘扬优秀企业家精神,坚定信心再出发",并重温"四千精神"(走遍千山万水、说尽千言万语、想尽千方百计、吃尽千辛万苦)。民营企业管理层应胸怀"企业家精神",改变传统的"商人"思维,以情系社会、专注市场、甘当绿叶的精神,坚定科技创新必胜的信心和敢为的决心,大力提高创新力和竞争力。

(二) 找准定位聚焦细分化发展模式

民营龙头型企业要发挥大企业的引领支撑作用,通过生态构建、基地培育、内部孵化、赋能带动、数据联通等方式,链接产业链上下游中小企业,全面整合创新资源、增强创新供给,推动形成集研发、孵化、加速、产业化为一体,产业链上下游紧密协同的产业创新综合体系,进而促进上海科创中心建设高质量发展。中小民营科技型企业要专心细分市场与核心业务,围绕提升产业基础能力和产业链现代化水平,在细分行业、专业领域精耕细作,不断提高产业链配套协作能力,努力成长为产业链、价值链上的"隐形冠军""单项冠军",走好专精特新发展路径。

(三) 提升专业化创新能力

一是充分发挥行业协会和组织的作用,合理借助公共服务平台和系统解决方案供应商等资源,加强共性技术研发,注重不同企业之间的战略联盟和协同创新。二是做好与政策的对接,结合自身发展实际和技术比较优势,有选择地进入国家大力扶持的科研攻关项目。三是积极开展产教融合,加强与高校、科研院所合作,进行共性技术研发和重大项目攻关,迅速提升企业技术创新能力。四是面向全球对接创新资源,如通过并购国内外科技型小企业的

方式提升自身创新能力,或通过跨国并购、直接建立国外研究与开发机构以及建立国际技术联盟等形式,将技术创新活动扩展到国外,实现创新能力的迅速提高。

(四)构建现代化治理制度

一是加快建立清晰产权的现代企业制度,适度分散、开放企业股权吸引高素质创新型人才。二是建立规范的公司治理结构和高效的运营管理机制,在议事程序、决策程序、财务规则、工作准则等方面规范运作,积极引进职业经理人等专业管理团队,完善内部激励约束机制,推动质量、品牌、财务、营销等精细化管理。三是增强企业融资管理能力,规范财务管理流程,完善投资决策机制和风险控制机制,加强采购、库存、生产流程管理,将企业财务风险降到最低。

五、促进民营企业参与全球科创中心建设政策建议

2023 年以来,从中央到地方,为民营企业排忧解难的利好政策持续推出。《中共中央国务院关于促进民营经济发展壮大的意见》明确提出"持续破除市场准入壁垒""强化政策沟通和预期引导""健全涉企收费长效监管机制""全面构建亲清政商关系""培育尊重民营经济创新创业的舆论环境"等要求,助力民营经济科技创新迎来更加光明的发展前景。从政策完善的角度,促进民营企业参与全球科创中心建设,政府层面应着力提高站位、统一认识,激发和保护创新精神,降低创新成本,建立健全更加有利于民营企业创新的人才支持政策和财税支持政策,推动不同创新主体加强合作,完善以创新设施、创新成果、创新资本等为重点的创新资源配置体系。

(一)进一步解放思想,落实"两个毫不动摇"

首要任务是要解放思想、统一认识,贯彻好习近平总书记有关

"党中央始终坚持'两个毫不动摇'、'三个没有变',始终把民营企业和民营企业家当作自己人"的重要思想,正确认识新时代民营科创型企业的独特地位与重要意义,从政策和舆论上鼓励支持民营企业发展,把民营企业和民营企业家当作自己人。其次,创造平等对待民营经济和民营企业家的政治和政策环境,消除民营经济市场准入和竞争的隐性制度性壁垒,健全公平宽松的市场准入与竞争环境,解决目前民营经济存在大量事实上的准入不平等和竞争不公平问题,为民营经济营造宽松包容、公平竞争的市场环境,增强民间投资的意愿,确保民营经济主体"有处投""能投"和"敢投",激发市场经济主体、创新主体的活力,提升民营经济的创新力和竞争力。此外,还要做好政策宣传,引导民营企业和民营企业家正确理解党中央方针政策,增强信心、轻装上阵、大胆发展。

（二）建设具有全球吸引力的科创人才体系

一是进一步明确科技创新中心建设人才需求,构建以产业链为基础的人才链,完善科技人才库,构建面向广大民营企业开放的国际人才信息服务平台。二是完善人才引育体系,加大对民营企业科技创新人才、专业技术人才的资助,依托重大科技基础设施、重大科技专项等高能级创新平台,创建全球一流创新人才的培养基地和就业载体,加强对科创企业经营管理人才、职业经理人员的培养。三是进一步支持科技人员创业,探索制定人才"松绑"的机制,优化科技创新人才评价体系和激励,完善科研人员的收入分配和产权交易制度,制定更有针对性的创业房租补贴、创业扶持基金、创业服务平台、税费优惠减免等鼓励创业政策措施。四是优化科技创新人才评价体系,推动职称体系改革探索。对从事基础研究、应用研究、成果转化和科技管理服务等不同类型人才,规范科技人才分类评价机制。

（三）深度加强产教融合和科教融合

一是以专业共育为纽带,提升初创孵化产业效益,完善"基础服务+增值服务+特色服务"的全方位多层次链式孵化模式。二是以联合研发为基础,推进高端创新平台"进企业",鼓励在沪大院大所在企业设实体研究机构,鼓励科研人员深入企业一线开展科技创新。三是以优质企业研究院为引领,设立细分领域研究部门,与国内外高端研究机构开展深度合作,承担一批国家重大科技任务。四是以技术转移转化为抓手,打造新型产业技术研究院,推动建立全产业链深度协同的创新体系。五是以科研设施共建共享为重点,融入长三角创新共同体,推动民企融入以上海为中心、以长三角南北为两翼的创新发展带,加快人工智能、集成电路、生物医药、高端装备、新能源、新材料、新能源汽车等领域的产业协同创新中心等创新基地建设。

(四)完善科技成果转移转化服务

一是建立健全平等严格的产权保护制度,完善产权交易市场建设,降低产权交易成本。二是搭建高能级的创新服务平台,进一步完善"苗圃—孵化器—加速器"一体化的科技创新创业孵化链条,建立"知识产权加工厂"解决中小微企业专利碎片化的问题。三是升级科技大市场技术转化服务,大力培育国际化、市场化、多元化的科技成果转化平台,在科技评估、技术交易、技术咨询、专利代理领域重点培育和扶持一批骨干专业技术转移机构。四是更加精准扶持中小微民营企业科技转化,优化科技管理政策,完善科研资源投入机制。充分发挥商(协)会的推动与联系作用,开展形式多样的技术交流、专题培训、展览论坛等活动,加强行业自律和交流,畅通民营企业与政府部门的沟通渠道。

(五)加大民营企业融资支持

一是加大对民营企业创新研发与成果转化的财税支持,加大对民营经济创新主体的所得税和增值税优惠,实行加大研发费用加计扣除比例企业所得税优惠制度,减征创业孵化器、技术产权交易中心、科技融资机构等科技创新中介服务机构的企业所得税,进一步减轻创新企业的负担。二是提升社会融资金融工具对民营企业实用性,发挥政府性引导基金等专项资金的支持作用,构建集天使投资、风险投资、科技银行、科技信贷风险池于一体的科技金融生态圈。加快发展科技保险、知识产权质押贷款等新型融资方式,进一步优化科创板上市融资监管规定,更好支持科创企业首发上市和再融资。

习近平总书记多次强调,我国民营经济只能壮大、不能弱化。民营企业是我国高质量发展的重要基础,是推动我国全面建成社会主义现代化强国、实现第二个百年奋斗目标的重要力量,更是上海建设全球科创中心不可或缺的重要主体。新时代的创新发展之路,要企业和政府共同努力,牢牢把握建设世界科技强国的战略目标,以只争朝夕的使命感、责任感、紧迫感,激发民营企业科技创新活力,推进原创性、引领性科技攻关,努力突破关键核心技术难题,在重点领域、关键环节实现自主可控,在基础前沿领域奋勇争先。

(课题执笔人梅圣洁,系上海市发展改革研究院

区域所副所长,高级经济师;

王翩,系上海音乐学院马克思主义学院讲师)

参考文献

[1] 林昌华:《新时代中国民营经济健康发展的价值导向与核心意涵》,《青海社会科学》,2022 年第 4 期,第 90—95 页。

[2] 江晓珍:《科学家精神和企业家精神协同推动民营企业创新发展研究》,《科技经济市场》,2022 年第 8 期,第 1—3 页。

[3] 任晓猛,钱滔,潘士远等:《新时代推进民营经济高质量发展:问题、思路与举措》,《管理世界》,2022 年第 38 卷 8 月,第 40—54 页。

[4] 林泽炎,林晨阳子:《新发展阶段民营企业创新发展的逻辑及政策》,《经济研究参考》,2022 年第 6 期,第 57—64 页。

[5] 林昌华:《新时代民营经济高质量发展的动力机制与战略导向探究》,《山东社

会科学》,2022 年第 6 期,第 117—123 页。

[6] 涂永珍,赵长玲:《我国民营经济法治化营商环境的优化路径》,《学习论坛》,2022 年第 3 期,第 131—136 页。

[7] 徐鲲,贾俊伟:《科技创新中心建设政策是否提升了科技型企业价值? ——来自上海科创中心建设的证据》,《北京联合大学学报(人文社会科学版)》,2022 年第 20 卷第 2 期,第 93—102 页。

[8] 剧锦文:《民营企业的技术创新,第实现高质量发展与形成竞争新优势》,《天津社会科学》,2021 年第 6 期,第 93—99 页。

[9] 谭云清:《上海民营企业创新现状、问题与对策——基于 375 家上海民营企业的调研报告》,《科学发展》,2021 年第 10 期,第 24—32 页。

[10] 何军,王润鼎,普丽娜:《科技创新资源视角下上海科创中心基本框架建构与效能比较》,《情报工程》,2021 年第 7 卷第 4 期,第 65—78 页。

[11] 周文,司婧雯:《当前民营经济认识的误区与辨析》,《学术研究》,2021 年第 5 期,第 71—77 页。

[12] 马忠新:《营商制度环境与民营经济发展——基于营商文化"基因"的历史考察与实证》,《南方经济》,2021 年第 2 期,第 106—122 页。

[13] 张艺璇:《民营企业科技创新人才培养与引进研究》,《法制与社会》,2019 年第 17 期,第 166—167、176 页。

[14] 杨继瑞,周莉:《优化营商环境:国际经验借鉴与中国路径抉择》,《新视野》,2019 年第 1 期,第 40—47 页。

[15] 刘现伟,文丰安:《新时代民营经济高质量发展的难点与策略》,《改革》,2018 年第 9 期,第 5—14 页。

[16] 叶琴,曾刚,王丰龙等:《上海浦东新区、北京海淀区、深圳市创新创业环境比较研究》,《上海经济研究》,2016 年第 4 期,第 117—124、129 页。

[17] 蔡乐平:《我国民营中小科技企业项目融资风险控制分析》,《科技管理研究》,2011 年第 31 卷第 1 期,第 112—115 页。

在构建现代化经济体系进程中，
上海如何发展现代服务业

杨　涤

构建现代化经济体系，不能只关注发展实体生产性企业，还需要关注发展经济体系中的服务业，尤其是要关注发展高水平的现代服务业。上海发展高水平现代服务业，须借鉴国际经验，兼收并蓄，结合本地情况，实现阶段性、融合型以及循序渐进的螺旋上升发展。首先要定位精准，切合实际，不能好高骛远。其次，应抓住上海构建现代化经济体系进程中的升级机遇，鼓励支持现有发展良好的服务业继续做强做大，满足新发展格局实际需求。最后，要贯彻"人民城市为人民"的理念，补齐补足人民生活和社会保障的短板，为进一步满足人民群众日益增长的美好生活需求打下坚实基础。

一、人类社会四次工业革命，
带来了产业结构的革命性变化

人类社会文明的基础是社会生产，真正大规模社会生产的实现源于第一次工业革命以及由此引起的工业化进程。工业革命是人类历史上最重要的事件之一，人类经历了四次工业革命，都是人类社会发展的重要里程碑。它改变了世界的面貌，为人类的生产和生活带来了深远的影响。

第一次工业革命始于18世纪末，由于蒸汽动力的应用和纺织业机械化的推广，推动了人类生产从手工业向机器制造生产的转变。第一次工业革命的特点是机械化生产和大规模生产。

第二次工业革命始于19世纪末和20世纪初，第二次工业革命的特点是电气化、自动化和大规模生产。这些新技术标志着从机械化向自动化的转变。第二次工业革命推动了全球经济的增长，创造了大量的就业机会，加速了工业化、城市化进程。

第三次工业革命始于20世纪70年代和80年代，由于计算机和通信技术的发展。计算机的普及和互联网的出现，极大地推动了工业和生活的数字化、自动化和网络化，同时也改变了人们的生产和生活方式。

第四次工业革命始于21世纪初，由于物联网、人工智能和大数据等新技术的出现，推进了人类社会智能化、自适应和个性化，深刻并还继续改变着人们的生产和生活方式。第四次工业革命的特点是这些新技术使得机器具有了更高的智能和自适应能力，同时也使得生产更加个性化。

人类社会四次工业革命，带来了产业结构革命性变化。随着各国步伐并不一致的工业化进程展开，也开始形成了各自的产业结构。纵观全球各国工业化进程，产业结构的演变大致可以分为三个阶段：第一阶段，生产活动以单一的农业为主的阶段，农业劳动力在就业总数中占绝对优势；第二阶段是工业化阶段，其标志是第二产业大规模发展，工业实现的收入在整个国民经济中的比重不断上升，劳动力逐步从第一产业向第二产业和第三产业转移；第三阶段是后工业化阶段，其标志是工业特别是制造业在国民经济中的地位由快速上升逐步转为下降，第三产业则经历上升、徘徊、再上升的发展过程，最终将成为国民经济中最大的产业。

第三产业以服务业为主，服务业的兴旺发达是现代经济的显著特征，是经济社会发展的必然趋势，是衡量经济发展现代化、国际化、高端化的重要标志。服务业的分类可以从不同角度,其中很重要的一个标准就是把服务业划分为两类:生产性服务业和生活性服务业。生产性服务业涉及农业、工业、服务业等产业的多个环节,具有专业性强、创新活跃、产业融合度高、带动作用显著等特点;生活性服务业领域宽、范围广,涉及人民群众生活的方方面面,与人民群众生活质量密切相关。从世界范围看,西方发达国家服务业增加值一般占 GDP 总量的70%以上,生产性服务业增加值占到 GDP 比重的40%—50%。2019 年,我国服务业增加值占 GDP 的比重仅53.9%,生产性服务业、生活性服务业发展空间十分巨大,是当前中国经济最具活力的产业,也是未来经济发展最具潜力的产业。2014 年和2015 年,国务院先后出台了《国务院关于加快发展生产性服务业促进产业结构调整升级的指导意见》(国发〔2014〕26 号)和《国务院办公厅关于加快发展生活性服务业促进消费结构升级的指导意见》(国办发〔2015〕85 号),明确了今后一段时期,我国生产性服务业、生活性服务业的重点发展领域。

二、与主要国际城市对比,上海生产服务业能级不高,生活服务业存在短板

　　一般来讲,在初级产品生产阶段,以发展住宿、餐饮等个人和家庭服务等传统生活性服务业为主;在工业化社会,与商品生产有关的生产性服务迅速发展,其中在工业化初期,以发展商业、交通运输、通信业为主,在工业化中期,金融、保险和流通服务业得到发展,在工业化后期,服务业内部结构调整加快,新型业态开始出现,广告、咨询等中介服务业、房地产、旅游、娱乐等服务业发展较快,生产和生活服务业互动发展。在后工业化社会,金融、保险、商务服务业等进一步发展,科研、信息、教育等现代知识型服务业崛起为主流业态,而且发展前景广阔、潜力巨大。我们来对几个国际城

市的服务业特点进行简单比较:

(一) 几个国际城市服务业的特点

纽约,以金融、商务服务业为主。20世纪90年代开始,纽约金融、保险、房地产业占GDP的比例大幅度上升,增加了几十万个工作岗位,占纽约服务业就业增长的接近50%。从空间的布局看分为两大部分:以华尔街为中心的金融贸易集群,是大银行、金融、保险、贸易公司的云集之地;而以第五大道为中心的商业区,则云集了世界一流的名店、娱乐厅、酒吧等商业服务业。

伦敦,以金融和创意服务业为主。伦敦是全球国际金融中心,伦敦金融服务业集群的规模相当大,是世界上最大的国际保险中心,是世界最大的国际外汇市场,还是世界上最大的欧洲美元市场;伦敦股票交易所为世界四大股票交易所之一。以知识密集型金融服务业占据了高端的价值链。另外,伦敦的创意产业也较发达。英国的创意产业提供的就业机会远远超过金融服务业,居全国第一位。

东京,以产品研发和技术创新的生产服务业为主。随着日本经济从"贸易立国"逐步向"技术立国"转换,东京出现了一批创新型的中小企业,从而保持了东京主导工业的发展态势,改变了原有工业产业内涵,更多地表现为向生产服务业延伸,出现与工业有关的研发和技术创新,将"批量生产型工厂"改造成为"新产品研究开发型工厂"。

新加坡,集中在设计、工程和物流服务业,是与先进制造业共同成长起来的服务业,另外注重产业融合和产城融合。

首尔,首尔的六大增长引擎产业是数字内容、信息技术、(生物/纳米)研发、金融服务、设计和时尚、旅游和会议。

香港,金融、商贸、咨询的现代服务业发达。这围绕香港国际金融、物流和商业运营中心而培育的高水平服务业。

从以上全球几个中心城市的服务业发展来看,纽约、伦敦的高水平服务业基本上和当地的行业结构密切相关,这两个城市都没有特别重要的工业,而依托城市优越的地理位置和全球金融中心地位,为全球提供金融、商务和设计创意服务。东京因为是日本重要的工业城市,则更侧重发展围绕本地产业服务业。新加坡,首尔和日本类似有生产性服务业为主,而香港和纽约、伦敦类似,主要是金融与商贸服务。这和城市在全球金融体系中的地位能级有关,也和当地产业结构有关,更与政府政策引导有关。

对于上海而言,纽约和伦敦模式参考意义不大,因为上海要大力发展先进制造业,同时还要建设"五大中心",东亚和南亚产融结合模式可重点作为参考。2022年,上海全市第三产业增加值33 097.42亿元,比上年增长0.3%,占全市生产总值的比重为74.1%,比上年提高0.4个百分点。战略性新兴产业发展成效显著。全年战略性新兴产业增加值10 641.19亿元,比上年增长8.6%,战略性新兴产业增加值占上海市生产总值的比重为23.8%。①

(二)十余年来,上海生产性服务业保持快速增长态势,但存在瓶颈

21世纪初,上海生产性服务业开始起步,总承包总集成、第三方物流、融资租赁等从制造业中衍生的生产性服务已在萌芽。2008年,上海生产性服务业增加值实现4 188亿元,占全市GDP比重30.06%。2009年3月,上海市经信委在全国首设"生产性服务业处"。同年,上海开始高起点规划建设生产性服务业功能区,后专门出台指引,对功能区土地产出强度设置明确要求。上海生产性服务业增加值从2009年到2019年,年均增速保持在10%左右;生产性服务业增加值占上海GDP比重从2009年的30%左右增长到2019年的接近50%,占服务业的比重达到60%以上。2022

年，上海生产性服务业重点领域持续赋能重点产业发展，在多重超预期因素反复冲击下呈现总体稳定发展态势。

从 2022 年情况看，产业电商服务、供应链管理服务、研发设计服务、生产性金融服务持续发展，增长较快。尤其是在产业电商领域，根据"2022 产业电商创新榜"，在全国 40 家上榜企业中，80% 或诞生自上海，或总部落于上海；在钢铁、机电、化工品等领域，上海产业电商拥有绝对优势，占据全国六成以上份额；而在投资界，"上海籍"电商如震坤行、西域供应链、云汉芯城等，多已成长为业内独角兽和隐形冠军，不少已完成上市或正进入上市辅导。① 在上海做制造业，除了有融资成本、人才获得、营商环境的优势之外，还有产业互联网平台对产业升级的深度赋能优势。目前，上海产业互联网平台发展已形成万亿级的产业规模、多领域的产业赛道、多链条的服务模式。在最新的全国 B2B 百强榜中，上海 B2B 平台占了近 50%。2022 年上海 B2B 平台交易额高达 2.6 万亿元。②

检验检测认证服务、总集成总承包服务、节能环保服务增势较好。2022 年，检验检测服务实现营收总额 325.64 亿元，出具报告数 3 327.78 份，检验检测机构 1 305 家，从业人数 64 664 人。认证营收总额 51.3 亿元，认证机构 178 家，有效证书数 48.02 万张。③ 总集成总承包服务、节能环保服务营业收入都有所增长。

生产性专业服务、智能运维服务、职业教育培训和人力资源服务总体稳定。其中，生产性专业服务实现营收总额已经超过 6 000 亿元。智能运维服务与职业教育培训和人力资源服务业发展态势良好。

---

① 产业电商闷声掘金万亿市场，上海跑出隐形冠军：没有热闹流量，只有专业服务……，2022 - 07 - 07。
② 产业电商助力"上海制造"降本增效，中国经济网，2023 - 08 - 13。
③ 数据来源"2022 年上海检验检测认证行业发展概况"，上观，2023 - 06 - 07。

上海的生产性服务业发展态势虽然良好,但也存在一定发展瓶颈有待解决:

1. 融资难。生产性服务业企业以智力、知识等无形服务为主,缺少可向银行申请授信的固定资产,比工业企业更难得到银行贷款,担保企业一般面向工业企业,生产性服务业企业融资难问题比较突出。

2. 土地政策受限。目前尚无面向生产性服务业功能区的土地、规划具体政策,虽然鼓励现有工业用地转型发展生产性服务业、促进产业升级,但受限于工业用地性质,容积率和配套比例,制约了部分功能区产业结构升级和二次开发。

3. 人才紧缺。生产性服务业是知识密集型的较高端产业,同时服务又具有无形即逝的特点,服务质量严重依赖于员工的知识、技能和服务素质。目前,生产性服务业专业人才的供给远远跟不上行业的创新发展现实,创新性高级人才、综合性基层人才短缺,严重影响了行业服务能级提升。

4. 政策支持不够。生产性服务业企业多、领域广、占比高,但生产性服务业政策支持力度较弱,期待进一步加大对生产性服务业的政策支持。

(三)上海城市居民生活服务业尚存明显短板,人民群众还没有足够的获得感和安全感

据抽样调查,2022 年全市居民人均可支配收入 79 610 元,比上年增长 2.0%。其中,城镇常住居民人均可支配收入 84 034 元,增长 1.9%;全市居民人均消费支出 46 045 元,比上年下降 5.8%。其中,城镇常住居民人均消费支出 48 111 元,下降 6.2%;月最低工资标准为 2 590 元,小时最低工资标准为 23 元。[1]

---

① 数据来源于《2022 年上海市国民经济和社会发展统计公报》,上海市统计局,国家统计局上海调查总队,2023 - 03 - 22。

上海的人均服务消费支出是很低的,是东京、纽约服务消费支出的1/4,说明消费服务有提升的巨大空间。从服务消费平均倾向(人均消费/人均收入)来看,上海达到43.81%,纽约是49.25%,上海这个数字并不低,说明城市居民有很强的服务消费愿望。再从服务消费占消费总支出的相对水平来看,上海跟这几个国际大都市来讲也是比较接近的,说明居民收入偏低制约了总支出水平。因此,从消费倾向和消费支出的占比来讲,上海其实已接近了国际大都市水平,但整体规模还很小,这意味着服务消费有巨大的需求,但居民收入低制约了服务消费。

在服务消费的支出结构中,上海在住宿、交通、医疗支出比较高,但保险、文化、体育、娱乐服务支出比较低,像伦敦、香港、新加坡他们这个支出比较均衡。这意味着从潜力上来看,保险、文化、体育、娱乐以及以家政、养老为主的家庭服务在上海存在明显的短板,但也说明未来发展潜力是非常大的,理应是上海发展高水平服务业的重点板块。

上海发展上述服务消费业的制约因素:

1. 缺少土地和空间发展文体服务业。文化和体育方面主要有用地问题,城市并不是没有土地或闲置的空间,像原来宝山的这些厂房和大的工业用地虽然适合发展文体,但属工业用地,直接改造不符合规定。但实际上大量闲置也是一种浪费。

2. 家政服务业受制于服务人才短缺。实际的数据可能比我们想象中更严峻一点,尤其是这次的疫情管控,流失了非常多的家政服务人员。因为高水平服务业发展产业一定要有高品质的生活来做支撑,家政人员的流失会影响高端制造企业的从业人员的稳定性,所以从这个角度上来讲说是一个制约和短板。

3. 养老模式还在探索中,没有统一评价标准。养老是政府要负责的服务业,尤其是基本型养老,前期民营企业撤出养老行业存在大量遗留问题,国央企未来作为产业的稳定器,要起兜底作用。

未来行业发展加速央企、国央进入，建立行业标准，规范养老行为，让人民群众无后顾之忧。

4. 教育和医疗一直在居民中存在焦虑。虽然上海推出了很多措施，帮助学生减负，但在现有中高考"以成绩论英雄"的模式下，城市居民适龄人群焦虑感非常强，学生之间内卷导致的学生睡眠不足，身体素质下降，近视率上升等呈现增长态势。医疗体系还没有从根本上解决人民群众就医看病难的老问题，特别是疫情期间也存在不堪"挤兑"重负的现象，这都说明医疗资源相对于社会需求还有巨大缺口，亟需增加供给。

三、上海要发展高水平的现代服务业，应从"十大生产性服务业"和"城市居民生活服务业"入手，不好高骛远，也不留遗憾

（一）关于如何发展上海高水平的生产服务业的思考

首先，继续围绕与制造业密切相关的生产性服务业十大重点领域，营造良好的营商环境，支持重点项目，加强政策引导。这十个领域是：总集成总承包、供应链管理、产业电商、研发和设计、检验检测、智能运维、节能环保、生产性金融、生产性专业服务、职业教育培训。继续支持总集成总承包、"双推"、服务型制造和两业融合项目，通过项目引导，促进上述十个生产性服务业重点领域、服务型制造发展和生产性服务业功能区建设。

其次，联手各部门和行业组织，建立工作平台，解决十大重点领域发展的难点堵点。市经信委会同市发展改革、商务、财政、税务、统计、规划资源、生态环境、市场监管等相关部门以及相关行业组织，共同推进生产性服务业各重点领域发展。如会同市发展改革委、市商务委、市邮政管理局、市物流协会，积极推动供应链管理、物流、快递发展；会同市市场监管局，共同推进检验检测产业

发展。

再次，开展生产性服务业功能区建设，促进产业集聚联动。目前，2022年3月24日，界面新闻从上海市经信委获悉，目前上海市已有45家生产性服务业功能区，总规划面积超过5 000公顷，集聚4万多家企业、近50万名员工，涵盖检验检测、研发和设计、产业电商、供应链管理等生产性服务业重点领域。作为率先在全国开展生产性服务业功能区载体建设探索的城市，上海先后出台了《关于促进本市生产性服务业功能区发展的指导意见》《上海市生产性服务业功能区建设指引》等政策文件，推动了上海生产性服务业高质量发展。功能区税收、利润、就业人数等各项指标连续大幅上涨，实现了规划中的环境友好、生态平衡、协同发展，应继续予以坚持并细化政策扶持。

最后，政府牵头，落实保障措施，推进先进制造业和现代服务业融合发展。围绕上述十大重点生产服务业领域，根据《上海市推动先进制造业和现代服务业深度融合发展的实施意见》，进一步促进上海两业融合发展，明确政府实施主体和保障措施，并建立相应跟踪评价制度。

（二）关于如何发展上海高水平居民生活服务业的思考

首先，政府投资，增加医疗相关城市居民基本服务供给。增加三甲医院建设，增加布局密度，另外还要增加医疗疾控服务层级，把重心下沉到更小的社区甚至居民小区之内，在社区卫生服务中心下面设置更多的卫生服务站所，相关场所、设备、人员都要抓紧配齐配强，切实提高人民群众看病就医的能力。

其次，放宽教育准入，鼓励中外合作办学，鼓励外资独立办学，教育与国际接轨。要想改变国内目前应试教育内卷局面，光靠内部改革远远是不够的，要靠与国际接轨。上海是全球最大的城市，人口在城市里也最多，教育需求巨大，但目前体制内供给不能满足市场需求。如鼓励发展与国际接轨的教育，不仅可解决内卷焦虑，还可以带动相关消费和服务发展。

第三,建立常态化的土地置换或临时管理办法,支撑文体产业发展。很多闲置的工业用地或空间,稍加改造就可以成为良好的文体设施。这方面主要是政策法规有所限制。目前体育局采取"一事一议"与发改委研究,建议市政府出台临时的管理办法,把这些"金角银边",即限制、废弃厂房,土地转换成文体设施。

第四,政府可考虑建立家政支持体系,留住服务人才。上海这次疫情管制导致很多其他地区来的家政服务人员心有余悸,很多不敢回上海。上海市政府应有一个姿态,改变这种心理预期。比方说,制定一个系统的家政服务人才支持体系,包括在各区建设一些廉租房、简易房,降低他们生活成本,还有一些补贴政策也可以出台。使人才可以享受到廉租房、公租房待遇,增加行业稳定性;提供制造业或服务业人员职业发展路径,将职业技能证书与人才政策或学历挂钩。如中级、高级家政师可视同硕士学历或换算成人才政策,通过人社系统将职业技能证书匹配相应的学历维度等。

结　　语

上海发展现代服务业,不能脱离上海城市现实发展阶段。受制于当前美国西方世界对中国高技术的打压与限制,上海的生产服务业发展也不能完全对标国际标准。其他国际城市服务业发展,固然可以作为参考,但上海还是要根据自己的生产制造业水平,发展对应的生产服务业,而且应对现有发展好的这十大些领域继续鼓励、扶持。另外,我们不能一谈现代服务业,就是数字化、智能化等"高大上"的服务业。在重视发展重点生产性服务业的同时,不能忽略城市居民基本消费的服务业发展,那些劳动密集型为主的城市服务业,如养老、医疗和教育业也需要鼓励发展,绝不能让生活服务业的短板成为以后上海发展高水平制造业的制约因素。上海应坚决秉承人民城市为人民的理念,采取主动行动,把城市的生活服务业短板补齐建好。总之,上海发展高水平的现代服务业,应不好高骛远,也不留遗憾。

（作者系中国社会科学院——上海市人民政府上海研究院
金融与商贸研究项目主任,研究员）

加快推进重点领域节能减碳
——上海市重点行业减污降碳路径研究[*]

李毅　方奕　胡颂

　　当前污染防治攻坚战的阶段性目标任务已经圆满完成,生态环境明显改善,厚植了全面建成健康社会的绿色底色和质量底色。同时应该看到,我国生态环境保护结构性、根源性、趋势性压力总体上尚未根本缓解,重点区域、重点行业污染问题仍然突出,实现碳达峰、碳中和任务艰巨,生态环境保护任重道远。立足新发展阶段,完整、准确、全面贯彻新发展理念,构建新发展格局,以实现减污降碳协同增效为总抓手,以改善生态环境质量为核心,以精准治污、科学治污、依法治污为工作方针,统筹污染治理、生态保护、应对气候变化,保持力度、延伸深度、拓宽广度。

　　统筹推进,强化与污染防治相协同。由于温室气体排放和大气污染物排放具有同源性,这种特征决定了大气污染治理和应对气候变化在目标措施等方面具有一定的协同效应,两者统一谋划、统一部署、统一实施、统一检查,相互借力,可达到"1+1>2"的效果。

　　日前,《上海市碳达峰实施方案》正式发布。《方案》明确主要目标:到 2025 年,单位生产总值能源消耗比 2020 年下降 14%,非化石能源占能源消费总量比重力争达到 20%,单位生产总值二氧化碳排放确保完成国家下达指标。到 2030 年单位生产总值二氧

---

　　*　本研究报告数据截止于 2021 年底。

化碳排放比 2005 年下降 70%，确保 2030 年前实现碳达峰。当前经济发展与环境保护的长期矛盾尚未根本缓解，叠加新冠肺炎疫情和俄乌战争不稳定因素对经济的冲击，这意味着中国在此阶段将面临经济复苏、空气质量达标、"双碳"目标实现等多重压力，且后疫情时期的经济复苏或将进一步增大空气质量达标以及"双碳"目标实现的难度。在此背景下，积极推动中国经济的绿色增长是十分迫切且必要的，这不仅事关中国经济的高质量可持续发展，而且是中国履行大国责任、实现"双碳"目标的重要基石，减污降碳协同增效正是促进中国经济发展全面绿色转型的重要途径。

2018 年 10 月 26 日修订实施的《中华人民共和国大气污染防治法》总则第二条"防治大气污染，……对颗粒物、二氧化硫、氮氧化物、挥发性有机物、氨等大气污染物和温室气体实施协同控制"，明确了大气污染物和温室气体协同减排的法规要求。根据 2007 年全国第一次污染源普查统计数据，上海有 4 万余家工业企业，属工业化程度较高的城市。2018 年，上海港货物吞吐量达 73 047.94 万吨，货物吞吐量位列全球第一。位于金山的上海石化和浦东的高桥石化炼油能力合计达 3 050 万吨每年，地区综合排名分别为全国第四和第十。宝武集团目前是全国最大钢铁联合企业，2017 年粗钢产量达到 6 539 万吨，位列全球第二。上海已建成世界最大造船基地，2017 年实现造成完工量 1 500 万载重吨。

上海是人口密集度较高、城市化水平较高的工业化城市，由于能源消费而产生的温室气体排放量不断增加。2015 年，上海市 PM10、PM2.5（细颗粒物）、SO_2、NO_x、挥发性有机物、氨气排放量分别为 19.7 万吨、6.9 万吨、8.4 万吨、28.7 万吨、34.8 万吨、8.2 万吨。近几年上海市能源终端消费量呈缓慢增长趋势；工业碳排放量仍占最大比例，煤类在能源消费品种中仍占一定比例。不同情景模式下，上海市未来能源消费碳排放仍呈现增长趋势。因此，开展本研究将有助于厘清上海市大气污染和温室气体排放的格局，提出切实可行的协同治理对策,促使上海市实现低碳发展。

本研究分析重点行业减污降碳协同增效,可为今后解析上海市大气污染来源、制定和实施清洁空气行动计划和大气污染防治规划提供重要的技术支撑,为管理精确施政提供科学依据。大气污染和温室气体的协同控制,能避免降耗却不减少污染物排放、减少单个污染物因子排放却又导致另一污染物因子增加的情况的产生,为节能减排规划目标的履约、环境质量改善为导向、降低成本,有效地减少污染物排放具有重要意义。

学界的主流观点认为雾霾的成因主要有三类:一是化石燃料燃烧引起;二是汽车尾气;三是自然界的其他排放,如树木、农作物呼吸排放等。由于碳排放和大气污染的同根同源性,使减污降碳在理论上成为可能,在管理上的协同治理可起到协同增效的作用。

一、上海市大气污染物与碳排放现状分析

1. 工业占比逐年下降,制造业以重化工和装备制造业为主

根据地区生产总值统一核算结果,2021 年上海市地区生产总值 43 214.85 亿元,按可比价格计算,比上年增长 8.1%,两年平均增长 4.8%。分产业看,第一产业增加值 99.97 亿元,第二产业增加值 11 449.32 亿元,第三产业增加值 31 665.56 亿元。上海市三产的比例分别为 0.23∶26.49∶73.27。

工业中电子信息产品制造业、汽车制造业、石油化工及精细化工制造业、精品钢材制造业、成套设备制造业和生物医药制造业是上海六个重点行业。上述六个行业在 2017 年共完成工业总产值 23 405.50 亿元,占全市规模以上工业总产值的比重达 68.9%。

服务业支撑作用进一步增强。上海是全国重要的交通枢纽。2019 年上海各种运输方式完成货物运输总量 109 608.51 万吨,比上年增长 2.1%;旅客发送总量 22 237.84 万人次,比上年增长

3.4%。2019年上海港口货物吞吐量达到72 031.32万吨,比上年下降1.4%;港口国际集装箱吞吐量4 330.26万国际标准箱,连续十年位居世界第一。上海浦东、虹桥两大国际机场全年共起降航班78.5万架次,比上年增长1.7%;进出港旅客达到12 179.14万人次,增长3.5%,其中,国际及地区航线进出港旅客4 913.44万人次,增长2.3%。与纽约、伦敦、东京等国际大都市不同,上海市的制造业以重化工和装备制造业为主,轻工业为辅,且工业占比较高,对全市经济起到了一定的支撑作用。

2. 能源结构以化石能源为主,天然气消费呈逐年上升趋势

我国的非化石能源占比是8.05%;目前非化石能源占比最高的法国,占比48.8%。上海市的能源消费主要以石油和煤炭为主。与过去十年相比,除煤炭消费量有所削减,石油、电力、天然气的消费均有不同程度的增加,整体呈上升趋势,煤炭和石油的消费量占总比的75%。煤炭消费主要是上海市发电厂大量使用燃煤机组发电,燃煤发电会带来大气污染物二氧化硫、氮氧化物以及烟粉尘的排放,还会带来温室气体的排放。与此同时,在脱硫的过程中还会增加二

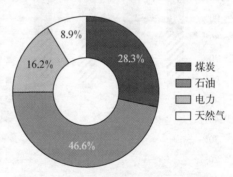

图1 上海市能源消费结构图(2017年)

氧化碳的排放。石油消费量日益增加主要是由于机动车使用带来的,机动车的尾气排放会造成一系列较为复杂的复合型大气环境污染。

虽然天然气消费量逐年增加,但煤炭和石油消费仍占比较高,提高清洁能源使用仍是今后减排的重点。

3. 重点行业呈现高能耗、低产值的特点

上海市能源消费总量大,扣除新冠疫情影响,2017—2019 三

年呈逐年上升趋势。2019 年上海市能源消费总量为 11 696.46 万吨标煤,2017—2019 年的能源消费总量增加了 2.76%,三年共增加 314.61 万吨标煤的能源消费总量。按照 1 吨标煤产生 2.5 吨 CO_2 排放计算,上海市能源消费总量不断增加的同时带来二氧化碳排放总量的不断增加。2019 年上海市的 CO_2 排放总量达 2.92 亿吨。工业能源消费量 5 668.05 万吨标煤,占能源消费总量的 48.46%;交通运输、仓储和邮政业能源消费量 2 618.69 万吨标煤,占能源消费总量的 22.39%;生活消费量 1 283.15 万吨标煤,占能源消费总量的 10.97%。

工业能源消费量从 2017 年的 49.13% 下降到 2020 年的 48.61%,但工业能源消费占比仍较高,是碳排放最大的产出部门。其次,交通部门和生活消费也同样对上海市的碳排放均有重要产出。

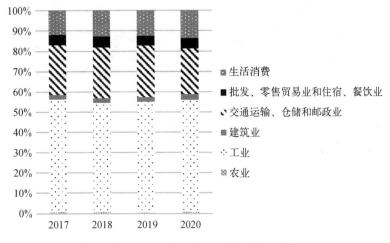

图 2　2017～2019 年上海市能源消耗分布情况

2017 年上海市工业总产值在 1 000 亿元以上的行业共有 9 个大类,分别是石油加工、炼焦和核燃料加工业、电力、热力生产和供应业、黑色金属冶炼和压延加工业、化学原料和化学制品制造业、专用设备制造业、通用设备制造业、汽车制造业、计算机、通信和其他电子设备制造业以及电气机械和器械制造业。从工业总产值来看,汽车制造业和计算机、通信和其他电子设备制造业是上海市工业的支柱产业,分别占能源消费量的比重为 0.19% 和 0.14%,万元产值能耗仅为 0.002 吨标煤/万元。石油加工、炼焦和核燃料加工业、电力、热力生产和供应业、黑色金属冶炼和压延加工业 3 大行业是上海市能源消费占比比较高的行业,分别占 39.48%、34.86%、18.49%,三者合计占比 92.83%。整体而言,在识别上海市碳排放的重点行业时,应聚焦上述几个高能耗高碳排放行业。

表 1　上海市规模以上工业分行业能源消费状况

行 业 类 别	工业总产值(亿元)	能源消费总量(万吨标煤)	占能源消耗总量比重	万元产值能耗(吨标煤/万元)
石油加工、炼焦和核燃料加工业	1 209.58	3 004.11	39.48%	2.484
电力、热力生产和供应业	1 551.11	2 652.83	34.86%	1.710
黑色金属冶炼和压延加工业	1 315.18	1 406.97	18.49%	1.070
化学原料和化学制品制造业	2 908.48	143.2	1.88%	0.049
专用设备制造业	1 305.69	23.77	0.31%	0.018
通用设备制造业	2 570.59	20.86	0.27%	0.008
汽车制造业	6 831.04	14.83	0.19%	0.002
计算机、通信和其他电子设备制造业	5 553.07	10.77	0.14%	0.002

（续表）

行　业　类　别	工业总产值（亿元）	能源消费总量(万吨标煤)	占能源消耗总量比重	万元产值能耗(吨标煤/万元)
电气机械和器材制造业	2 153.97	6.49	0.09%	0.003
其他	8 736.55	325.67	4.28%	0.037
合计	34 135.26	7 609.5	100.00%	0.223

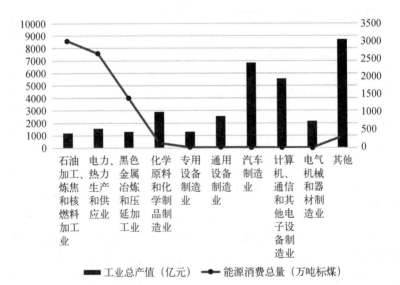

图 3　上海市各行业能源消费与工业总产值

从上海市各行业能源消费与工业总产值关系图可以看出,高耗能行业的能耗与产值关系背离,呈现高能耗、低产值的特点。石油加工、炼焦和核燃料加工业、电力、热力生产和供应业、黑色金属冶炼和压延加工业 3 大行业的万元产值能耗分别为 2.484 吨标煤/

万元、1.710 吨标煤/万元、1.070 吨标煤/万元,远高于全市平均水平 0.233 吨标煤/万元。上海市在产业结构和能源结构方面尚有较大的调整空间。

4. 二氧化碳排放趋势不明,大气污染物排放逐年降低

在前期调研中发现,二氧化碳排放的计算在各条线均提供了相应碳排放系数。根据评估年份的上海市典型行业所使用的能源种类来分析,有部分排放因子的数据不全,上海市的碳排放量稍显不够精确,下表所列为各类能源使用的碳排放系数。其中 2010—2015 年上海市的二氧化碳排放量 2.1—2.4 亿吨左右,各年总排放波动较小,总体趋势不明。其中,第二产业呈现逐年下降的趋势,第一产业到 2013 年达到排放巅峰。

表 2　上海市 2010—2015 年二氧化碳排放一览表（单位：万吨）

年份	居民 生活源	第一 产业	第二 产业	第三 产业	CO_2 排放 总量
2010	1 947.4	129.8	13 662.9	7 488.2	23 228.3
2011	2 126.7	136.4	13 913.6	7 595.3	23 870.8
2012	2 201.6	140.3	13 354.2	7 761.8	23 360.9
2013	2 280.3	152.6	13 441.2	7 805.4	23 650.4
2014	2 101.4	134.7	11 845.7	7 386.4	21 422.6
2015	2 114.8	133.7	11 645.4	7 740.9	21 891.6

2021 年,上海市二氧化硫（SO_2）、氮氧化物（NO_x）、颗粒物（PM）和挥发性有机物（VOCs）排放量分别为 0.58 万吨、13.57 万吨、0.98 万吨和 7.75 万吨。2016~2021 年,上海市各大气污染物排放量呈现下降趋势,其中二氧化硫排放量从 2016 年的 6.50 万吨

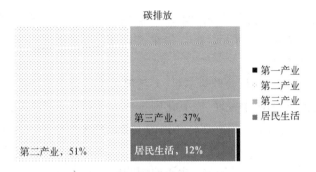

图4　上海市碳排放产业结构分布图(2021年)

下降到2021年的0.58万吨,氮氧化物排放量从16.96万吨下降到13.57万吨,颗粒物排放量从4.82万吨下降到0.98万吨,挥发性有机物排放量从21.40万吨下降到7.75万吨;二氧化硫、氮氧化物、颗粒物和挥发性有机物排放量分别下降了91.1%、20.0%、79.7%和63.8%。

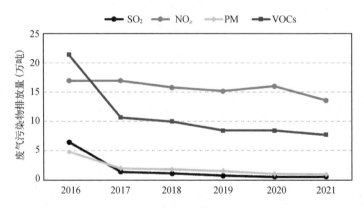

图5　2016~2021年上海市废气主要污染物排放量年际变化

2021年,上海市废气中二氧化硫排放主要集中在工业源和生活源及其他,分别占比96.0%和3.8%,集中式污染治理设施排放占比仅为0.2%;氮氧化物排放主要集中在机动车和工业源,机动车排放占比最高,达80.4%,其次为工业源占比15.8%,生活源及其他和集中式污染治理设施排放占比较低,合计为 3.7%;颗粒物排放中工业源的占比最高,达 77.3%,机动车和生活源及其他排放分别占比 9.3% 和 13.3%,集中式污染治理设施排放占比仅为0.1%;挥发性有机物排放较为均衡,工业源、生活源及其他和机动车,分别占比 34.5%、35.7% 和 29.8%。

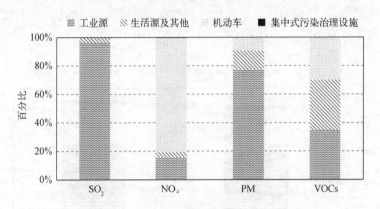

图6 2021 年废气污染物排放分源占比情况

5. 大气环境质量状况

"人努力"加"天帮忙",细颗粒物污染改善显著

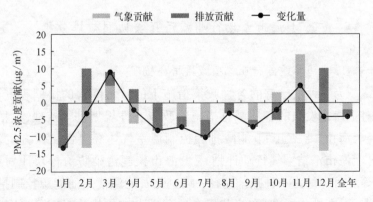

图7 2021 年上海市 PM2.5 浓度贡献模型结果

二氧化氮浓度上升主要受移动源氮氧化物排放增加影响

2021年,上海市二氧化氮年均浓度较2020年小幅升高1微克/立方米,二氧化氮浓度同比上升主要出现在1~3月和11~12月,且浓度升高区域集中在郊区。源排放统计结果显示,2021年上海市重点固定源氮氧化物排放量同比下降,而机动车排放量有所增加,表明移动源氮氧化物排放增加是导致二氧化氮浓度上升的主要原因。

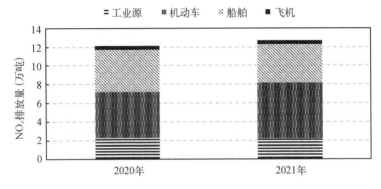

图8　2020~2021年上海市氮氧化物排放量变化

二、上海市重点行业减污降碳协同减排分析

1. 上海市重点行业各项减排措施梳理

为了评估已有的各种政策措施下的减污降碳的协同程度,对上海市发布的各项减排措施的政策文件规划进行梳理,包括《上海市"十三五"节能减排和控制温室气体综合性工作方案》《上海市清洁空气行动计划》《上海市大气污染防治行动计划》等。可归纳为4种减排途径:减少化石能源使用的能源控制措施;提高排放标准、淘汰黄标车的移动源减排措施;淘汰高能耗

高污染产能的产业结构调整措施和火电行业、三大央企的工程减排措施。

能源措施：降低综合能耗：通过降低综合能耗来增加能源使用效率，即以单位产值能耗 0.38 吨标煤／万元来评估能源消费量；调整能源使用结构：采用化石能源占一次能源消耗的比例 12%来评估十三五期末的能源消费水平；搬迁焦化工艺：到 2020 年底实现炼钢中焦化工艺完全搬迁，将会减少 1 200 万吨原煤的使用量，相当于到 2020 年底减少综合能耗 857.2 万吨标煤；综合实施上述 3 项单项措施：按照单位产值综合能耗 0.38 吨标煤／万元、非化石能源消耗 12%、拆除焦化工艺减少 1 200 万吨原煤使用，来评估"十三五"期末的能源消耗量。

产业结构调整措施："十三五"期间上海市执行了一系列产业结构调整措施，包括对水泥制造、炼钢发电等重点高污染行业执行特别排放限值，出台负面清单，进一步完善审批制度，禁止新上炼钢、煤焦化、有色金属冶炼等高能耗、高污染产线，对于高能耗的烧结、水泥、燃煤锅炉改造、炼钢等。这些措施都会有助于实现协同效应，进一步改善环境质量。与此同时，按照产业调整规划，涂料、油墨行业在 2020 年底基本完成从高 VOCs 含量产品向低 VOCs 含量产品的转型升级；包装印刷、汽车及零部件制造、家具制造、木制品加工等行业和涉涂装工艺的企业所使用的涂料、油墨等原辅料基本完成由高 VOCs 含量向低 VOCs 含量的转型升级。

移动源减排措施：移动源减排措施主要针对机动车减排采取多种减排措施，具体有以下几个措施：全面淘汰黄标车，到 2018 年机动车保有量中无黄标车；全面实施国六标准燃油；提高机动车排放标准，新增车辆达到国五排放标准；增加新能源车的使用。

工程减排措施：根据"十三五"节能减排工作方案和相关的提

标改造工程来梳理,今后五年减排政策主要致力于脱硝、超净排放改造,以及挥发性有机物的减排。

表3 上海市"十三五"重点行业减污降碳协同增效结果汇总表

政 策 措 施	减污降碳削减量(万吨)				
	VOCs	SO_2	NO_x	PM	CO_2
产业结构调整措施	4.02	0.93	0.67	1.74	382.53
工程减排措施	4.01	3.67	5.14	6.16	−3.52
移动源减排措施	0.70	—	4.05	0.32	627.36
能源措施	—	2.36	2.72	2.52	442.80
合 计	8.73	6.96	12.58	10.74	1 149.17

政 策 措 施	减污降碳削减量当量				
	VOCs	SO_2	NO_x	PM	CO_2
产业结构调整措施	40 200 000	9 789 474	7 052 632	7 981 651	10 066 579
工程减排措施	40 100 000	38 631 579	54 105 263	28 256 881	−92 632
移动源减排措施	7 000 000		42 631 579	1 467 890	16 509 474
能源措施	—	24 842 105	28 631 579	11 559 633	11 652 632
合 计	87 300 000	73 263 158	132 421 053	49 266 055	38 136 053

通过一系列的减排手段,对大气污染物的减排和碳排放的减排协同效应是十分显著的,挥发性有机物可减少 8.73 万吨,二氧化硫可减少 6.96 万吨,氮氧化物可减少 12.58 万吨,颗粒物可减少 10.74 万吨;同时二氧化碳可减少 1 149.17 万吨。

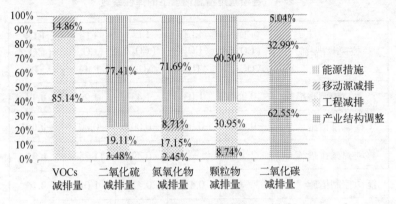

图9 各项措施减排效果

在减少挥发性有机物排放方面,工程减排占85.14%,移动源减排占14.86%。在减少二氧化硫排放方面,能源措施减排效果最好,占比77.41%,其次是工程减排,占比19.11%,产业结构调整也起到一定的减排效果,占比3.48%。在氮氧化物减排方面,能源措施的减排占比为71.69%,工程减排占比17.15%,移动源减排占比2.45%。颗粒物减排方面,能源措施的减排占比60.30%,工程减排占比30.95%,产业结构调整占比8.74%。在二氧化碳减排方面,产业结构调整的减排占比62.55%,能源措施的减排占比5.04%,移动源减排占比32.99%。

2. 重点行业减污降碳协同效应评估分析

2.1 弹性系数法

为更直观地综合分析大气污染物与温室气体的协同效应关系,引入大气污染物当量计算,将单污染因子通过当量值折算后以大气污染物当量(AP)对温室气体的弹性系数来进一步研究。重点考虑各项针对大气污染物减排的政策措施所带来的温室气体协同减排效应,因此将大气污染物作为基准值作为弹性系数进行分析。

表4 各项减排措施情景下的弹性系数

控 制 措 施	ELs (CO_2/ VOCs)	ELs (CO_2/ SO_2)	ELs (CO_2/ NO_x)	ELs (CO_2/ PM)	**ELs (CO_2/ AP)**
产业结构调整措施	0.25	1.03	1.43	1.26	**0.14**
工程减排措施	−0.002	−0.002	−0.002	−0.003	**−0.001**
移动源减排措施	2.36	—	0.39	11.25	**0.32**
能源控制措施	—	0.47	0.41	1.01	**0.16**
综合措施	0.44	0.52	0.29	0.77	**0.10**

采用弹性系数法分析各种减排措施对大气污染物和温室气体的协同程度,工程减排措施会带来负协同效应,由于弹性系数均小于0(−0.001~−0.003),虽然大气污染物减排会带来一定程度的温室气体增加,但增加的幅度是极其微小的。其他3类减排情景的弹性系数 Els 值均大于0,表明均具有协同效应。

从单项减排措施来看,移动源减排措施对 VOCs 和 PM 的减排程度低于碳排放,对 NO_x 的减排程度要高于碳排放。产业结构调整措施对 SO_2 和 NO_x 的减排效果要小于碳排放,对 VOCs 的减排效果要好于碳排放。而能源控制措施的各项大气污染物减排效果均好于温室气体。综合各项措施,二氧化硫、氮氧化物对碳排放的弹性系数均小于1且大于0,表明二氧化硫和氮氧化物减排的效果好于碳排放的减排;而挥发性有机物和颗粒物对温室气体的弹性系数大于1,表明碳排放的减排效果好于挥发性有机物和颗粒物。

2.2 成本效益分析与情景象限分析法

将成本效益分析法和情景象限分析法两者结合,分别计算出各项大气污染物和温室气体减排的成本效益,并将成本效益利用情景象限坐标系法绘制出坐标图,分析两者的协同效应程度。

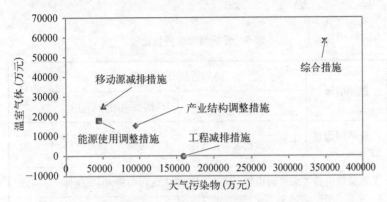

图10　各种减排措施下大气污染物和碳排放的协同控制效应

针对不同的减排情景,除工程减排措施外,其他3类减排措施均呈现大气污染物和温室气体减排的正协同效应。在单一减排情景下,移动源减排措施($tg\alpha=1.30$)和能源措施($tg\alpha=1.04$)对温室气体的减排要好于大气污染物减排;产业结构调整措施($tg\alpha=0.42$)对大气污染物的减排效果大于温室气体减排;工程减排措施($tg\alpha=-0.003$)对大气污染的减排会带来温室气体减排的负协同效应;综合性措施($tg\alpha=0.44$)对大气污染物和温室气体减排有正协同效应,且大气污染物的减排效果好于温室气体。

对于各类减排措施来说,工程减排措施对大气污染物减排的经济效益最好,其次是产业结构调整措施。在协同性方面,经济效益偏向于大气污染物减排。移动源减排措施的碳排放减排经济效益要好于大气污染物减排。

2.3　减污降碳协同效应评估分析

减排弹性系数法和情景象限分析法均能分析出碳排放和大气污染物减排的协同效应。两个方法的分析角度稍有不同,因此分析的结果也存在一定的差异性。从差异性列表可知,产业机构调整措施和工程减排措施这 2 种单一控制措施的协同性分析结果一致。

表5　分析结果差异性比较

控制措施	协同效应分析结果		是否一致
	弹性系数法	情景象限分析法	
产业结构调整措施	大气污染物>温室气体	大气污染物>温室气体	一致
工程减排措施	大气污染物>温室气体	大气污染物>温室气体	一致
移动源减排措施	大气污染物>温室气体	大气污染物<温室气体	不一致
能源控制措施	大气污染物>温室气体	大气污染物<温室气体	不一致
综合措施	大气污染物>温室气体	大气污染物>温室气体	一致

（1）移动源减排是实现大气污染物减排和温室气体减排协同效应的强有力手段。通过机动车提标、油品升级以及新能源车替代等手段,可以实现减少氮氧化物排放量 4.05 万吨,挥发性有机物排放 0.70 万吨,颗粒物排放 0.32 万吨,二氧化碳排放 627.36 万吨。在单一减排手段下,提高机动车尾气的排放标准是对二氧化碳减排效果最好的;对于氮氧化物减排来说,实施国六排放标准即提高油品等级的减排效果最好;淘汰黄标车对减少颗粒物排放的效果最好。氮氧化物、颗粒物和温室气体协同减排效果最好的措施是提高机动车尾气排放标准,协同效果好于提升油品等级、新增新能源车和淘汰黄标车等减排手段。

（2）针对减少碳排放,从能源调整着手是最简单的且行之有效的途径,具体措施包括提高综合能耗的使用效率、搬迁焦化工艺、调整能源使用结构等。从数据上看,同时采取各项能源调整措施产生的协同效应远大于其他各项单项措施分别实施的效果。

(3)源头削减污染所实现的协同减排效应要远大于末端治理带来的协同效应。源头控制的减排措施包括产业结构调整、移动源控制措施、提高能源利用效率、能源调整等。这些措施的实施都能实现大气污染物和碳排放减排的正协同效应。而末端治理措施(例如工程减排)却带来了大气污染物和温室气体减排的负协同效应。

(4)淘汰高污染高能耗产能带来的大气污染物和碳排放减排协同效应显著。整体产业结构调整能减少二氧化硫排放 0.93 万吨,氮氧化物 0.67 万吨,颗粒物 1.74 万吨,同时减少二氧化碳排放量 383.52 万吨。不同行业的调整对大气污染物和温室气体减排的协同效应差异也是非常显著的。

三、上海市重点行业减污降碳路径探索

作为典型工业城市的上海在能源消耗、大气污染物排放以及温室气体排放等方面的问题较为突出。虽然上海市单位产值能耗低于全国水平,但由于土地面积狭小,单位面积的大气污染物和温室气体排放强度均较高。并结合国家大力发展生态文明及上海市努力实现可持续发展的现状,对上海市重点行业未来的减污降碳协同增效路径提出以下几点建议。

1. 制定多种污染物协同控制的管理机制

近年来全国各地在推行火电行业超低排放改造及钢铁行业去产能,但是相关减排政策主要集中在控制二氧化硫、氮氧化物、颗粒物(有组织)等较为单一的指标,很难与目前的环境空气质量、温室气体减排简单挂钩,更难以全面判断复合污染物排放带来的

影响。特别是引起光化学污染的前体物（VOCs 和 NO_x）所带来的环境影响，无法从单一因子超标与否来判断环境污染的程度。

建议制定一系列的评价体系，制定多污染物协同控制的环境监测方法和行业导则，尤其是要开发和优化适合不同行业污染排放特征的方法体系。同时，要配合多污染物协同控制战略的实施，建立包括颗粒物、PM2.5、二氧化碳、二氧化硫、VOCs、NO_x 等多项指标在内的标准体系，综合、科学地分析评价污染物排放水平和协同减排的效果。各行各业（工业、建筑、交通等）都应减污降碳，提出不同时间段的目标及应对措施。

从协同效应的角度也证明，应重视管理减排所能带来的成果。已安装的污染治理设施的稳定运行，是保持协同减排成果的重要前提。需要形成细化方便操作实施且便于考核的污染治理设施运行管理要求，要求企业建立污染治理设施运行台账，建立污染治理设施运行执行报告制度。排污企业对台账的真实有效负责，台账记录重点反映污染治理设施的运行情况及减排情况，管理部门对台账记录实行核实审查。高效稳定运营好污染治理设施的实施使大气污染物和温室气体均能稳定达标排放。

针对本市的钢铁行业（宝钢的煤炭消耗量总量占全市总量的24.7%），建议从污染减排、能源结构调整、冶炼技术革命、碳补集碳汇几个方面来着力。具体来说深挖排放环节，提高致力工艺，完成超低排放改造，推进高效协同治理；能效水平提升，余热余能回收利用，焦炉煤气制氢，氢能、绿电利用；传统的高炉冶炼转为氢能竖炉冶炼；CCS 碳补集碳汇。

交通部门的协同减排治理建议统筹油路车企管，加强重污染天气期间柴油货车管理，推动公共领域机动车绿色低碳水平，扩大氢燃料车应用场景，加快充电设施建设。

针对船舶运输行业，建议调整优化货物运输方式，加快铁路专用线建设。完善新能源船舶、移动机械等标准体系，要求进入港区范围内的船舶达标排放。

2. 建立长三角地区协同减排联动的排污权和碳交易机制

因地制宜采取适应措施,上海地狭人稠排放强度大,不适宜发展光伏、风电等占地面积较大的项目。由于温室气体、大气污染物的同根同源以及大气气溶胶对气候的影响,应在更大的区域范围内展开联动减排,以实现更好的减排协同效应。长三角地区由于地域的彼此相接,需要建立区域联动机制以有效推动主要大气污染物和温室气体排污权的有偿使用和交易。

在目前已有的碳交易基础上,扩充排污权交易体系。区域排污权交易的基础是排放指标在长三角区域同权、同价,严格统一规范初始配额的发放方法、规则,及年度核查规则。基于不同的规模、负荷、技术水平以及区域差异确定不同的历史排放法或排污绩效法的基准线,为总量控制、配额分配及定价提供支撑。

着力提升外调绿色电能规模,尽快出台外调绿电规划,建立统一的绿色电力交易市场,统筹区域能源生产供应,深化长三角区域非化石能源合作,建立"域外资源开发、绿电定向输送"的绿电模式。

3. 以低碳能源为关键,"以能耗论英雄、以环境论英雄",推动高质量发展

建议采取更严格的排污总量和排放标准产业准入制度,推进工业项目结构和布局优化;针对上海各类产业园区,促进园区能源系统优化和梯级利用、集约化节约化高效循环利用、废物综合利用,采用评级方法,以评促优。

推动重点行业企业开展减污降碳试点,支持企业进一步探索深度减污降碳路径,打造"双近零"排放标杆企业。以能耗论英雄、以环境论英雄,收严各行业准入标准、资源和环保标准,以严格的标准推动产业绿色转型升级。

着力提升外调绿色电能规模,尽快出台外调绿电规划,建立统

一的绿色电力交易市场,统筹区域能源生产供应,深化长三角区域非化石能源合作,建立"域外资源开发、绿电定向输送"的绿电模式。

（作者李毅系上海市环境科学研究院高级工程师；

方奕系上海市环境监测中心工程师；

胡颂系上海市生态环境局土壤处副处长）

城市为经济而生
城市让生活更美好

王思政

　　人类的进化创造了城市,城市的发展带来了经济和文明的进步,人类生活水平的极大提升,以及多元文化的丰富多彩,反过来又进一步进化了人类。

一、人类城市的演变

　　城市是人类文明的重要标志之一,文明一词源于拉丁文"Civilis",有"城市化"和"公民化"的含义,即人们和谐地生活于社会集团中的状态,以及达到这一状态的过程。从某种程度上讲,人类发展的历史就是城市发展的历史,古希腊的先哲亚里士多德说过:人们来到城市是为了生活,人们居住在城市是为了生活更美好。在人类发展的历史长河中,四大文明古国陆续出现了早期的城市,大多数考古学家认为人类最早的城市是两河文明的乌鲁克城,距今已有5 000年的历史,大约在6平方公里的城墙区域内,居住了5—8万居民,使其成为当时世界上最大的城市。据考证,古罗马城和长安城可能是世界上最早的百万级人口的城市。1800年世界城市人口约占3%,1900年约占13.3%,2000年约占47%,2008年首次超过50%。1851年英国城市人口首次超过农村人口,英国率先引领并完成了工业革命。如今大多数发达国家的城市化率已超过80%。中国2011年城市人口首超农村人口。随着经济全球化和区域发展—体化的协同,都市圈和城市群成为城市发展的高级组织形式。此外还出现了城市型国家,如这波疫情中牛气冲天的新加坡。

随着工业革命向纵深发展,出现了越来越多的城市病,使城市难以为继。2009年初,IBM公司提出智慧地球智慧城市的理念,用互联网加物联网的手段,通过感知化、互联化、智能化,将城市的六大要素按照智慧城市的管理方法,进行重新整合优化,使之能够实现智慧增长。2010年上海世博会,首创设立最佳城市实践区,搭建一个全球最大的平台,让有识之城共同探讨如何克服治理城市病,实现城市的可持续发展。

二、城市为经济而生

从城市历史演变分析,城市是资源集约、保护自然的产物。规划建设一座新城,与乡镇基础设施投入相比,人均投入成本要低很多,例如七通一平等基础设施投资,教育、医疗、养老、商业等公共服务设施投资等。城市是人类充分配置各种有形和无形资源,进行加工生产、科技创新、投资交易、消费娱乐的平台,是地球表面最能展现人类奇思妙想、规划创意的人造生态景观,是人流、物流、资金流、服务流、信息流汇聚之地。从250万年前到今天,在人类进化发展的99.99%的时间里,世界人均GDP几乎没有变化。但在过去的250年(只占0.01%的时间),GDP突然有了一个几乎垂直上升的增长,究其原因是城市的发展催生了工业革命和市场经济发展模式。理论和实践都证明,迄今为止还没有出现比市场经济更能激发人的活力和创造力的经济模式,其依然是最有效的资源配置方式。一个极具有说服力的例子,浙江义乌在改革开放之初,县委班子几经讨论,最终谢高华书记拍板,允许农民进城摆地摊,市民下楼摆地摊,不但解决了几十万人的吃饭问题,还把义乌市摆成了全球最大的小商品市场(联合国、世界银行授名),营造了一个良好的产业生态体系。如今义乌的农村和城市人口的人均收入全部超过上海,常住义乌经商的外国人比重亦超过上海,摆地摊摆出了世界第一市。说得绝对一点,世界上所有城市都是摆摊做生意起家的,从贸易、制造、物流、金融到信息中心。

三、城市让生活更美好

城市让生活更美好这句话,是中国上海 2010 年世博会的主题。城市乡村化,乡村城市化表述的重心都在城市上。城市带来了电灯电话、高楼大厦、轮船火车、飞机汽车、电视机、电冰箱、洗衣机,城市创造了银行商场、文体中心、学校医院、公园广场,城市使人均期望寿命成倍增长。国际上有句名言,没有举办过世博会、奥运会的城市不是国际大都市。放眼全球,纽约、伦敦、巴黎、东京、大阪、北京、上海、芝加哥、首尔等无不如此。纵观历史,世博会迄今举办过 130 多次,美国是全球举办过世博会最多的国家,举办过 30 多次,此外还举办过 4 次奥运会,这两个会推动了美国成为世界强国。美国总统西奥多·罗斯福曾说,世博会是人类文明进步的阶梯。世博会奥运会的成功举办,往往是一个国家或城市转型升级的标志。世博会是英国人发明的,首届世博会于 1851 年 5 月 1 日在伦敦海德公园盛大开幕,当年英国完成了工业革命,城市人口首超农村人口;1893 年,美国成功举办了芝加哥世博会,紧接着 1894 年美国 GDP 超越英国,坐上老大宝座一直到今天;1900 年巴黎同时举办世博会奥运会,法国从二流国家步入一流国家行列;1964 年日本东京举办奥运会,1970 年大阪举办世博会,1968 年日本 GDP 超越西德,坐上全球老二的宝座,这两个会使日本经济迎来了 20 多年的黄金增长期;1988 年韩国举办汉城奥运会,1993 年举办大田世博会,有力推动了韩国经济社会的现代化发展;2008年北京奥运会和2010年上海世博会的成功举办,中国经济开始从高速度向质量高发展转型,2010年中国GDP超越日本成为全球第二,目前已拉开3.5倍之多。

四、城市代表国家参与全球竞争合作

全球化大背景下,国家的疆界概念出现弱化,以城市和企业为代表的经济疆界却在延伸,已经渗透到了全球政治、经济、教育、科创、文化等方方面面,城市和企业成为国家之间竞争的核心载体。城市是国家组织经济活动和配置资源的核心,是国家综合交通和信息网络枢纽,是国家科教、文化、创新中心,是国际影响力和竞争力的先锋。一讲到美国,大家马上会想到纽约;一讲到英国,就会想到伦敦;一讲到法国,就会想到巴黎;一讲到日本,就会想到东京;一讲到中国,就会联想到北、上、广、深。

按照中央领导提升上海四大功能的要求,经过多年的打造,上海初步建成四个中心,形成了科创中心的基本框架,建设国际文化大都市有了显著进步。2021年上海GDP达4.32万亿,位列全球第四;工业增加值超过一万亿元,位列世界前列,全国第一;口岸货物贸易总额10万亿元,金融市场交易总额2 511万亿,集装箱吞吐量4 700万标箱,批发交易额11万亿,均居世界第一。上海千人企业拥有数量、6万家活跃的外资企业数量全国领先。此外上海的会展面积、文博场馆数量、世界著名体育品牌赛事、咖啡馆数量均居世界前列。

在国家批复的北京、上海2016—2035城市总体规划中,中央要求建成以首都为核心的世界级城市群,要求上海率先建成社会主义现代化国际大都市,替换了原建设世界城市的提法。2022年6月,上海市委全会提出全面提升城市的软实力,政府自上而下制定软实力发展战略规划,进一步用软实力提升城市能级和核心竞争力,从人民城市的维度融合软硬实力进而形成综合实力,以呼应建设世界强国征途上软实力不足的短板。2050年中国要建设成为世界强国,北上广深要率先建成世界强市,上海、北京更要先行突破,起到示范引领作用。

五、人民城市需要完善现代化治理体系

2019年11月习总书记在上海考察时提出"人民城市人民建,人民城市为人民"的理念。面对这一项重要的课题,上海致力于城市治理现代化探索创新实践,努力打通政务服务堵点,消除社会治理痛点,解决环境治理难点。从经济建设,城市建设到民生建设是发展规律,越是富裕的城市越要关爱好弱势群体,做好以小见大的事。多年来,上海关爱妇女儿童,在全市上下建设了全球领先的"妈咪小屋",得到了女同胞的广泛点赞;上海关爱老年人,在全国超大城市中率先建立了第6险——养老长期护理保险,老旧小区加装电梯改造每年1 000台,上海市户籍人口的人均期望寿命位于世界前列;上海关爱一线的劳动者,借鉴"妈咪小屋"的成功经验,建设"爱心小屋"。上海虽然在人民城市建设中做了不少实事,但在2022年2个多月的疫情管控中发现,上海有400多万服务大军,从事建筑、市容环卫、快递、宾馆、餐饮、家政、护工等行业,为这座城市的日常运行作出了不小的贡献。他们以日计薪,合租集居,长期以来没有被纳入制度性的社会保障,一遇封控,连生计都发生困难,成为高含金量基本公共服务遗忘的群体。目前政府的能力财力有限,但应当制定长远规划,分年解决这个难题,使他们能全身心更好服务这个城市,同时能得到应有的回报。另外还暴露出一个明显的短板,十九届四中全会提出的建立现代化社会治理体系,尚未真正落到实处;激发企业和社会组织的活力共同参

与社会治理与政府没有形成合力;社会事业十四五专项规划提出的"幼有善育、学有优教、劳有厚得、病有良医、老有颐养"愿景,需要做好打持久战的准备。

城市你我他,建设靠大家。打造人人都有出彩机会、人人都能有序参与治理、人人都能享有品质生活、人人都能切实感受城市温度、人人都能拥有归属认同的城市。让我们共同讲好上海城市发展的故事!

(作者系上海市宏观经济学会会长、
上海市政府重大行政决策咨询专家、
上海市发展改革委原巡视员)

文化承启

有关进一步推进深化上海地区
文明探源工作的调查研究

十三届上海市政协学习和文史委员会

开展上海地区文明起源、形成、发展脉络研究，为坚定文化自信自强，弘扬城市精神和品格，增强城市神韵魅力，加快建设具有世界影响力的社会主义现代化国际大都市提供源源不断的精神力量，具有十分重要意义。十三届上海市政协学习和文史委员会于 2022 年 7 月至 11 月开展了"进一步推进深化上海地区文明探源工作"课题调研。深入学习贯彻习近平总书记关于深入开展中华文明历史研究的重要指示要求，着眼于更好认识源远流长、博大精深的中华文明，更好推动中华优秀传统文化创造性转化、创新型发展，更好彰显上海地区文明在中华文明史上的独特地位，了解上海地区文明探源工作进展情况，分析工作中存在的难点，在此基础上提出对策建议。

一、坚持以物证史、以史增信，文明探源工作取得
阶段性显著成效，为上海地区六千年历史、
上海地区文明在中华文明多元一体
格局中的独特地位提供重要实证

这些年来，上海扎实开展地区文明探源工作，相关部门、相关区持续努力、接续推进。坚持"以物证史"，文化资源家底逐步摸清。以古文化遗址勘探为抓手，追溯历史之源、文明之根，延伸历

史轴线、增强历史信度，上海地区文明起源和发展研究取得突破性成果，为串联起上海地区古代文明发生、发展的轨迹提供了诸多重要实据，为揭示中华文明起源、形成、发展的基本脉络发挥了积极作用。坚持"以史增信"，文化遗产价值不断彰显。大力推进文明探源成果在广大公众中的传播，通过高水平做好文博立体展示、高质量开展媒体宣传，讲好中国故事、文化故事，打造留文脉、传文明的展陈阵地、宣传阵地，推动城市文化深耕厚植、成风化人，彰显中华文化厚重底蕴，提升中华文明影响力和感召力。

（一）实证上海 6 000 年历史绵延不断，厘清文明演进脉络

发掘了崧泽遗址、福泉山遗址、广富林遗址、马桥遗址等一批对于中华文明探源具有重要意义的文化遗存。这些丰硕成果展现了上海这片土地上古代先民生产、生活的场景，改变了人们长期以来认为"上海无古可考"的认识，以实据证明上海有 6 000 多年的人类生活史，增强了上海乃至长三角地区早期历史的信度，对研究上海历史起源和中国早期文明的形成具有重要价值和意义。

确立了三个以上海地名命名的考古学文化——崧泽文化、马桥文化、广富林文化，厘清了上海地区从成陆开始历经马家浜文化、崧泽文化、良渚文化、钱山漾文化、广富林文化、马桥文化的古文化发展脉络，解答了上海的起源和发展进程、社会发展状态以及在中华文明进程中的地位和影响等重要问题，为构建长三角下游考古学文化序列贡献了重要拼图，为中华文明源流、变迁的研究提供了有力支撑。

（二）活化文化遗产，呈现中华文明生动图景

以博物馆为舞台，以文化遗产为载体，展现文明探源丰硕成果，呈现中华文明生动图景，让大众理解上海城市精神乃至中华文明形成的历史之源。

一是拓展展陈空间。建设并开放上海崧泽遗址博物馆、广富林文化遗址、马桥文化展示馆等一批遗址博物馆，为上海地区文明探源成果提供了重要的专题展示空间，将最新的考古发掘发现成果做了在地性、即时性的展览展示,充分体现了遗址博物馆表现文明探源"进行时"的独特价值。二是策划集中的大展特展。举办"申城寻踪——上海考古大展"等,为观众直观地构建起上海地区古代文明起源和发展的过程,受到社会各界广泛关注。三是加强区域文博机构联动。上海博物馆与河南博物院联合策划"宅兹中国——河南夏商周三代文明展",带领观众顺着历史的轴线溯源而上,探寻先秦时期波澜壮阔的文明魅力,开展以来火爆申城,成为文化热点事件。四是持续开展文明探源社教项目。聚焦上海史前文化主题组织学生社会实践和微课题项目,结合展览推出原创桌游、手工活动等,取得良好反响。

（三）讲述"何以中国"精彩故事,展示文明探源成果

围绕展现上海地区文明历史进程,聚焦上海地区文明探源成果,以全媒体渠道为阵地、融媒体传播为手段,以新闻叙述解析文化内核,以艺术表达呈现文明魅力,激发公众对城市文化、中华文明的认同与共鸣。上海广播电视台推出近 80 期新闻节目,多角度介绍崧泽、福泉山、广富林、马桥等遗址的发掘过程、价值意义,全面阐述上海地区文明的起源、形成、发展,追溯上海城市精神和城市品格形成的源头活水。特别是一系列制作精良的多媒体产品,获得社会各界好评:由 SMG 集团制作的大型纪录片《何以中国》,以考古发现的实证、历史的叙事、文明的探索为主轴,梳理中华文明能够延续发展至今的内在脉络;微纪录片《了不起的宝藏·探宝上博》以每集 5 分钟左右的轻体量,聚焦上海博物馆的珍贵文物,挖掘国宝背后的民族精神与文化价值;《文明探源看东方·何以中国》大型融媒体直播特别报道,以新闻视角叠加轻综艺元素的创新直播方式,带领广大观众走进充满故事性和神秘感的考古遗址,展现辉煌灿烂的中华文明魅力。

（四）助力国家课题,凸显上海研究实力

围绕中华文明探源工程开展跨区域、跨系统的多学科综合研

究,在一批具有战略性、前瞻性、前沿性的重大考古课题中发挥重要作用。2002年,上海参加了首期中华文明探源工程,在长江下游地区文明探源方面取得诸多成果。在国家文物局"考古中国——长江下游区域文明模式研究"课题中,重点围绕福泉山遗址进行大力勘探,为学界深化对良渚文化起源、特质和形态的认识提供重要信息。复旦大学、上海大学作为中国考古学研究重镇,深入二里头、三星堆等遗址发掘现场,积极承担相关科技考古与文物保护任务,展现出很强的研究实力。

积极响应长三角一体化国家战略,构建文明探源工程区域协同机制。上海博物馆与浙江省文物考古研究所签订合作框架协议,双方在田野考古、科技考古、文物研究、文物保护与利用等领域开展全面合作,合作形式包括联合考古、项目合作、人员交流等,共同推动上海与浙江两地文明探源工作的深入发展。

（五）促进文明交流互鉴,彰显中国气派

每两年举办一届"世界考古·上海论坛",建立国际考古学界的高端学术交流平台,评选发布全球范围内重大田野考古和研究成果,提高公众对文明探源工程重要性的认识,推动更加广泛的国际交流与合作,向全球展示具有中国特色、中国风格、中国气派的文明研究学科体系、学术体系、话语体系。积极推动考古"走出去",与斯里兰卡考古研究机构共同组建联合考古队,在斯里兰卡北方港口城市贾夫纳发现大量中国瓷器,为海上丝绸之路考古研究提供了重要实证,更好地服务"一带一路"国家战略。

二、硬件投入不够和制度性机制安排不够并存,
文明特质形态深入研究不够和成果推广普及不够并存,
推进上海地区文明探源工作走深走实任重道远

上海地区文明探源工作成果仍然是初步和阶段性的,在上海

地区文明起源和发展历程的完整展现、文明探源工作成果的推广转化、遗址遗迹的研究阐释和展示传播等方面，需要进一步引起关注、取得突破。

（一）对文明探源工作重要意义的认识还要不断深化，工作站位有待进一步提升

未将推进文明探源工作作为一项事关上海发展全局的重大事项，纳入城市整体建设规划中予以统筹考虑。对相关工作的扶持力度较为薄弱，扶持政策有些碎片化，缺乏顶层设计，对有些研究工作的扶持仅停留在局部性、间歇性"输血"，亟需形成具有制度性、系统性、针对性的帮扶政策体系，以推进建立健全相关工作制度机制。

（二）文明探源成果的创新性转化有限，宣教功能未得到充分发挥

相关展览的内涵和质量有待提升，各展示场馆在展览的主题、内容和形式等方面存在交叉重叠的情况，有同质化趋势。文物资源仍主要停留在初步满足展示使用的需求层面，难以实现进一步活化利用。缺乏承载地区文明符号的优质文化产品，公众对上海乡土历史的知晓度有待提升，上海地区文明探源成果尚未在公众中普及，呈现形式有待丰富。从传统文化中挖掘意义内涵、提炼精神符号的力度不够，将重要文明探源成果转化为知名IP的实践探索较为匮乏，由此衍生出的文创、文旅等文化产业发展相对薄弱。

（三）古文化遗址的利用效能尚需提高，文旅项目推进较难

上海各古文化遗址呈散点式分布，各遗址相对孤立化、碎片化，不仅为遗址保护带来难度，也限制了各遗址间的协同联动，进而影响了各遗址传播、教育功能的充分释放，不利于上海地区文明探源成果的完整呈现、系统传播。同时，遗址本体或范围内相关设施的行政管理和机构从属关系较为复杂，体制机制上的条块分割已成为遗址运营中的难点,对遗址区域的后续开发利用、大遗址公园的建设、相关文旅项目的推进等造成一定困难,也导致遗址周边整体空间环境品质较差,对地区发展的带动效应体现不足。

(四) 人员力量不足,人才引进存在瓶颈

专业人员队伍规模较小,全市仅上海博物馆和复旦大学两家单位拥有考古团体领队发掘资质,其中上海博物馆主要负责上海的考古发掘项目,仅有编制 13 人,具有考古发掘项目负责人资质的专业人员 5 人,其他的市和区文博单位均缺乏考古专业人员。各区文化旅游局的文物保护职能虽然得到强化,但人员编制没有明显变化,保护力量尚且薄弱。高素质人才引进难、留住难,人才队伍建设的制度支撑不足,尚未形成吸引优秀人才加入考古文博队伍的长效机制,在人才待遇、职业环境、发展前景等方面未体现明显优势。

(五) 经费来源渠道单一,硬件保障需更加完善

推进文明探源工作的各主体机构的经费以国家文物局专项资金补助为主,来源渠道单一,相关经费投入与日益增长的文物发掘、保护、研究以及博物馆建设需求相比相对不足。文明探源研究所需的高端硬件设施较为缺乏,引进适应现代化考古需求的高科技仪器设备的计划往往因经费原因而搁置,对高质量开展文明探源工作形成制约。

(六) 区域合作力度不大,深入研究有所欠缺

上海在跨省区协作考古、跨省区学术合作方面的力度有待进一步加大,现缺少高效协同和联合攻关。考古在发掘传承地区文明起源和江南文化研究方面的作用还需要进一步加强。缺乏综合性的专业化、现代化的研究基地,出土文物保管分散,不利于充分发挥文物的历史价值和文化价值。

三、加强顶层设计,拓宽研究范围和覆盖领域, 构建地区文明起源、形成、发展的基本图景, 筑牢文化自信自强根基, 为上海文化创新创造提供澎湃动力

文化是城市的灵魂,是城市发展生生不息的力量源泉。进一步推进上海地区文明探源工作,探寻历史根脉,充分彰显"上海文化"品牌标识度和显示度,既是贯彻党的二十大作出的推进文化自信自强、铸就社会主义文化新辉煌部署的具体举措,也是全面提升城市软实力、激发文化创新创造活力的具体实践。

(一)着力增强历史主动精神,把文明探源工作纳入当好全面建设社会主义现代化国家排头兵全局的高度予以谋划和推动

要着眼弘扬城市精神和品格,着眼推进国际文化大都市建设,着眼建设物质文明和精神文明相协调的现代化,把文明探源工作作为一项事关继承和弘扬中华优秀传统文化、保护和传承"最上海"历史文脉的重要任务予以高度重视,坚决摒弃"文明探源工作只是锦上添花的事、是旁枝末节的事、是可有可无的事"的思想,以更高的站位、更大的格局,将上海地区文明探源工作纳入推进城市发展大局、打造独具魅力人文之城、塑造城市品牌形象中统筹推进、加快落实,让工作成果进一步助推深入阐发文明精髓、滋养文化创作、融入市民生活、增强全球叙事能力,在古为今用、推陈出新中更好为城市发展添彩赋能。

要在上海"十四五"文物保护利用规划提出的"启动上海文明探源工程"的基础上,加大力度继续推进、不断深化这一工程。进一步加大上海地区文明探源工作力度,推动文明探源工作取得更多成果,奋力谱写上海文化事业新篇章,努力在中华文明探源工程中作出上海贡献、展现上海担当。

（二）着力破解历史之谜，把上海地区文明历史研究引向深入，为构建人类文明新形态提供上海支撑

要加强多学科联合攻关。把考古探索和文献研究同自然科学技术手段创新有机融合起来，综合把握物质、精神和社会关系形态等因素，为中华文明探源工程顺利实施提供新的重要实据和学术支撑，彰显上海在中华文明研究阐释中的主动作为。

要推动重要考古发掘项目持续深入开展。以田野考古为基础、聚落考古为方法，聚焦福泉山等具有重大文化意义的遗址实施重点发掘，努力为在文明标准、发展阶段、国家雏形、国家治理模式等一系列核心学术问题上取得新突破提供史料支撑。

要加强文明特质形态的研究阐释。系统总结、梳理上海考古成果和物质资源，阐释长三角一体化的历史基因和文化内涵，在此基础上把地区文明起源研究同中华文明特质和形态等重大问题研究紧密结合起来，阐释上海地区在中华民族多元一体演进格局形成过程中的重要作用。

要强化科技手段赋能。运用自然科学方法对遗迹遗存进行观察、鉴定、测试、分析和统计，多角度获取有关古代人类活动信息，全方位还原历史场景中的物质、精神和社会关系形态等要素，揭示更多生动的文明细节，通过坚实的科技分析依据提升文明探源工作的历史科学价值。

（三）让更多文物和遗址遗迹"活起来"，精彩演绎历史故事，充分发挥以史育人的重要作用

要以讲好"上海故事""中国故事"为着力点，加强对文明探源成果的展示传播，让收藏在博物馆里的文化、星罗棋布的遗迹遗址都"活起来"，成为最好的历史教科书，使其在新时代与教育互动、与科技联姻、与旅游融合，推出更多承载中华文化、中国精神的公共文化产品，更好发挥以史育人作用。

要增强上海历史叙事话语体系的传播力和影响力。推进文明

探源工程研究成果的普及和宣传,通过论坛、展览、媒体、出版物、影视作品、文创等多种形式、多种途径,更加清晰、全面地呈现和阐释上海地区文明的起源、形成、发展过程,提升公众对于上海城市精神和城市品格的认知和理解,教育引导广大群众特别是青少年更好认识和认同中华文明,增强做中国人的志气、骨气、底气。

要大力提升展陈场馆功能内涵。纵向上加强市级文博机构与各区博物馆、遗址博物馆的互联互通,充分调动市级博物馆的策展、文物、研究等优势资源,促进文博知识在更广泛人群中的普及宣传。横向上强化文博机构与科技馆、美术馆、档案馆等的聚合协作,让具有不同专业背景的人员参与文明探源成果的阐释和宣讲,构建形式更加多样、角度更加多元、内涵更加丰厚的"博物馆+"大展陈体系,丰富全社会历史文化滋养。要让科技赋能,运用数字技术让历史情景可感可触。以主体展览为空间,运用 AR、VR、AI 等数字化展示技术,搭建全沉浸交互式元宇宙博物馆,通过多感官、强交互、深渲染的表现形式,实现上海地区远古历史情境的拟态再现,推动传统的静态展览向更鲜活的动态展演转变,让华夏古文明"看得见""摸得着",营造集教育性、科技性、知识性、互动性和趣味性为一体的历史文化体验场景。同时,依托上海全面推进城市数字化转型的契机,将各遗址接入数字孪生端口,打造突破时空受限的云展览。

要用文化 IP 讲好上海历史故事。以上海地区文明探源工作成果为依托,深入挖掘其精神内涵,从中提炼一系列蕴含独特精神标识的文化符号。将深入人心的人物形象、脍炙人口的故事改编为富有思想性、艺术性、传播力的文艺精品,使其走上舞台、搬上荧幕、进入展厅,与其他文艺形态深度融合、有机互动,放大传播效果,取得综合效益,形成文化品牌,使鲜活的艺术创造力转化为现实的文化影响力。同时,以 IP 资源为内核,孵化符合当下审美需求和当代生活需要的文创产品,通过"日用而不知"的内涵浸润,促进文明探源成果借由文化消费渠道向广大公众深度渗透,让文化遗产真正"活起来"。

(四)做大做强"上海古文化走廊",打造"最江南""最上海"的文旅名片

要坚持以文兴旅、以旅彰文,实施"上海古文化走廊"建设,高质量统筹规划,高水平策划开发,使其成为展现上海地区文明探源成果的集大成者,塑造成为具有较高识别度和影响力的上海文旅品牌,彰显上海作为国际文化大都市的深厚底蕴和悠久文脉。

要串珠成链,推动域内文化资源一体化运营、一盘棋发展,打响"上海古文化走廊"品牌。以通波塘为轴线,盘活上海文化源头的文物、非遗和文旅设施等优势资源,串联整合崧泽、福泉山、广富林、马桥等古文化展示空间,形成"30里水路看6 000年历史"的文明溯源廊道,打造贯穿"上海之源""上海之根""上海之本"的"上海古文化走廊",让游客在30里水路悠游中读懂上海地区文明起源,见证江南文化流变,感受上海城市发展,尽览上海六千年。

要针对不同遗址制定"一址一策"。强调错位布局,引导各遗址展馆找准自身定位,提炼重点、突出亮点,在传播主旨、传播策略等方面形成各自特色,差异化、个性化地展现"上海之根""上海之源""上海之本"等不同区域的独树一帜的风貌,使各遗址场馆成为各有千秋又相互关联、相互补充的文旅共同体,让上海考古故事面目鲜明、精彩纷呈。

要注重多要素资源的系统集成。以文明探源工程为契机,结合生态文明建设、乡村振兴战略等,促进考古文旅项目与生态旅游、户外运动、都市度假、研学教育等融合发展,延伸产业链条,拓展产业内涵,将"上海古文化走廊"打造为一条集展示传承、文教实践、文化创意、绿色生态等功能于一体的推动经济社会发展的文化振兴廊道,以文化振兴带动产业振兴。

要推动风貌品质提升。在规划建设好核心历史风貌区的同时,加大周边环境整治和人文景观建设,展示乡村田野、文化遗产和文创社区等空间形态的多元魅力,提升沿线的整体风貌和人文气息,形成独具特色的文化景观线。

(五)强化政策制度供给,为文明探源工作提供有力保障和支撑

要理顺体制机制,通过制度创新、政策集成,破除文明探源工作在资金、人才等方面的瓶颈,形成工作合力。

要建立多元化长效资金保障机制。做优文博产业金融生态,盘活社会资源,引导关注文化事业发展、具有强大资本实力的优质市场主体积极参与,通过冠名、联名等方式实现文化资本与文博机构的合作双赢,拓宽考古、文保、展览等文化事业发展的资金支持渠道。

要建立馆校联合的人才培养机制。促进文博机构与高校深度融合,推动双方在文物研究阐释与保护、展览陈列、人才培养与社会教育等方面开展广泛深入合作,破除双方硬件、人才等资源要素的流动壁垒,实现考古项目实践和考古人才培养双管齐下、齐头并进。

要搭建协同研究平台。加快文物领域重点实验室布局,建设文化遗产科技创新中心,引导更多力量参与上海地区文明探源工程。搭建三省一市相关考古科研院所、博物馆、高校协同工作平台,将上海地区文明探源对接长江下游区域文明进程研究课题,在满天星斗的中国文明起源格局中展现长江下游文明和上海地区文明的历史方位。

（本调研课题组成员：周蔚中、王小明、何继良、
侯永刚、应榴晖、王宏伟、陶寅炎、詹顺婉等）

"精武"：上海一块闪亮的世界级体育文化品牌

王佩军

　　"精武"，"以国术为根本，以武术为皈依"，云集大中华区域众多武术高手，"摒除历来技击家门户之见，冶各派于一炉"，在我国近代武术史上占有重要地位。其核心组织是1910年创建于上海的上海精武体育总会，由著名爱国人士陈其美、农劲荪、霍元甲等人创立，是全国创建最早、对武术体育有重大贡献，且在国内外具有深远影响的民间体育社团。新的形势下，作为上海一个具有国内外广泛影响力和发挥世界体育交流桥梁平台作用的重要文化品牌，"精武"的历史值得研究挖掘，"精武"的精神值得传承弘扬，"精武"的价值值得彰显呈现。

一、"精武"的早期历史

（一）"精武"缘起上海虹口

　　1909年冬，西洋大力士奥皮音在当时的北四川路52号上海阿波罗影戏院（今虹口区中行大楼六楼）表演举重健美，蔑称华人为"东亚病夫"，并口出狂言要与华人较量。同盟会骨干陈其美邀请津门武林宗师霍元甲赴上海滩应战。霍元甲在《时报》上昭告天下："世讥我国为病夫国，我即病夫国中一病夫，愿以天下健者一试。"此言一出，洋人奥皮音等不战而遁，国人欢欣鼓舞。陈其美等人立即决定趁此风云际会之时，创办中国精武体操学校（上海精武体育会前身）。1910年6月，爱国志士以霍元甲的名义在《时报》上刊登了建会消息；时年7月7日（农历六月初一），在陈其美、农劲荪、陈公哲等倡导下，上海精武体育总会的前身——上海精武体操学校正式成立，农劲荪任会长，霍元甲任武术总教练。这是近现代中国第一个民间体育团体。革命先行者孙中山为精武体育总会题词"尚武"精神，并欣然担任名誉会长。

（二）"精武"诞生上海虹口

1. 组织产生在虹口。虹口是"海派文化"的重要发祥地，有海纳百川的气度，历史上爱国人士许多在虹口待过，像鲁迅等左联人士、革命者经常在此活动，而霍元甲虽是天津人，但却在上海精武会中成为"北拳"的代表人物。虹口是"五洋杂处"之地，美、法、英、日等国侨民众多。虹口是我国民族工业的发源地，民族资本家有资助爱国人士的传统，这里拥有精武会发展的基础和条件。

2. 办会地点在虹口。1916年4月，精武体操会正式迁入提篮桥倍开尔路73号（现惠民路）；1924年迁入横浜桥福德里（现四川北路1702弄34号）。

3. 精武公园在虹口。1919年夏天，一神秘人物来到上海精武体育会，他二话不说，交给陈公哲一口大箱子之后悄然离去。箱中附有信函一封，书曰："精武能为社会谋幸福而无权利思想，故以此三万银元为赠。原执事扩而充之，以期造福全国。"陈公哲为之动容，慨然建言："隐名氏捐此三万银元，乃期吾精武造福全国，我们切不可只为精武体育会着想。上海租界内有一外滩公园，门口写有'华人与狗不得入内'，此乃我华夏同胞的奇耻大辱！用此笔资金来建造一座'精武公园'，以扬我华人志气。"上海精武体育会用三万银元购得倍开尔路（今虹口区惠民路）精武会舍附近十二亩空地，1920年初春精武公园正式落成，公园门口赫然写道："凡属人类苟能守文明通则者，咸准入园游玩。"彰显国人高尚的情怀。公园建成后，陈公哲将其夫人卢雪英女士的三十两金器首饰熔铸于铜，铸成了一口黄钟悬于公园内，目的在于"唤醒黄魂，注重武术"，强我国人之体魄。为此，2014年虹口区政府将曲阳公园改建精武公园，接力弘扬精武精神。

（三）"精武"走向世界各地。

1. 精武"五特使"。1920年8月17日，上海精武体育会特派陈公哲、罗啸墩、陈士超、叶书田、黎惠生五人出访南洋，史称"五特使"。他们带着《精武本纪》《精武章程》等书，以及精武自拍的影片，先后到访了越南、新加坡、马来西亚、印度尼西亚等地。"五特使"在南洋大力推广国术及现代体育，还深入学校工厂做演讲、传授国术、播放精武电影，所到之处反响热烈。此次行程历时73天，先后访问"四国九城"。出色的宣传，将精武精神传遍南洋。之后，南洋各地的精武会纷纷建立。

2. "精武"是第一个有组织向海外传授中华传统武术的体育团体。1922年，精武体育会正式建立中央精武会（中央精武大会堂设在横浜桥，即现今的精武体育会址）。中央精武会是国内外精武会的总机关，世界各国精武会的国操主任、国操教练均由中央精武会直接任命。现今国内外精武会已发展到包括中国香港、澳门、台湾、新加坡、马来西亚、美国、英国、瑞士、荷兰、新西兰、澳大利亚、俄罗斯、捷克、日本、越南等五十多个地区、国家。

3. "精武"代表中国参加奥运会。1936年，第十一届奥运会在德国柏林举行。当时，侵华日军组建"满洲国"代表团参赛，招致举国愤怒。南京国民政府临时决定组建一支69人的代表团参加奥运会，其中包括上海精武体育总会的符保卢、陈宝球、翁康廷三人。为振国威，中华体育协进会还委托上海精武体育总会在全国范围内选拔一支国术表演队赴会表演。此次中国代表团的奥运之行注定是惨淡的，28天的旅途劳顿让大多数运动员体力消耗殆尽。开赛不久，中国代表团就几乎全军覆没，只有来自精武会的符保卢突出重围，晋级了撑竿跳高的决赛，他也成为了中国选手晋级奥运会决赛圈的第一人。

二、"精武"的当代传承

新中国成立以来，特别是改革开放 40 多年来，"精武"在市、区及国内外各方面的关心支持下，紧紧依托上海及虹口区域优势，与时俱进，创新探索，为发展国家体育事业、光大传统武术、弘扬爱国精神做出了重大贡献。

（一）政府支持，文化助力

多年来，上海市体育局及虹口历届区委、区政府和社会各界高度重视精武体育的发展繁荣，大力支持和参与精武文化的传承与保护。近年来，虹口曾主导举办了多届"上海精武中小幼学生武术书法比赛"和"上海精武太极传统武术比赛"等赛事；2010 年，虹口区政府联合国家体育总局武术运动管理中心、上海市体育局共同主办了 2010 年世界精武武术文化大会暨"百年精武"庆典系列活动；上海世博会期间，在世博园区市民广场组织了为期 10 天的"百年精武，人文虹口"专场演出活动，通过世博会的舞台，创塑精武文化，树立精武形象，展示精武风采。积极推动"精武体育"的申遗工作，2007 年 6 月，精武体育被批准为上海市首批"非物质文化遗产"保护名录。2013 年 10 月举办"中国梦 精武魂精武体育文化高峰论坛"、2020 年 6 月举办"百年传承 精武之路"高峰论坛，广邀海内外精武练习者、研究者济济一堂，不断弘扬和提升精武文化内涵和影响力。为保护和传承精武文化遗产，区政府还拨出专项经费，积极支持上海精武体育总会建立精武大厦、筹建精武博物馆、打造精武文化工程《精武志》、"精武学堂"国际文化之路及"精武文化资源研究与保护利用"等项目。

（二）育人为先，诲人不倦

新中国成立以后，上海精武体育会为国家输送了大量的体育人才。1950年初，上海成立国术联谊会，上海精武体育会的徐致一任主席、陈绪良任副主席，还有三人分别到举重委员会、技巧委员会、摔跤联谊会任委员。1951年10月，上海精武体育会向上海足球队输送了陈达成、方纫秋、郑德耀三名主力队员，1954年1月，上海精武体育会又为"八一"队输送了陈复春和汪国光。此外，这一时期，上海精武体育会向浙江大学、上海师大、重庆大学等高校和江苏省武术队、陕西省体操队、山东省柔道队等输送教授、教练几十人，还输送一大批优秀运动员到全国各地的专业队和体育学院去深造，为发展国家体育事业做出了重大贡献。

（三）阵地主导，贡献卓越

20世纪50年代以来，上海精武体育会逐步转向以场馆服务社会的模式，以武术、乒乓球、摔跤、棋类四项特色服务项目为主，为上海乒乓球活动做出重大贡献。徐寅生、李富荣、张燮林、孙梅英、杨瑞华等名将，虽不是精武会员，但上海精武体育会乒乓房的12张乒乓台却是他们训练的主要基地。上海精武体育会还连续举办几届全市乒乓球联赛（精武杯），从中诞生了不少乒乓高手。上海精武体育会每天有百余人参加习武和摔跤，教练员们还深入到华东师大、闸北电厂等单位辅导，培养了一批武术、摔跤的佼佼者。同时，场馆还向虹口区的中小学开放，对开展群众体育活动，尤其是中小学学生的体育训练起到了积极的作用。2013年10月，虹口体育馆更名为精武体育馆，精武活动阵地又扩大一处。

（四）赛事拼搏，再展雄姿

20世纪70年代中期，上海精武体育会逐步开始恢复活动。1974年参加上海市第五届运动会获得武术男子团体第一名，女子团体第三名。1978年参加上海市第六届运动会获得武术女子团体第一名,男子团体第二名。1980年起全面恢复武术、拳击、柔道、摔跤、散打、气功和棋类、桥牌等传统训练项目。据统计,1979年到1989年十年内,上海精武体育会就获得武术、散打、拳击、棋类等各项市级比赛的金牌221枚,还有5枚全国比赛的金牌。1995年参加上海第三届"木兰杯"武术社团观摩大会,获团体一等奖和3个单项一等奖。1995年6名会员代表上海参加全国武术演武大会,其中5人获金牌,1人获银牌。1999年参加上海第五届武术社团观摩大会又获集体一等奖和3个单项一等奖。1999年参加台州举行的国际武术暨绝技大赛,精武参赛的童子功、大关刀、牧羊鞭3个项目全部获得最高特别优秀奖,童子功、牧羊鞭还获得浙江电视台的"中国电视吉尼斯证书"。2002年代表虹口区参加上海市第十二届运动会成年组武术比赛,获得金牌2枚、银牌6枚,总分191分,金牌名列区县第二名,总分名列第一名。2012年积极参与市、区市民运动会和区运动会。

(五) 乃文乃武,兼收并蓄

精武提出"无文不能行远",提倡乃文乃武。精武的文化,既继承历史传统,又结合时代特点,内容丰富。2007年6月,上海市人民政府曾正式批准"精武体育"列入上海市第一批非物质文化遗产保护名录,后又冲击全国第一批非物质文化遗产保护名录。在此基础上,上海精武体育会立足丰富"精武"内涵和基础,相继组建了31个精武传统武术专业委员会,每周定期组织活动进行拳种套路挖掘整理,收集资料,传授交流经验,开展理论讲座活动;认真开展"精武体育"示范基地的审核、评定工作,开辟全市37个"精武体育"示范基地,"六合八法拳""心意拳""陈式太极拳"等14个传统武术传承基地;每年组织10多万人参加传统武术传承示范基地交流展示活动。近年来,还组织举办了研究中心成果展会,共展出8大类近400件展品,其中5个拳种研究成果在"上海武术文化展"上展示。此外,精武还十分重视武术宣传和书籍出版工作,近年来共出版书目44种,其中书籍31种,杂志7种,特刊6种。还摄制了介绍精武活动、推荐精武武术的电影和视频。上海精武体育总会专门成立培训中心、辅导中心开展全民武术教学活动,宣传中华文化,弘扬民族精神。

(六)创新发展,产业探索

上海精武体育会首先注重"精武"知识产权的保护工作,注册了体育相关项目的"精武"商标。精武武术队曾与中百七店结缘,成立了精武七百武术队,还曾同意大利服饰 ZOGNAS 服装公司合作,用武术形式进行时装表演,使武术走上 T 型舞台。上海精武体育会编排了整套艺术武术,随时可为企事业单位服务,探索融入文化旅游,精武纪念馆、体育馆向学校、社会团体、旅行社开放,接待参观交流活动。

(七)国际交流,天下一家

1984年、1989年、2010年,上海精武体育会借建会75、80、100年庆典活动的契机,广泛联络友会相聚上海,交流表演传统武术和体育项目,体现了"精武一家亲"。1989年上海精武体育会邀请友会代表来沪共商建立"世界精武联谊机构"的大事,出访广州、佛山、香港地区、新加坡、马来西亚、英国、新西兰、美国等地友会。1990年上海精武体育会承办了第一届世界精武武术文化交流大会;1992年、1994年又连续举办了两届。2004年7月在波兰华沙举办了第八届世界精武武术文化交流大会,2006年在英国伦敦举办了第九届世界精武武术文化交流大会,世界精武友会的国际活动开展得如火如荼。

(八)"精"益求精,以"武"养心

上海精武体育会在发展过程中,依托虹口教育文化体育大区的优势地位,倡导和发扬"爱国、修身、正义、助人"的精武精神,为学生和市民爱国主义教育、城市文化脉络培育、公众身体素养提升发挥了极其重要的作用。

三、"精武"的现实价值

2020年,9月22日,习近平同志在教育文化卫生体育领域专家代表座谈会上的讲话中指出,"十四五"时期,我们要把文化建设放在全局工作的突出位置,切实抓紧抓好。他强调,要坚持马克思主义在意识形态领域的指导地位,坚守中华文化立场,坚持以社会主义核心价值观引领文化建设,紧紧围绕举旗帜、聚民心、育新人、兴文化、展形象的使命任务,加强社会主义精神文明建设,繁荣发展文化事业和文化产业,不断提高国家文化软实力,增强中华文化影响力,发挥文化引领风尚、教育人民、服务社会、推动发展的作用。以此为指导,我们可以发现"精武"具有丰富的价值内涵和重要的现实意义。

（一）"精武",弘扬爱国主义、促进文明和谐的重要内容

回首逝去的百年风云,人们会发现精武的发展与中国近现代的历史紧密关联。在中国近现代史上的每一个重要关口,总有精武人的身影和呐喊,精武发展的历史折射了中国近现代历史的步履和痕迹。其中,在精武发展过程中凝炼而成的"尚武精神"和"爱国、修身、正义、助人"思想,在中国、在海外华人世界相当大的范围和程度上,提振了中华民族"保国强种"的勇气和信心,对致力于救亡图强、期盼民族复兴的近代中国来说,有着影响广泛而深远的重大意义。而这一意义,无不与习近平总书记2012年11月29日在参观《复兴之路》展览时指出"中国人民从不屈服,不断奋起抗争……充分展示了以爱国主义为核心的伟大民族精神"的精神实质,形成历史与现实的呼应。同时,因爱国而修身、而正义、而助人,促人高尚,催人奋进,孕育民族活力,显示出人类的共同追求。这又与中共十八大报告中"民主法治、公平正义、诚信友爱、充满活力、安定有序、人与自然和谐相处"的和谐社会建设基本要求形成社会追求上的殊途同归。

（二）"精武"，中国近现代体育勃兴的一个重要载体

上海精武体育会是我国最早将西方现代体育观念和训练方法引入国内，借以改造传统体育的民间社团。精武体育对我国现代武术运动的发展功不可没，同时也是我国许多现代体育项目产生发展的重要发育母体，游泳、射箭、田径等一大批体育项目均发轫于精武体育。此外，精武体育会发起、组织、派员参与 1936 年柏林奥运会，尤其是精武人符保卢晋级撑竿跳高决赛和国术表演的巨大成功，更是极大鼓舞了当时国人的民族自信心，促进了体育运动的普及。而精武体育提出的"以体育居先，体育复以武术为主，参与时代各种运动"、"体、智、德"全面发展、"乃文乃武，无文不能远行"、"惟精惟一"及"摒除历来技击家门户之见，冶各派于一炉"的思想和开放意识，对于当今全面健身活动开展、体育人才培养仍具有借鉴意义。

（三）"精武"，增强国家文化软实力的一个重要方面

精武文化，是海派文化的重要组成部分，是中国近代文化发展有机组成部分；精武精神，凝聚了中华文化爱国、尚武、合作等精髓；"精武会"在全球建立了 76 个分会组织，"精武"的旗帜飘扬世界各地，已成名副其实的一项世界文化遗产。精武不仅是单纯的技艺组织，客观上已成为一种文化象征。武术在过去作为单独的技艺在中国只是一个特色，并未取得世界的普遍认可。而精武精神则是集大成者，是无形之门，有核心价值，其理念和方法能更好地融入世界文化。所以，在当今时代，精武精神的存在和发展显得弥足珍贵。因此，在实现"中华民族的复兴、中华文化的振兴"过程中，必须大力宣传精武精神，尤其是在孔子学院深入发展的背景下，积极探索推进武术文化与孔子文化的融合，积极探索武术文化，特别是精武文化的融合。进一步弘扬精武精神，促进与世界各地的武术文化交流活动，进而不断扩大精武精神和中华文化在海

内外的影响力，不断为当今中国"提高国家文化软实力"注入新的
澎湃动力。

（四）"精武"，拓展公共外交空间的一个新领域

世界政治舞台上，外交活动向来是官方与民间并举。从举世
闻名的中美乒乓外交可知，体育活动一向是民众喜闻乐见的民间
交往与外交活动形式之一。中国除了乒乓球体育运动外，武术从
来都是中国国家名片之一。目前，世界上50多个国家与地区有76
个精武体育组织，是我国开展精武体育交流的良好基石和互动平
台，不仅适应了世界各地精武会员开展民间交流的客观要求，也为
本身国际化元素易于被广泛的国际社会所接受提供了条件。在加
强武技武德交流的同时，开展合理合适的精武外交活动，可以成为
未来国家外事活动的重要补充与拓展空间。各国精武体育会之间
的接触与互通，能广泛传播中国传统文化，实现拓宽国家文化战
略，传达中国文化的核心价值观，增强世界文化的多元化交流与合
作，更好为外交、文化战略服务。

（五）"精武"，探索新形势下增加国家认同的有效推手

精武体育是良好的民间公共外交载体，具有独特的增加全球
华人国家认同的价值。精武体育总会为当时中国精英分子创建，
创办者多为同盟会早期骨干，在辛亥革命中发挥重要作用，其分支
与会员遍及内地、港澳台地区及东南亚、欧美、日、澳等。客观上，
精武体育已成为当时传承辛亥革命思想，凝聚全球华人的重要载
体。目前，在"爱国、修身、正义、助人"的感召之下，精武精神犹如
一种中华文化"黏合剂"，可将各国、各地区的精武人乃至华人凝
聚在一起，从而能更有效地调动海内外各种资源为世界文明发展
服务，为建设中国特色社会主义、实现"中国梦"服务。

（六）"精武"，虹口乃至上海文化事业与产业发展的重要抓手

精武文化产生、存在和发展，客观上为上海文化的发展增加了
"阳刚""铁血"色彩，丰富了上海文化的内涵。历史地看，精武文

化本身既是国内不同武术流派交融提升的体现,也是中国文化与世界文化对话的平台载体,特别符合上海"海纳百川"的城市特征,是上海中西方文化交融的重要领域,拥有为上海,特别是虹口文化事业、产业发展提供足够的契机和发展的可能,是我们新时代发展体育文化事业产业的重要抓手。

四、"精武"的文化弘扬

习近平同志在 2020 年召开教育文化卫生体育领域专家代表座谈会时指出,文明是现代化国家的显著标志。人民健康是社会文明进步的基础,是民族昌盛和国家富强的重要标志,也是广大人民群众的共同追求。武术是一项体育运动,又是健康产业,同时还属于文化产业。武术本源格斗,源于血腥斗争,保留了抗争的技艺,却又升华为文化融合载体,蕴含了华夏的文明符号。其中赢掉对手、战胜自己、超越武术与种族的体育精神属性,正引导我们在更为广阔的多维度空间去思考中华武文化的武道、武德、武学、武术各自的内涵与张力,去思考如何完善自我、如何融入世界、如何走向大同而持久发展、服务人类。由此,110 年来"精武"在国内外的发展历程,为我们奠定了比较丰满的实践基础和探索完善的思考空间,而弘扬"精武"精神,打造上海城市主题文化品牌,正成为一种服务社会生活、团结全球华人、促进世界大同的共同愿景。

（一）发挥上海"一带一路"建设桥头堡作用,推动"精武"融入世界

以习近平新时代中国特色社会主义思想为指导,以内外联动的大视野,进一步加强世界各地精武会所在地以及各友会之间的联系、交流和讯息传递,尤其是加强上海精武体育总会与世界精武文化联谊会的组织建设和合作机制,加强精武文化研究,做强精武文化高峰论坛和相关赛事,促进中外民间体育文化交流,为上海建设全球城市和国际文化大都市注入新的动力。这些努力对传播与践行"构建人类命运共同体"的世界精武文化之路,提升上海"精武"城市品牌文化的发展之路,建设海派文化品牌,具有重要的现实意义和深远的影响力。

（二）积极将精武文化融入各年龄段教育与培训的内核

立足传承民族文化,推崇孙中山先生"尚武精神"和"强国强种",推进"精武体育进校园"活动,打造爱国主义教育基地。上海精武体育会选派优秀会员、教练员进驻学校,配合中小学创办武术特色学校;培养一批引领中小学生开展各项体育活动的辅导员、教练员进学校、幼儿园,进社区、公园,新增武术教学活动,引导开展全民健身活动,夯实健康社会认知基础。针对学生参加武术活动的高涨热情,引导学生参与社会场合的武术表演和比赛交流活动,触发积极的社会效应。而"武术进校园"让更多学生加入中华传统体育的锻炼之中,丰富了素质教育内容,促进知识教育与素养能力、普及武术技艺与弘扬传统文化、培养学生健身意识与发扬民族精神的有机结合,越来越受到学校、学生和家长的欢迎。

（三）夯实"精武"文化基础,丰富上海及虹口文化内涵

"精武"文化是海派文化土壤养育、滋养起来的一项重要文化遗产,彰显着中华文化包容特色和让弱者强病者起精神奋起的人文情怀。"精武"不只是"喊打喊杀",其孕育诞生于虹口,活跃在世界,最终反哺虹口,铸就起虹口文化新形象。在"精武体育"列入非物质文化遗产保护名录后,继续研究"精武"文化的内涵与形式,构建与宣传精武文化的理论体系;积极拓展精武组织的发展及相关评定工作;推进传承基地建设和交流展示,不断扩大精武文化的影响力等。

（四）因势利导,以精武文化提升上海及虹口体育的内驱

以精武文化作为内驱力,进一步倡导"精武体育强素养"的理念,推进上海体育发展。结合虹口的竞技体育和群众体育工作,

"精武"工作可以充分融入虹口"中国武术之乡"品牌的打造之中，开展"六进"（进学校、进社区、进乡镇、进企业、进机关、进军营）等活动。竞技体育上，积极加强武术项目建设，并在其他项目上加强精武文化的弘扬和体现；群众体育上，开展与精武体育有关的宣传与各类主题活动，推广精武武术操，进一步倡导"体育强身、运动健体、武术雄魄"的理念，进一步提升区域人文素养。而相关体育产业的发展更是可以与时俱进，不断创新，在提高公共服务的同时实现自身的提升与扩展。

总之，虹口作为精武历史文化发源传承地和"全国武术之乡"，上海精武体育总会作为虹口，乃至上海具有时代特征和中国特色以及世界影响力的新型体育社团，精武文化在虹口不断传承和弘扬并推动虹口精武文化发展，"精武"逐步成为虹口文化乃至上海文化的一个亮点和中国武术文化发展的新高地，客观上为虹口体育文化及相关产业发展、为虹口高水平高质量发展提供了一个重要的历史文化资源和现实发展基础。在弘扬爱国主义和构建"人类命运共同体"的新时代背景下，我们有理由认为精武体育是虹口新发展亟待开发的一个优势历史文化资源，也是虹口一块亟待擦亮的世界级体育文化品牌。虹口的新发展要求我们主动承担起传承精武文化、弘扬精武文化、推动体育文化和相关产业发展的重要责任。在这个过程中，我们不仅要加强资源互动共享，充分挖掘"精武"品牌价值，还要积极与旅游、文化等结合，把"精武"打造成爱国主义教育品牌和展现虹口海纳百川的深厚文化底蕴的平台，成为虹口在上海、在全国、在世界放射光芒的又一金字招牌，在重振国人尚武情怀、促进经济社会发展、实现中华民族伟大复兴的过程中做出更大贡献！

（作者系虹口区政协委员、虹口区委党史办公室主任）

无墙的美术馆：上海地区
美术馆与社区参与研究

马　琳　王艺颖

　　近两年来,美术馆已经开始积极走进社区,开展展览和相关的公共教育活动,这已经成为美术馆社会美育发展的一项新趋势,引起了学界的广泛关注。在文教结合的大背景下,2022 年 11 月,上海美术学院、中华艺术宫(上海美术馆)和上海市美术家协会联合主办了题为"风自海上:蝶变宝武与艺术社区场域"的展览,该展览在中华艺术宫举行。此次展览展出了 24 个案例,其中包括高校、美术馆、社会志愿者以及社区的合作项目。具体而言,美术馆与社区合作的案例涵盖了刘海粟美术馆、上海大学上海美术学院美术馆、上海多伦现代美术馆、上海外滩美术馆、艺仓美术馆、浦东碧云美术馆和中华艺术宫(上海美术馆)等。从这些案例中,我们可以清晰地看到上海地区的美术馆如何积极实践"无墙的美术馆"理念,以更好地为所在社区提供服务。

一、无墙的美术馆与公共文化政策

　　"无墙的美术馆"是法国学者安德烈·马尔罗在他 1965 年出版的《想象的博物馆》中提出的概念。这个概念强调博物馆(或美术馆)不应仅仅是物理建筑墙壁所定义的地方,而应该是一个超越实体围墙的思想和哲学空间,一个可以引发人们对艺术作品和艺术史产生哲学思维和对话的场域。他认为博物馆的目标不仅是展示艺术品,还应该激发人们对艺术作品的哲学思考。无墙的美术馆的任务是促进观众与艺术品之间的精神互动,使他们能够思考和评价艺术作品。马尔罗将"无墙的美术馆"视为开放的艺术史和文化问题,不仅关注于具体的展览场所,而更关注如何开放和推动人们的思维和文化交流。这个概念对后来的博物馆、美术馆和艺术史研究产生了深远的影响,推动了更加开放和哲学性的博物馆、美术馆实践。

随着"新博物馆学"和"新美术馆学"的兴起,美术馆已经演变为社区参与和文化创新的重要平台,这个发展方向反映了现代社会对艺术和文化需求的不断增长。传统的美术馆模式已经不能满足多元文化需求,因此需要探索新的艺术社区理论与实践,以促进艺术在社区中的发展和影响力。新美术馆学强调了美术馆与社区之间的互动和融合,这些美术馆致力于为社区居民提供多样化的文化体验和艺术教育,打破了传统美术馆的界限和独尊性,更加强调与社区的互动和共创。① 新美术馆学的兴起推动了美术馆与社区之间的相互理解和合作,将美术馆纳入社区文化生活的重要组成部分。

2021 年上海市文化和旅游局印发的《上海市关于推进公共文化服务高质量发展的意见》中,强调"积极推动上海公共文化服务高质量发展先行区建设不断取得新成效,基本公共文化服务均等化水平持续提升,公共文化空间布局更加均衡,产品体系更加完善,资源配置更加高效,社会参与更加活跃,城市文明程度和市民文化素养全面提升"的总体要求。《意见》为美术馆与社区参与提供了政策支持和指导。这一要求体现了政府对文化服务质量的高度关注,其中包括美术馆的服务。政府强调社会参与的活跃程度,

---

① 王璜生、沈森:《"新美术馆学"的历史责任》,《美术观察》2018 年第 9 期。

这也包括社区居民的积极参与。美术馆可以通过与社区合作，鼓励社区居民参与各种艺术和文化活动。综合来看，这一政策文件鼓励美术馆积极进入社区，为社区居民提供更多高质量的艺术和文化服务。这不仅有助于满足社区居民的文化需求，还有助于推动城市文明程度和市民文化素养的全面提升。政府的政策支持和鼓励为美术馆进入社区提供了更多机会，展示了艺术在社区中的更多可能性，促进了社区发展和艺术交流的蓬勃发展。

二、美术馆与社区参与的实践路径

近年来，美术馆空间的快速扩展使其与周边社区建立了广泛联系，扩大了其活动和影响范围。如今，艺术活动，包括讲座和工作坊等，已经成为美术馆公共教育项目在社区中的自然延伸。美术馆进入社区的实践不仅改变了社区层面，还对美术馆的专业发展产生了新的影响。美术馆从白盒子空间到无墙的美术馆，引发了一系列新的讨论话题，如美术馆运营体系的更新、策展人和艺术家角色的拓展，以及美术馆知识生产的角色等。

在2021年上海城市空间艺术季期间，刘海粟美术馆和上海美术学院美术馆共同参加了以"社区15分钟生活圈"为主题的"幸福曹杨·重点样本社区"展览。刘海粟美术馆在一个综合性的菜市场举办了"粟上海·桂巷菜场美术馆"，通过艺术家的空间艺术介入、当地创作与展示，以及推动地域文化的美育活动等，激发了桂巷社区的活力。同时，上海大学上海美术学院美术馆在曹杨新村开展了"曹杨人的一天：艺术社区展"，邀请年轻艺术家以插画、装置和影像等方式表现曹杨社区居民的生活和日常环境。此外，艺术家们还积极邀请社区居民参与创作，同时开展名为"寻找曹杨"的公共教育活动，旨在增强社区居民的认同感和归属感。

这两个展览通过参与式艺术实践成功提高了社区的凝聚力和

认同度。当社区居民融入艺术项目,不仅与艺术家和其他社区成员建立了紧密的协作关系,还在共同创作的过程中培养了团队协作和沟通能力。这种合作和交流促进了社区内部的互动和联系,强化了社区成员之间的感情联系,形成了一个更加团结与和谐的社区氛围。值得一提的是,"曹杨人的一天:艺术社区展"因其出色的公共教育活动在 2021 年被授予上海市美术馆优秀公共教育项目。

上海多伦现代美术馆位于多伦路文化名人街,依托多伦路独特的文化空间,近年来开始通过展览项目来关注城市的变迁。他们特别注重将考察街区融入艺术项目,并将展览的范围延伸至上海多伦路上。其中,展览项目"行走多伦"是一个典型的例子,不仅局限于美术馆的空间,还将作品呈现到社区公共空间。例如,在展览"步履不停:1995—2019 年中国当代艺术的城市叙事"中,他们特别设置了户外展览区域,将艺术品带到社区居民身边。"'步履不停'注重艺术与其文化、环境和社会背景相结合,并尝试将艺术重新定位为一种公共资源,它是公民的共同责任和权利,而不是抽象的、无关紧要的知识索引。创造一个展览空间,就是创造一个可能性的场所。同时,它也创造了某种交流和关系。在参与式艺术中,观众与艺术的关系不再是一种个人体验,而是一种社会体验"①。通过这些实践,上海多伦现代美术馆将艺术与社区公共空间相结合,为居民提供了更加便捷和直接的艺术体验。

上海外滩美术馆意识到保护城市记忆对其具有重要意义,他们在 2020 年启动了名为"客堂间"的项目。"客堂间"源自上海话"Khek Dhang Ke",意为"客厅",美术馆希望通过搭建一个文化交流的平台,与外滩社区的朋友们建立连接。外滩美术馆研究了外

---

① 吴蔚:《当代艺术策展的社会转向和批判性实践》,参见周彦华、王美钦主编:《行动中的艺术:21 世纪中国社会参与式艺术的话语实践》,文物出版社 2023 年版。

滩社区的历史演变、居民构成和历史文化，并以"客堂间"为名制作了交流小册子，分发于街道、居民点和便利店等空间，这些小册子展示了城市文化的"考古团队"所进行的田野调查和口述历史的记录成果。这种文化联系的建立使得"客堂间"成为社区老年人了解和接触当代美术馆的窗口。通过这一举措，外滩美术馆为不同年龄群体提供了更多参与和了解艺术的机会，弥合了美术馆与社区之间的隔阂，促进了跨代之间的文化交流。与上海多伦现代美术馆进入社区的相同之处在于，外滩美术馆也是通过展览项目和文化活动将艺术与社区空间相结合，促进美术馆与社区的交流。然而，两家美术馆的不同之处在于它们采取的策略略有差异。多伦现代美术馆着重通过展览项目将艺术带到社区公共空间，注重社区居民的互动和参与。而外滩美术馆更注重建立文化联系，解决与社区老年居民之间的隔阂，并通过文化交流平台和记录项目来促进不同年龄群体之间的交流和理解。这两家美术馆都在不同层面上推动了艺术与社区之间的融合，丰富了社区居民的文化生活，并促进了社区与艺术之间的互动与合作。

艺仓美术馆进入社区的路径和特征在于创新的公共教育模式。通过与社区公益基金会合作并发起专项基金，他们能够组织各种公开课和活动，吸引家庭和儿童的参与，培养他们对艺术的兴趣和理解。此外，艺仓美术馆还特别关注社区中特定群体的需求，如退休工人，通过组织参观活动来满足他们的兴趣和回忆。这种以社区为中心、注重公共教育的方法使得艺仓美术馆能够深入社区，与居民建立紧密的联系，这样的做法不仅加深了美术馆与社区之间的联系，也推动了公众对艺术的参与和理解，并满足居民对艺术的需求。

美术馆与社区之间的融合一直是美术馆从专业角度思考的重要问题。2021年，碧云美术馆采取了一系列措施来促进与社区的紧密联系。他们在馆内特设了一个名为"社区角"的区域，专门用于为上海中小学提供定点艺术教育,并在社区角中展示进校园活动的文献资料和美术馆与社区参与的相关文献。美术馆结合周边金桥碧云国际社区的特点和实际需求,还组织英文专场讲座和体验活动。为了满足上海市民对文化艺术生活的创新需求,美术馆还走进陆家嘴社区,以非遗纪录片播放为主题,举办了艺术家对谈活动,将展览中的纪录片讨论延伸到社区居民的家门口。这些举措使美术馆与社区之间建立了密切的联系,满足了社区居民的需求,进一步促进了艺术与社区的互动与交流。

中华艺术宫(上海美术馆)在筹备"风自海上:蝶变宝武与艺术社区场域"期间,将公共区域改造成为"艺术社区场域"展览板块,并且特别打造了一个社区"哈哈小广场",寓意着"儿童友好"与"艺术不老"的主题,以创造美术的社区环境。该公共区域不仅成为展览期间公共教育的场所,也是各美术馆交流如何更好为社区服务的场所。在展览期间,主办方邀请相关街道、居委会和社区居民到展览现场进行导览和交流,并且在陆家嘴举办了"从海派到新海派"系列社区展。除了把公共空间转身为艺术社区,"艺术社区课堂"也开设在了中华艺术宫。这门课程是上海大学社会学院耿敬教授为该院研究生开设的一门创新创业课程。"邀请从事艺术社区实践的不同主体和参与者,从各自理解的立场来解读其艺术实践,并带领学生到艺术社区实践的现场去实地考察,将实地考察与理论分析结合,进行全过程的梳理和探讨。"[1]该课程采取了项目式学习的教学改革,强调历史研究与拓展前沿探索,并围绕当代艺术与社区之间引发的话题和案例展开讨论。在展览中,选取了这门课程中的实践项目,在陆家嘴老旧社区的艺术社区中进行教学和学习,将"艺术社区课堂"延伸到展区,并在中华艺术宫打造开放式课堂。

---

①　耿敬:《艺术亲昵性与艺术社区实践》,《艺术市场》2023 年第 3 期。

三、对美术馆与社区参与的思考

这些案例清晰展示了美术馆进入社区，实质上延伸了"无墙的美术馆"的理念。美术馆不再仅仅是文化殿堂，它已经成为公共教育的承载者，而这一教育延伸至社区这一关键场所。社区可被视为衡量美术馆公共教育成就的标尺，将美术馆的社会角色推进了一步。

美术馆进入社区后，变身为社会的一部分，这意味着社会美育得到了更进一步的推动。从工作方法上讲，美术馆进社区是和"硬微更新、软微更新、再微更新"的方法结合在一起的。[①] 这一项目的实施需要更多的参与者，包括艺术家、建筑师、设计师、社会学专家、博物馆专家、策展人和社会工作者等，他们将深入社区进行调研，激发更多人参与"艺术社区"的可能性，开展社区实践。通过展览和公共教育的结合，将各学科的力量联系在一起，以案例研究为基础，提出对"艺术社区理论"的新思考，推动该领域的不断发展和创新。这将有助于深化我们对艺术与社区之间的关系以及社会美育的理解，同时也将为未来的社区发展和艺术创新提供宝贵的经验和见解。

美术馆与社区的合作应该是一种共建共享的关系。不仅要将文化资源带入社区，还应该充分尊重和融入社区的文化。在项目策划中，应该与社区居民一起参与讨论和决策，共同打造具有社区特色和认同的文化活动，"这些计划倾向于融入、有触感、而不是带着距离和投机，它们把焦点放在扩大的、互惠的交流中。"[②] 这种合

---

① 王南溟：《艺术动员：当社区成为作品——作为一种"硬微更新""软微更新"和"再微更新"之间组合的方法论》，《艺术市场》2021 年第 3 期。
② ［美］格兰特·凯斯特（Grant H. Kester）著，吴玛俐、谢明学、梁锦鋆译：《对话性创作——现代艺术中的社群与沟通》，台北：远流出版事业股份有限公司 2006 年版。

作模式有助于建立紧密的合作伙伴关系,增强社区居民的参与意愿与认同感。美术馆在社区参与中应该重视社区教育的功能。通过展览和活动,向社区居民传递知识、启发思考,提升文化素养,促进社区居民的自我发展和成长。美术馆作为文化机构,拥有丰富的文化资源和知识,应该将其用于社区教育,为社区居民提供学习和认知的机会。同时,美术馆在展览和活动中应该融入社会关切的主题,关注社区的文化需求和社会问题。通过展示相关主题的艺术作品和文化活动,促进社区居民对社会问题的认知和参与,增强社区的责任感和参与意识。

结　语

由无墙的美术馆发展到艺术社区,这一新的社区模式在中国具有独特的社会现实性,体现了蔡元培的“社会美育”在当今社会的真正实践。美术馆与社区的参与应该是一种双向的、共建共享的关系,通过共同参与项目策划、重视社区教育功能、关注社会问题,美术馆与社区居民紧密合作,增强社区居民的意愿和认同感,提升社区的凝聚力和认同度。这种合作关系不仅有助于美术馆在社区中发挥更大的作用,也促进了社区文化建设和社区居民文化素养的提升,实现文化资源的共享和社区发展的共同进步。只有如此,美术馆与社区的参与才能取得更为积极和有意义的成果。

（作者马琳系上海大学上海美术学院美术馆副馆长、
中华艺术宫/上海美术馆副馆长;
王艺颖系上海大学上海美术学院研究生）

全民阅读时代，经典读书
活动品牌的实践与创新

高 越

　　阅读是传承文明、更新知识、提高民族素质的基本途径。党的二十大报告提出，要"深化全民阅读活动""深入推进全民阅读，建设书香中国"，"全民阅读"连续10年写入政府工作报告，这充分体现了党和国家对全民阅读工作的极大重视。随着新兴技术的不断发展，数字杂志、手机出版等新媒体的推进，微博、微信、抖音等自媒体的加入，全民阅读正发生悄无声息地转变，部分阅读行为从原来的个人阅读转变为大众阅读与共享阅读齐头并进的社会化阅读，这一新型阅读模式，是基于移动互联网技术的快速发展，让读者既能感受到阅读的快乐，也能促使读者新阅读习惯的养成。振兴中华读书活动作为历时40余年的经典读书品牌，在新媒体环境下进行阅读推广，符合当前社会发展的必然趋势，也是自身寻求突破与发展的必由之路。

一、振兴中华读书活动有渊源

　　振兴中华读书活动发轫于1982年，迄今有40多年历史，彼时为激发社会特别是年轻人的读书热情，上海市职工读书指导委员会成立，上海市总工会、共青团上海市委、解放日报社、上海市出版局等单位联合发起这项活动，以"振兴中华"为共同理想，以"读书育人"为根本宗旨,动员和鼓励广大职工、市民通过读书明理、求知、成才,成为持续时间最长、社会影响力广泛、参加人数众多的群众性读书学习活动。它被党中央赞扬为上海工人阶级的创举,被中共中央宣传部、中央文明委授予全国"全民阅读活动优秀项目",被职工们亲切地称为"没有围墙的大学校"。1984 年,为适应振兴中华读书活动从职工向学校、农村、地区发展的新形势,经中共上海市委批准,在原市职工读书指导委员会的基础上扩充成立上海市振兴中华读书指导委员会。1995 年,第一届上海读书节成功举办,至 2023 年已开展了 25 届。1999 年开始,上海将"振兴中华读书活动"与举办"上海读书节"相结合,读书项目和人群覆盖面日益扩大,上海呈现全民阅读的新气象、新风尚。进入新时代,"振兴中华读书"为适应新形势下的阅读需求,建立"市读书办+副主任单位、区总工会、学习办+街道(社区)、基层单位(企业)职工书屋"三级联动机制,充分发挥各委、办、局以及媒体等 24 家副主任成员单位资源优势和网格特质,广泛开展读书活动。近年来,"振兴中华读书"主动顺应公共文化服务的发展趋势,积极探索新媒体在线阅读推广活动的广度和深度,充分利用互联网平台,提升数字化阅读的质量和水平。利用新兴媒体传播渠道的优势,进一步拓展全民阅读活动的载体和形式,丰富全民阅读活动的内容。

二、振兴中华读书活动有抓手

2023 年 4 月,由上海市委宣传部(市新闻出版局)联合上海交通大学中国城市治理研究院共同发布的《2022 上海市民阅读状况调查》显示:上海市全民阅读各主要指标向上向好,市民综合阅读率达 96.83%,人均年阅读量为 13.37 本,保持在全国领先水平;71.84% 的市民倾向于主动阅读,上海市民家庭阅读率高达82.44%;新型书店作为都市文化新空间受到市民青睐,书店的公共阅读属性和社交属性凸显。上海以"促进全民阅读、营造'书香满城'浓郁氛围"为目标，推进各项全民阅读活动、完善阅读设施体系等措施的成果正在不断落地。由此可见，上海书香社会氛围良好，职工（市民）提升自身文化素养的意愿强烈，全民阅读可以在推进公共文化高质量发展中取得更大成效。为加强职工数字化阅读能力培养，提高大众的阅读水平和素养，振兴中华读书活动主动作为，积极应对如阅读推广服务机制匮乏（副主任单位之间的联动较为单一）、阅读推广服务缺乏与受众沟通（职工群体存在阅读与生产之间难以平衡、自身重视不够等困境）、媒体宣传相对缺乏等短板与不足，深入挖掘、提升阅读推广服务的有效路径。

（一）健全长效机制，提升服务能级

振兴中华读书构建以制度创新为核心的发展理念，从机制优化上推动阅读推广服务，使之始终保持旺盛生机和活力。首先，积极响应各项发展决策，在人力、物力、财力上寻求各方支持，解决发展的后顾之忧。上海市振兴中华读书指导委员会通过副主任委员单位联席机制，建立健全组织领导机构，形成"党政主导、区域负责、部门协调、社会参与、媒体支持"的统筹联动格局，将读书工作纳入市总工会总体工作规划部署安排，通过专项会议、调研交流和资金支持等方式，全程参与全民阅读各项工作，实现"组织健全、设施完善、活动丰富、品牌创新、富有成效"的工作目标。其次，对各项制度进行优化完善，尤其是阅读推广服务工作按年度计划进行精心策划、全面筹备、精准实施。建立反馈机制，及时总结交流读书进程和开展情况，巩固读书活动成效。最后，形成必要的激励机制，鼓励各级工会创新读书活动，创优读书品牌。每年，上海市振兴中华读书指导委员会办公室围绕年度主题，通过下发沪读指办1、2号文《关于申报上海市振兴中华读书活动示范项目的通知》《关于开展主题系列读书活动的通知》以及转发中华全国总工会"玫瑰书香"女职工主题阅读活动的通知文件，有序开展各项读书活动。2020年,面对新冠肺炎疫情严重冲击,振兴中华读书活动积极承担职工"阅读引领者、活动策划者、平台服务者"角色,创新推出"疫情下"系列云文化项目,通过云端诵读、线上讲座、融媒体传播等各种形式和载体,抚慰人心、凝聚力量。"战'疫'有我'艺'起前行"优秀抗"疫"诗歌、散文作品云端诵读活动,遴选优秀稿件,由专业朗诵艺术家、电台主持人、市宫茉莉花话剧团成员精心演绎,"声"援逆行抗疫一线劳动者。申工社发布活动推文,阅读量10万+,中华全国总工会官方微信号原文转载刊发。组织开展"疫情下的阅读力量"职工(市民)云端读书,通过市宫"悦读汇"平台,提供10万册电子书籍和4万部有声书,丰富职工(市民)的精神文化生活。活动多以线上预热、云上发布、线下直播、后续回放、多媒体报道等方式举行,聚焦上海各行各业职工群众临危不惧、百折不挠,在任何困难和风险面前从来不放弃、不退缩、不止步的奋斗历程,讴歌新时代中国精神中国力量和中国担当。2021年围绕建党百年主题,深入贯彻落实习近平新时代中国特色社会主义思想,深化"四史"学习教育,通过舞台式演讲、电台融媒体节目开办、党员故事征集等传承红色基因,生动刻画城市与阅读、职工与阅读的联结。其中舞台式演讲展示会,网络直播浏览量391.6万。2022年,活动以"阅读新时代　奋进新征程"为主题,结合"振兴中华读书活动"40周年这一重要时间节点,通过拍摄一部纪录片、组织一次读书征文、出版一本纪念特辑、征集一批文艺作品、组织一场云端诵读、举办一系列大咖讲座、推荐一份悦读书单、遴选一批示范项目、开办一档读书节目等9大活动,推动形成爱读书、读好书、善读书的浓厚氛围。2023年,紧紧围绕学习宣传贯彻党的二十大和上海工会十五大精神,举办上海市振兴中华读书活动暨第25届上海读书节,深入推进全民阅读高质量发展,通过开展"阅读上海"主题征文活动(收到投稿作品近1 000部)、"我的枕边书"短视频征集、"今天我是主理人"读书活动创意大赛等多个文化项目，开掘新阅读领域，打造品质阅读体验。

（二）强化思想引领，坚定文化自信

强化好书推荐机制。联合解放日报社、上海世纪出版集团以及各大书店共同推出2023年上海市振兴中华读书活动悦读书单（100套），其中宣贯党的二十大精神的主题出版物近30个种类，如《习近平在上海》《当好改革开放的排头兵——习近平上海足迹》《火种》等，覆盖阅读人群百万人次；利用公益乐学、技能强国（全国产业工人学习社区）开设学习宣传贯彻党的二十大精神"奋进新征程 建功新时代"主题教育系列课程，坚定文化自信。大力弘扬优秀传统文化。创办于2019年4月23日（世界读书日）的"五一讲堂"是上海工会全力打造的文化新品牌，也是上海振兴中华读书活动的经典示范项目之一，讲堂围绕思想理论、政治建设、民生保障等多领域热点问题，邀请大师名家、学术精英，与职工（市民）面对面交流，答疑解惑，传播新知。2023年，为进一步弘扬中华优秀传统文化，市宫联合上海市社科联、上海开放大学等单位共同举办"五一讲堂——千年流觞 盛世新生 中华优秀传统文化的时代传承"系列讲座，线上线下参与职工20多万人次。迄今已举办70余场的传统文化直通车创新开设线上直播间，通过古今穿越、历史演绎、专家评述、在线答疑等方式，传播中华优秀传统文化，每次直播在线观看人数达5万+。利用场馆阵地优势，沉浸式学习"三个精神"。为搭建服务职工文化新平台，打造弘扬劳模精神、工匠精神的新高地，2018年5月18日，位于上海外滩的上海劳动模范风采主题展开馆，时隔一年不到，2019年9月28日，集结上海150余位大国工匠、上海工匠，全国第一个5G信号覆盖的现代展馆上海工匠馆开馆。截至目前，"两馆"累计接待包括中华全国总工会、上海市委市府重要团队在内的团队近4 000批次，线上线下累计参观人数超75万人次，成为国内外职工、市民游客的网红"打卡点"。创设电台直播节目《劳模来了》《空中工匠学堂》，获五一新闻奖。创办公益项目"劳模工匠志愿者大学堂"邀请劳模工匠向职工群众零距离授课,在2022年度全国学雷锋志愿服务"四个100"先进典型评选中获"最佳志愿服务项目"。2023年国庆期间,为吸引更多年轻群体走近劳模、工匠,上海工匠馆变身密室,开展"匠心探秘"实景解谜寻宝活动。以馆内展示、故事、榜样人物为谜题开启观展体验,同时邀请大国工匠、时代楷模与广大市民面对面,近距离感受工匠精神、榜样力量。工匠馆设置朗读亭(内容包括:习近平总书记的原话原文、党的二十大报告、经典文学作品等),供工会代表学思践悟并留下工会心声。馆内同时设有与上海世纪出版集团合作的"世纪火种"阅读基地,为广大职工(市民)提供最新图书的现场阅读与分享。同时,利用各种载体,拓展读书活动外延,如赴安徽合肥参加第十七届长三角城际工人文化宫联席会议暨沪苏浙皖职工文学创作研讨会,推荐介绍振兴中华读书活动及上海职工文学创作,讲好职工阅读故事、讲好上海发展故事。2023年8月,市宫首次招募近百名职工文学爱好者,组织开展职工文学创作学习系列活动,通过专家授课、现场采风、写作实践等多元方式,鼓励职工俯身写作,弘扬三个精神(劳模精神、劳动精神、工匠精神)。和高校、专业创作团队合作,打造劳模工匠舞台式情景剧,为劳模工匠造像,以优异的文艺作品鼓舞人、激励人。

(三)发挥示范效应,扩大覆盖人群

上海市振兴中华读书活动以党的二十大精神为引领,聚焦广大市民和职工群众的阅读文化需求,通过主题征集、创意大赛、作品展示、融媒体阅读分享、建立职工书屋示范点等形式,深入挖掘上海历史文脉、大力弘扬城市精神品格。每年面向全市开展示范项目培育征集、评选展示工作,遴选一批凸显时代主题、特色鲜明、深入基层的读书活动示范项目。如上海市妇联的家·国——2023上海智慧女性读书讲坛、上海市残疾人联合会的"触摸逆光,点亮人生"骑行城市行走阅读接力活动、杨浦区学习型社会建设促进委员会的"月·悦学"活动、浦东新区的悦与思——遇见三十六行主题读书活动、上海图书馆的文化名人手稿展及阅读推广系列活动、市经信委"翰墨绘华章　奋楫新征程"先锋领读活动、上海航道局第十二届"我阅读、我快乐、我成长"职工读书活动，上海电信工会的"智联新时代　阅读越幸福"第十七届全员读书日活动等。全市百余家单位报送读书活动650场，参与量500万人次，进一步推动读书活动深入机关、企业、学校，走进社区、家庭、郊区农村，同时惠及新就业形态劳动者群体等。同时，在一线职工，特别是新就业形态劳动者群体聚集的企业、园区和楼宇开设职工书屋，在全市共建立职工书屋示范点和自建点3 000余家，其中有实体书屋、流动书屋和电子书屋，定期配送丰富多彩、富有特点和切合实际的书籍和活动，满足广大职工的精神文化需求。

（四）优化融媒力量，彰显读书特色

阅读推广作为一项培养读者阅读能力、增强读者阅读兴趣、推动全民阅读的工作，是振兴中华读书的重要组成部分。与上海人民广播电台合力打造的融媒体读书节目《我们读书吧》，是上海目前唯一一档读书类广播节目，利用主流媒体的权威性和新媒体传播渠道的优势，吸纳读书资源、开辟新阅读领域。节目分别邀请沪上作家、诗人、优秀读书组织、读书爱好者等客座电台直播间，通过阿基米德社区、话匣子等新媒体手段，直播、回放节目，推荐新书、分享阅读心得等。截至目前，《我们读书吧》直播50余场，平均每期触达收听人口250万人次，有力秉承了"传承文明，服务社会"的阅读推广理念，有效提升了全民文化素养。值得一提的是，在疫情期间，特别邀请心理专家、家庭教育专家通过电波安抚人心，慰藉众人心灵，阿基米德直播帖浏览量10+。另外，市振兴中华读书指导委员会还邀请全国劳模"抓斗大王"包起帆分享他的读书活动，邀请复旦大学附属华东医院原院长俞卓伟介绍新书《医德之光》，邀请全国五一奖章获得者外卖骑手宋增光讲述在上海学习成长的故事。同时,我们还努力打造《我们读书吧》节目衍生的线下项目——场景读书会,借助传统广播和互联网多元传播方式以及读书受众对传统文化的热爱,触达更多人群。如在历史动漫电影《长安三万里》上映之际,开展"我们读书吧——场景读书《长安三万里》"特别观影分享会,邀请中国诗词大会的冠军来到活动现场,讲述诗词魅力,以"赏、阅、享"多维度视听方式感受阅读带来的文化浸润和传承。

(五)加强探索实践,推动创新发展

作为上海市振兴中华读书活动重大项目之一——上海职工(市民)文化网络大赛将思想政治引领与内容创新相结合,坚持"工会主导、网络主场、宣传主线、全民参与",有效发挥网络阵地优势,搭载微信小程序平台,通过强头脑(党的二十大精神知识竞答)、闻书声(习总书记系列重要讲话原声学习)、览江河(上海"一江一河"线上寻访)、AI绘画(科技体验游戏)、秀文采(三行诗的创作)等特色栏目的设置,吸引职工参与赛事,凝聚职工奋进力量。职工文化活动"触网入云",点燃职工参与热情,也激发了工会工作的新动能,创造性地将其转化为精神文明建设的生动实践。其中秀文采栏目,结合"新时代 新阅读"系列读书活动,围绕"阅读、城市、榜样"三大选题,开展面向全市职工(市民)的微型诗征集,活动共收到投稿作品2.9万余首。整个赛事以零门槛(报名)、长知识、交朋友、解压力、享福利吸引众多参与者,总报名人数40.2万,每日参加活动超过百万人次。调查问卷测评满意度达96.5%。活动同时搭载传统文化直通车、乐动午后、公益乐学等上海市工人文化宫多个特色文化项目,深入园区、企业、楼宇、社区、公共文化空间以及非公企业和新就业形态劳动者群体进行现场宣传,提供文化惠民服务,真正打通了职工(市民)精神文化建设的"最后一公里"。

三、振兴中华读书活动有思考

（一）整合多方资源，强化品牌效应

振兴中华读书活动梳理统筹既有资源，同时开发新资源。一是加强与委员单位、主管单位的沟通交流，清晰表达自身特色及诉求，深入了解各类市级文化项目，找准契合点，相互渗透、借力、补台，达到"1+1>2"的合作效果。例如，与上海书展、上海市民诗歌节、人文行走项目等，可开展深度合作。二是拓宽与主流媒体的合作渠道，发掘《解放日报》《文汇报》《新民晚报》、东方网等沪上主流媒体平台优势，创新读书活动形式。例如，与上海人民广播电台联合开展场景读书会，开辟《我们读书吧》电台节目以外的读书活动新可能，针对不同人群推出不同的场景阅读模式，吸引更多阅读爱好者，培养不同人群的阅读兴趣与阅读习惯。三是发挥新兴媒体、文化新空间的载体优势，赋予阅读更多新意和趣致。例如，通过帆书 App 的"非凡精读""翻转课堂"，愚园路电台的"上海故事周"电台直播、喜马拉雅的"无用学"大师课，为振兴中华读书活动提供更多阅读新"乐"点。四是做好出版资源互通的桥梁纽带，盘点出版上下游优质资源。例如，有职工渴望阅读中华传统文化方面书籍，通过媒体宣传平台，振兴中华读书活动将海派艺术等优质出版资源推荐给更多读者。也可借助连锁书店（如朵云书院、读者书店等）线下各具特色的公共文化空间，宣传推广和开展各种形式的沉浸式读书活动，同时开辟线上直播"围观"。

（二）走进数字时代，赋能科技阅读

振兴中华读书活动将积极应对阅读的数字化浪潮，有效发挥数字化所具有的高创新性、强渗透性、广覆盖性等特点，把握好数字阅读带来的红利，助力打造阅读新生态。一是走进数字出版，与出版社开拓交流新领域，了解线下内容的互联网化，从源头上为职

工寻找更多优质电子书。二是走进数字阅读,与市教委"学指办"等机构加强合作,实现"悦读书单"等振兴中华读书活动重推书籍的数字化;与新兴媒体联动,扩大"有声书"的推广应用。三是多措并举,融会贯通,把浅阅读和深阅读、泛读和精读有机结合起来,把读屏、读书、听书有效组合起来,营造丰富的阅读体验。

未来的振兴中华读书活动以习近平新时代中国特色社会主义思想为指导,学习宣传贯彻好党的二十大精神,坚定文化自信,传播正能量。继续发挥好振兴中华读书活动和上海读书节的品牌示范效应,广泛动员广大职工和市民积极参与读书活动,着力营造政府支持阅读、社会关注阅读、人民热爱阅读的全民阅读良好环境。持续推动传统阅读和数字阅读、线上推广和线下活动的有机结合,增强公共文化服务现代化传播能力。同时加快数字图书平台建设,逐步增加全民阅读服务的数字资源总量,为职工群众和市民朋友提供更便捷、人性化、跨越时间、地理局限的数字资源阅读服务。打造公共文化服务空间,借助劳模风采展示馆、上海工匠馆以及未来的职工书屋旗舰店等,开展多元化的读书项目,让书香汇聚申城。

(作者系上海市振兴中华读书指导委员会办公室常务副主任,
上海市工人文化宫党委副书记、主任,副研究馆员)

参考文献

[1] 徐建华,王晴:《我国全民阅读理论与实践研究进展》,《图书情报工作》,2018年第6期,第98—107页。

[2] 莫扬海:《"互联网+"时代下的高职院校图书馆社交媒体营销模式研究》,《图书馆研究》,2020年第3期。

[3] 上海市委宣传部(市新闻出版局)联合上海交通大学中国城市治理研究院发布《2022年上海市民阅读状况调查》,2023年4月。

上海文博领域行业组织改制的路径与思考
——关于组建上海市博物馆协会的调研报告*

段　炼　郭　骥　邵文菁

　　2018年10月24日,上海市文物博物馆学会第六次会员代表大会召开。会议决定,将上海市文物博物馆学会正式更名为上海市博物馆协会,审议通过《上海市博物馆协会章程》,并选举产生了协会新一届理事会。在此之前,经上海市文物局委托,本课题组开展了区域性博物馆行业协会组建工作调研课题。经过对近年来新成立的相关行业协会历史沿革、成立路径和模式的调研分析,课题组形成了一份关于上海文物博物馆学会更名博物馆协会的建设性调研报告。虽然上海市博物馆协会已完成更名改制,但作为行业组织的博物馆协会,其职能是否完全覆盖原有作为学术团体存在的文物博物馆学会,文物博物馆领域是否还需要有学术性社团的继续存在,这是文物博物馆社团组织更名之后值得学界思考的一个问题。

一、上海文物博物学会基本情况

1. 学会概况

　　上海文物博物馆学会(以下简称为"上海文博学会")成立于

＊　本调研报告完成于2018年底。

1995 年 9 月 14 日,会址设在人民大道 201 号上海博物馆内。创立之初,上海文博学会团体会员有 19 家,个人会员 262 名,主要为上海地区各博物馆、纪念馆以及高等院校的科研人员。学会首届理事会共有理事 19 人,由上海市副市长龚学平同志担任名誉理事长,上海博物馆馆长马承源任理事长,上海博物馆副馆长黄宣佩任常务副理事长,李俊杰、何新桥、吴浩坤、张世福、杨军等任副理事长,上海博物馆副馆长李俊杰兼秘书长,上海博物馆副馆长王仁波任副秘书长。

根据《上海文物博物馆学会章程》,学会理事任期为三年,每年召开一次理事会。经过二十余年的发展,截至 2017 年底,上海文博学会已有团体会员 39 家,个人会员 802 名。现任第五届理事会,共有理事 24 人,理事长为上海博物馆原馆长陈燮君,陈克伦、李竞业、王小明、徐云根、陆建松、王辉等任副理事长,上海博物馆原副馆长陈克伦兼任秘书长。

2. 学会性质

上海文博学会是由上海市文物、考古和博物馆界工作者自愿组成的群众性学术团体,是非营利性社会团体法人,也是上海市文物博物馆系统唯一一家学术性社会团体。

根据章程,上海文博学会的宗旨是:在马克思主义、毛泽东思想指导下,坚持四项基本原则,贯彻“百花齐放,百家争鸣”的方针,发扬实事求是、理论联系实际的学风,开展文物保护、陈列展览、藏品研究和科学管理等方面的学术活动,团结全市文博工作者,为促进本市文物博物馆事业的发展,为建设社会主义精神文明作出积极贡献。学会的主要任务包括:发挥党和政府联系广大文博工作者的桥梁纽带作用,反映文博界的愿望与要求,维护文博工作者的正当权益;组织、协调学术研究活动,开展国内外学术交流;开展文物、博物馆咨询工作,为文博单位提供服务;宣传和普及文物知识和科技成果,编辑出版文物博物馆的学术研究成果和资料;

奖励和表彰文博学术研究的优秀成果和优秀文博工作者;依法履行市级文博学术团体的职责。

在省、市、自治区层面,社会科学社团组织一般由当地的社科联主管,依法对社会科学学术社团、民办社会科学研究机构进行业务指导和管理,是各级社科联的主要工作之一。上海市社会科学界联合会,简称上海市社联,是中共上海市委领导下的以推动、协调全市社会科学研究和普及为主要任务的学术性群众团体,是上海社会科学界的联合组织,是党和政府联系上海广大社会科学工作者的桥梁纽带。因此,上海文博学会的上级业务主管部门是上海市社联。

上海文博学会成立之际,全市文物事业的行政管理机构是上海市文物管理委员会。其职能是对直属文物、博物馆事业的领导,对区、县文物、博物馆事业的业务指导,以及对全市社会文物事业的政策管理。因此,上海文博学会挂靠在上海市文物管理委员会。

3. 学术活动

1995 年 9 月上海文博学会成立大会期间,同时举办了首届学术讨论会,共有 65 名会员参加,提交学术论文 21 篇,内容涵盖博物馆陈列设计、宣传教育、文物保护工作等方面。1996 年和 1997 年,学会又组织了"临时展览专题学术讨论会",以及两次全体会员活动、五次业务交流活动和一次专业咨询活动。此后,学会不定期举办会员代表大会,还组织了"上海市博物馆、纪念馆爱国主义教育资源开发利用""上海市历史类博物馆、纪念馆教育资源开发利用""上海市革命类纪念馆、陈列馆现状及资源利用""上海市人物类纪念馆教育资料开发利用""上海区县博物馆现状及其开发利用"等一系列专项调研课题。集历次研讨会部分优秀论文,以及调研报告,相继编辑出版了两本《上海文物博物馆学会论文集》。

此后,上海文博学会还不定期组织学术讲座、调研考察等交流活动。例如 2002 年 9 月 17 日至 27 日、学会与上海市文管会共同组织赴重庆、贵州两地考察文物、博物馆活动,中共"一大"会址纪念馆、龙华烈士纪念馆、上海宋庆龄故居纪念馆、青浦博物馆等单位的部分专业人员参加考察活动。2008 年 12 月 9 日,学会邀请美国科罗拉多艺术商业委员会执行主任 Deborah Jordy 女士作有关博物馆运营的学术讲座,上海市各博物馆、纪念馆 120 多位专业人员参加活动。

4. 学会现状

上海文博学会原挂靠单位上海市文物管理委员会,简称上海市文管会,曾经是全市文物事业的行政管理机构。1949 年 9 月成立,负责全市文物保护管理工作,1955 年起改由上海市文化局履行行政管理的职能。1960 年 2 月,上海市文管会与上海博物馆合署办公,实行"两块牌子,一套班子","文化大革命"期间一度停止工作。1988 年,上海市文物管理委员会再次与市文化局分工,统一管理全市文物博物馆事业,下辖上海博物馆、中共一大会址纪念馆、中共代表团驻沪办事处纪念馆(1998 年并入中共"一大"会址纪念馆)、上海鲁迅纪念馆、上海历史文物陈列馆(1990 年更名为上海市历史博物馆)和上海文物商店等 6 家单位。1996 年,上海博物馆在人民广场的新馆落成之后,上海市文管会以及上海文博学会迁入武胜路 188 号上博新馆办公。

为了配合上海博物馆新馆建设的需要,以及各种历史原因,上海市文管会恢复独立建制之初,由上海博物馆代行上海市文管会办公室职责。上海市文管会党支部归属上海博物馆党委领导,其工作人员属于上海博物馆员工编制,客观上形成了上海博物馆一馆独大的局面。因此,上海文博学会名义上挂靠上海市文物管理委员会,其实归由上海博物馆领导,理事长、常务副理事长、秘书长均由上海博物馆领导担任。2010 年 9 月,上海市文物局挂牌成立,上海市文物管理委员会职能发生转变,原直属单位上海市历史博物馆、中共一大会址纪念馆、上海鲁迅纪念馆、上海文物商店划归市文物局领导,上海博物馆直接隶属上海市委宣传部。随后,上海文博学会的挂靠单位正式转为上海博物馆,与上海市文物局并无挂靠和隶属关系。由于挂靠单位和文物主管部门的脱节,进一步造成了上海文博学会在组织运作、开展活动等诸多方面的功能不畅。2013年,上海文博学会第五届会员代表大会在上海博物馆学术报告厅举行,来自全市50余家单位的160余位代表参加会议,选举产生了新一届的理事会。尽管如此,上海文博学会仍很难开展正常的学术研究和交流活动,原有的咨询、宣传、普及、编辑出版等学术功能也基本停顿。根据最新统计,截至2016年,上海全市共有137家博物馆、纪念馆。显然,上海文博学会区区39家团体会员已无法涵盖和体现上海文物博物馆事业发展的现状。

二、作为同业组织的协会

1. 同业组织发展历史

作为同业组织的行业协会,其前身是近代工商类同业公会,它的产生也是中国行业组织从传统的行会向现代工商同业组织转变的一个重要标志。1843年上海开埠以后,经济发展迅速,而国家对许多行业领域的管理却十分滞后。随着交易规模和交易密度的增大,市场主体普遍产生对运作规则的需求。各种民间行业组织,如工商会馆、行业公所、同业公会等团体的出现,促进了行业规则的进一步专业化、规范化和细分化。在市场经济之下,以组织协调取代个体协调,更节约成本,更有效率。据统计,上海开埠前同业组织仅有14家,开埠后至清末,沪地同业公所等行业组织增至102个,涉及行业90余个。行业组织成为这种社会化大契约的组织载体,承担着兼顾效率和公平的职能,对这一时期上海市场经济的正常运行起到了积极影响。

与此同时,行业组织也铸就了政府与市场间的一道屏障,一方面为政府干预市场提供了有效的路径,一方面也制约了政府的无度干预。在与政府交往中,同业公会必然会有一定政治含义的诉求,会有一些带有政治属性的言论、行为、举措,甚至还间接或直接参与有关国家政府工商、金融、税收、财政等政策的制订和施行。由此可见,近代的同业公会不仅在各自的经济领域发挥着重要作用,同时也是一股可以影响社会、参与政治的强大力量。

同业公会作为新式行业组织在近代中国经济发展进程中发挥着积极的作用,同时也存在着一定的保守性,依然保留着某些旧式行会的特色。其中比较突出的表现,就是继续采取非常举措维护同业垄断利益,对政府仍然存在着较强的依赖性,常常借助政府的权威达到保护本业和限制他业发展的目的。这种保守的封建行会传统,有违营业自由和平等竞争的市场经济发展原则,也不利于一些行业在技术改良、设备更新、开拓市场等方面的进取革新。1949年新中国成立后,同业公会被纳入新组建的工商联体系之中,逐步转变为工商联下属的专业性组织。在社会主义改造完成之后,经历了半个多世纪的同业公会终于失去其存在的组织基础与市场基础,最终退出了历史舞台。

2. 行业协会重获新生

伴随着我国改革开放和建立市场经济体制的进程,以行业协会形式出现的同业组织再次萌发,重新获得了强盛的生命力。在经历了 20 世纪 80 年代中期和 90 年代中期两次经济大发展之后,行业协会迅速成长。进入 21 世纪以后,在我国加入 WTO 组织和经济全球化的大背景下,行业协会在经济贸易中的作用更加受到党和国家的重视。与此同时,“治理理论”被引入我国,意味着国家对社会管理的方式开始从“统治”走向“治理”,从“善政”走向“善治”。在这样的政策环境影响下,截至 2001 年底,在上海市社团管理局登记注册的市级行业性社团共 132 家;而到了 2007 年底,已经发展到 210 家,涉及信息业、制造业、建筑业、现代服务业、文化产业、农业等各个领域。

2010年7月30日，上海市人大常委会通过了《关于修改〈上海市促进行业协会发展规定〉的决定》，明确凡申请设立行业协会可以直接登记，进一步简化了审批程序，为地方行业协会的发展和运作扩展提供更大的、有形化的空间。2013年，党的十八届三中全会通过《中共中央关于全面深化改革若干重大问题的决定》，把完善和发展中国特色社会主义制度、推进国家治理体系和治理能力现代化作为全面深化改革的总目标。这意味着国家治理要以治理主体为轴心，实现各类社会主体的积极有为、活力迸发。政府必须具备或拥有一种政策引导和社会协同的能力，全面激发各类社会主体的积极性和创造力，让市场、社会、民众等多元力量都参与国家治理实践，实现不同领域力量的均衡、功能的互补、利益的互惠。同一年，民政部根据《中共中央关于全面深化改革若干重大问题的决定》要求，明确"行业协会商会类、科技类、公益慈善类、城乡社区服务类"四类社会组织直接登记，将取消不必要的审批。2014年3月14日，上海市政府办公厅关于转发市民政局制订的《上海市社会组织直接登记管理若干规定》的通知（沪府办〔2014〕18号）规定，自2014年4月1日起对四类社会组织施行直接登记管理，这为地方行业协会外部治理体系的重构提供了重要契机。

3. 行业协会的性质、作用及有关政策

行业协会是指介于政府与企业之间，商品生产业与经营者之间，并为其服务、咨询、沟通、监督、公正、自律、协调的社会中介组织。在市场经济发达的主要资本主义国家，由于私营经济的企业主是分散的，企业竞争又异常激烈，非常需要一个组织来协调企业之间的关系，并能向政府反映和申诉自己的意见，政府也需要一个组织能将自己的声音传到广大企业中，行业协会正是在这种迫切的要求下出现的。行业协会不属于政府管理机构系列，而是政府与企业之间的桥梁和纽带。

在我国,行业协会属于《民法》规定的社团法人,是民间组织社会团体的一种,即国际上统称的非政府机构,又称 NGO,属非营利性机构。新型的行业协会与过去的同业公会相比,具有一定的延续性,也有各自的不同点。从性质来看,行业协会包括企业、相关事业单位和社会团体,而同业公会一般只涉及企业层面。同业公会具有明显的民间自治性,而行业协会还具有一定的官方色彩。从宗旨看,两者的宗旨都是为会员服务,维护会员的合法权益,贯彻执行国家的政策和法律。但行业协会侧重协助政府进行行业管理,促进行业发展。而同业公会既要反映会员企业的愿望和要求,维护其合法权益,又要贯彻国家政策。从机构人事看,同业公会的组织机构和领导人员,皆由同行企业的人员民主协商选举产生,按照自选领导、自聘干部的精神进行工作;行业协会的组织机构和领导人员,既有民主选举产生的,也有按主管部门意志组成的,这在客观上具有一定的"行政化"倾向。

根据《社会团体登记管理条例》,我国对地方行业协会实行登记管理机关和业务主管机关双重负责的体制,其中:登记管理机关负责登记审批、指导检查督促各项活动、依法查处违法违纪行为;业务主管机关承担申请登记、思想政治工作、党的建设、财务与人事管理、对外交往以及具体活动开展等职责。这样的"双重规制",使得行业协会始终处于行政的强行约束之下。2002 年 10 月,上海市政府办公厅转发了市体改办、市民政局《关于本市行业协会业务主管部门管理职责划分和相关工作衔接的意见》,进一步把"业务主管单位"划分为行业协会主管单位和协会业务主管单位,并明确各自的管理职责,形成了市行业协会发展署、市政府有关委办局和市社团管理局三方对上海全市行业协会实行管理的新体制。在现有的国家法律法规的制度框架内,通过成立市行业协会发展署,将一部分管理职能从业务主管部门转移到行业协会发展署,从而既能实现行业协会与业务主管部门的相对分离,又能明确划分政府部门的职责,形成政府管理的合力。由此,上海的行业协会管理体制开始从"双重规制"体制过渡为"双重管理,三方负责"体制。

4. 科教文卫类行业协会

改革开放后上海第一个行业协会是 1982 年 2 月成立的上海市食品工业协会。经过三十多年的发展,尽管行业协会已具有一定的规模,但博物馆所属科教文卫领域的各类协会在全市行业组织总数中所占比重并不大,也相对较为年轻。

例如上海市图书馆行业协会,成立于 2005 年 12 月,为本市各级各类图书馆自愿组成的跨部门、跨所有制的非营利的行业性社会团体法人。协会通过法律法规授权、政府委托,承担图书馆行业资格认定、专业技术职务资格评审、业务评估工作实施、行业统计、行业调查、发布行业信息、提供公信证明等职责;致力于提高全市各系统图书馆业务建设与发展水平;完善全市图书馆的行业规范,促进全市各系统图书馆的读者服务及业务的发展;通过网络化、数字化等现代化的技术手段积极开展各系统图书馆之间的交流与合作,最终形成覆盖全市的图书馆信息网络系统,实现文献信息资源共享,更好地满足知识经济社会的需要,使广大市民方便、快捷地获得全市各系统图书馆的文献信息资源,以发挥图书馆对促进上海在全国乃至世界经济、科技、教育、文化事业的建设的作用和贡献。

再如上海市非物质文化遗产保护协会,成立于 2015 年,首批单位和个人会员共有 600 余人。根据《上海市非物质文化遗产保护协会章程》,协会的业务范围包括:开展非物质文化遗产保护,研究行业状况,出版研究成果;组织国内外展览、展演、培训、学术交流与合作;开展生产性保护,并认证相关非遗产品、作品等。形成了一个更广泛、更直接、更有效的社会化服务平台。

这些科教文卫类行业协会的成立,以学科专业为分类依据,减轻了主管部门的管理压力,整合了全市的相关资源,加强了各单位间的交流与合作,又激发起了在行业内形成谋求良好发展氛围的自觉性。

三、相关经验与路径

1. 中国博物馆学会与中国博物馆协会

中国博物馆学会是中国博物馆界群众性学术团体,1979 年由南京博物院和上海博物馆倡议,1980 年由中国历史博物馆、故宫博物院、中国革命博物馆、南京博物院、上海博物馆、北京自然博物馆、中国人民革命军事博物馆、北京鲁迅博物馆等发起,1982 年 3 月 23 日在北京成立。

中国博物馆学会的主要任务是组织博物馆学的研究和学术活动,提高博物馆的业务和学术水平,开展国际间博物馆学术交流活动,增进同国外博物馆工作者的联系,编辑会刊、通讯,编译博物馆学专著、资料等。学会的最高权力机构为会员代表大会,执行机构为理事会。学会下设陈列艺术专业委员会、地质博物馆专业委员会、保管专业委员会、社会教育专业委员会等,按照博物馆学各分支学科的内容分别组织学术活动。此外,会刊编委会负责学会会刊《中国博协通讯》的编辑、出版、发行工作。中国博物馆学会成立之后,全国各省市自治区相继成立博物馆学会组织,比较早的有安徽省博物馆学会(1981)、山东省博物馆学会(1982)、北京市博物馆学会(1985)、陕西省博物馆学会(1985)等。

2010 年 8 月 30 日,中国博物馆学会更名为中国博物馆协会。时任中国博协理事长张柏指出,"学会"和"协会"虽然只是一字之易,意义却十分重大。首先,中国博物馆协会在称谓上与国际博物馆协会接轨,更有利于对接与交流,特别是 2010 年中国承办国际博协第二十二届大会,更名可以省去诸多不便,使沟通更加顺畅;

其次,进入21世纪中国博物馆事业有了极大的发展,需要有一个协会一样的行业组织在产业发展政策制定、行业准入以及行业维权方面进行规范化管理;同时,作为行业组织的博物馆协会,能为博物馆行业在发展政策制定、行业准入以及行业维权方面,进行规范化的管理。

2. 美国和日本的经验

美国博物馆协会(American Association of Museums, AAM)成立于1906年,是为团结美国博物馆与博物馆人员的全国性与国际性的非营利组织。从1969年以来执行博物馆认定程序(Museum Accreditation Process),并发展出美国博物馆的工作标准与最佳运作流程,收集和分享专业知识,倡导所有与博物馆社群有关的议题。2012年,协会更名为美国博物馆联盟(American Alliance of Museums)。在美国,史密森尼学会(Smithsonian Institution)是唯一由美国政府资助、半官方性质的第三方博物馆机构,某种程度上发挥着全国性博物馆学会的功能。

在日本,博物馆协会与博物馆学会两者并存。日本博物馆协会成立于1931年,前身为1928年成立的博物馆事业促进会。协会通过组织落实与博物馆有关的各类项目,旨在促进博物馆健康发展,为社会教育的进步,以及日本的教育、学术和文化活动的发展作出贡献。全日本博物馆学会则成立于1973年8月。这是在日本《博物馆法》实施以后,根据日本博物馆行业的实际操作需要建立的全国性学术组织。博物馆学会的成立,为博物馆负责人、研究人员和其他学者参与分析、讨论日本博物馆的现实问题,研究未来的发展方向搭建了平台。

3. 其他行业的情况

中国博物馆学会更名为中国博物馆协会,是在21世纪初国内一大批学术社团变更为行业协会的背景下进行的。这一系列更名包括:中国广播电视学会更名为中国广播电视协会(2004),中国劳动保护科学技术学会更名为中国职业安全健康协会(2004),中华医院管理学会更名为中国医院协会(2005),中国轻音乐学会更名为中国大众音乐协会(2007)等等。诸如中国广播电视学会、中华医院管理学会更名之后,北京、上海、天津、广东等省市自治区相应的原学会一并更名为协会,即地方学术社团也变更为行业协会。而中国博物馆学会更名之后,绝大多数地方博物馆学会继续沿用学会名称,保持原有学术团体的组织设置和功能。根据现有的资料,湖北省博物馆协会于2010年10月30日宣告成立,应该是最早组建的地方博物馆协会。2014年12月21日,广西考古博物馆学会更名为广西博物馆协会。广西博物馆馆长吴伟峰表示:"从广西考古博物馆学会更名为广西博物馆协会,是因为在过去比较重视于学术的研究,但随着社会的发展和博物馆事业的蒸蒸日上,广西从十几家博物馆增加到如今的一百多家,不仅在数量上有所增长,类型也发生了变化,各行业几乎都有了博物馆。通过广西博物馆协会,把这些博物馆都组织起来,实现更好的管理与发展,为广西博物馆事业的繁荣与发展作出更大贡献。"另外,广东省也成立了博物馆协会,由开展博物馆有关业务的组织和个人自愿组成的全省性、专业性、非营利性的社会团体。

4. 关于组建上海市博物馆协会的设想

综合以上对学术团体和行业协会的深入分析,结合中国博物馆协会和国外博物馆界的经验,同时参照其他行业组织更名改制的经验,对于上海市博物馆协会的组建可以有以下几种途径:

首先,可以按照中国博物馆协会和广西博物馆协会的模式,直接将上海文物博物馆学会更名改制为行业协会,并保留其学术功能。2016年,上海文博学会挂靠单位上海博物馆已重新划归上海市文物局领导管理,机制体制已初步理顺。更名改制之后,上海市博物馆协会可以像中国博协一样,设立各类专业委员会开展相应的学术活动,也可以在协会之下重新设立上海文物博物馆学会,作为二级社团开展学术活动。

但是,按照现行社团规章制度,由学术团体改制为行业协会,必须经过上级业务主管部门的批准。根据上海市社联《关于社会科学学术社团管理的规定》,学会登记的事项需要变更,须按规定程序持有关证明向市社联提出申请,经市社联审查批准后在一个月内向市社团局办理变更登记。学会更名协会,即学术团体改制为行业组织,相当于注销登记。按照规定,学会注销登记,须先征得其挂靠单位同意,再由理事会或常务理事会提出终止动议,经会员大会或会员代表大会表决通过后正式向市社联提出申请;经市社联审查同意后,在市社联及挂靠单位指导下成立清算组织,完成清算工作;清算期间,学会不得开展清算以外的活动;清算结束后,经市社联批准,学会向市社团局办理注销登记。在中央层面,并没有全国性的哲学社会科学界联合组织,中国博物馆学会更名改制为中国博物馆协会,不必更换主管部门,没用繁琐的程序和流程。因此,中国博协的模式不能生搬硬套,而广西博物馆协会等兄弟社团组织的经验更值得借鉴学习。

其次,可以保留上海文物博物馆学会,另行组建上海市博物馆协会。学会是由科技工作者自愿组成的科技学术性团体,其根本任务是科研、学术交流、促进学科发展,发现、培养、推荐人才,促进科技成果转化。而协会是由企业家自愿组成的产业性经济团体,其根本任务是统计行业信息、企业运行情况,市场调研与价格协调,并代表企业与政府沟通,参与国家产业政策的研究与制定,反映企业要求,维护企业权益。在国外,学会和协会往往两者并存,比如:美国有钢铁学会,也有钢铁协会;日本有钢铁学会,也有钢铁联盟;德国有钢铁工程师学会,也有钢铁经济学协会。如前文所述,在博物馆界,美国有行业协会性质的美国博物馆联盟,也有学术社团性质的史密森尼学会,日本有博物馆协会,也有博物馆学会。学术团体与行业组织各司其职,共同发展,合作互补。

在上海,与博物馆性质最为接近的图书馆行业,也有相同的案例。如前文所述,2005 年 12 月成立上海市图书馆行业协会,为本市各级各类图书馆自愿组成的跨部门、跨所有制的非营利的行业性社会团体法人。而作为本市图书馆及相关行业的从业者、研究者和相关专业的学生以及相关组织机构和企事业单位组成的学术性社团法人,成立于 1979 年的上海市图书馆学会一直存续至今,并时常开展相应的学术活动。上海市图书馆学会挂靠上海图书馆,原为上海市社联的团体学会,1991 年改为上海市科学技术协会领导下的市级学会组织。

因此,另行组建成立上海市博物馆协会,发挥其行业组织的职能,保留上海文博学会,进一步强化其学术社团功能,也是切实可行的模式。

或者,上海文物博物馆学会可以更名改制为上海市博物馆协会,在今后适当的时机另行组建学术性团体上海市文物学会。文博系统的全国性社团,除了中国博物馆协会,还有中国文物学会,另外还有隶属于中国科协的中国自然科学博物馆协会,显然博物馆协会无法完全涵盖那些交叉跨界的领域。从名称就可以看出,上海文物博物馆学会不仅仅是博物馆从业人员的组织,也是文物研究人员的学术团体。文物与博物馆既有联系又有区别,博物馆内部又可以细分为人文历史类博物馆和自然科技类博物馆。更名改制之后,如何进一步促进业界的交流合作,也是博物馆主管部门必须予以重视的问题。

(作者段炼系上海社会科学院历史研究所副研究员;

郭骥系上海大学博物馆研究馆员;

邵文菁系上海市历史博物馆副研究馆员)

高质量的企业文化推动
高质量的企业发展

—— 上海实施企业文化建设三年行动计划的调查研究*

上海市思想政治工作研究会

党的十八大以来,上海市委宣传部、市思想政治工作研究会(企业文化促进会)以习近平新时代中国特色社会主义思想为指导,以社会主义核心价值观为引领,以三个企业文化建设行动计划为抓手,持续推进本市企业文化建设,打造企业创新文化品牌,取得显著成效。市思想政治工作研究会联合市国资系统思研会,面向16个区组织开展专项课题调研,形成本调研报告。

一、实施企业文化建设三年行动计划的显著成效

(一)统筹确定了全市企业文化建设行动指南

为深入贯彻党的十八大、十九大精神和习近平总书记新时代中国特色社会主义思想,市思想政治工作研究会(企业文化促进会)连续制定印发三个企业文化建设行动计划,成为全市企业文化建设的行动指南。在《上海市企业文化建设三年行动计划纲要(2014—2016)》中,提出并实施"价值引领"行动、"社会责任"行动、"人文关怀"行动、"素质提升"行动、"文化传播"行动。在《上

---

* 本研究报告成稿于2023年3月。

海市企业文化建设三年行动计划纲要(2017—2019)》中,提出并实施"同心逐梦"行动、"迈向卓越"行动、"责任担当"行动、"阳光关怀"行动、"互联网+"行动。在《上海市企业文化建设三年行动计划纲要(2020—2022)》中,提出并实施"新发展理念引领"行动、"价值观落地见效"行动、"高品质生活创造"行动、"长三角品牌联盟"行动、"新能力培育提升"行动。市思研会的三个行动计划,为企业文化建设提供方向性指南,不少区据此制定企业文化建设实施方案,有力推动了全市企业文化建设高质量发展。

(二)树立打响了企业文化建设创新标杆品牌

为推动全市企业文化建设高质量发展,市思研会创新机制,连续十年开展"上海企业文化建设示范基地""上海企业创新文化品牌""心理服务示范点"好中选优、命名表彰活动。自 2010 年以来,全市共命名了 292 家示范基地、116 家创新文化品牌、118 家心理服务示范点。通过示范基地和创新文化品牌在人民广场地铁站的展示,塑造了上海优秀企业文化群像。示范基地和创新文化品牌数量较多的委办如市国资委建立"市级企业文化建设示范基地联盟",构建互学互鉴、取长补短、提升能级长效机制;市建交委在机场、铁路、航空等企业文化建设示范基地和企业创新文化品牌基础上,着力打造一批行业文化品牌,彰显了上海这座超大城市的新时代形象;奉贤区、金山区等结合本区实际评选命名区级企业文化建设示范基地,带动一批区属国企民企外企提升企业文化质量。

(三)示范引领了长三角企业文化建设新方向

为贯彻落实习近平总书记关于长三角一体化发展重要讲话精神,市思研会着力搭建企业文化建设长三角联盟平台,推动上海企业文化建设融入服务国家战略,形成长三角企业文化建设一体化、合作交流机制化、互鉴互动常态化体系,使长三角区域企业文化建设在更广范围、更深层次、更高水平上共商共建共享。如:举行沪苏浙皖三省一市政研会每年一次协调会,统筹策划年度共建展示活动,明确任务,合力推进;每年轮流在沪苏浙皖举办企业文化建设发展论坛,研讨长三角企业文化建设发展愿景,交流各地企业文化建设经验做法,发布企业文化建设研究成果;支持"长三角企业创新文化品牌联盟"开展交流研讨活动,鼓励驻沪企业与长三角不同地市(区)开展学习交流,释放企业文化建设主体活力,初步形成长三角企业文化资源全域联动的合作开放格局,在 2019 年由上海嘉定区承办的"活力长三角,奋进新时代"长三角企业文化合作交流论坛上发布了联盟标识。

二、实施企业文化建设三年行动计划的基本经验

(一) 坚持党的领导,提升政治站位

1. 以习近平新时代中国特色社会主义思想为引领。如:杨浦区委把 2019 年习近平总书记考察杨浦滨江时提出的"人民城市人民建,人民城市为人民"重要理念作为,打造"杨浦滨江人民城市建设规划展示馆",建设高品质公共空间,开馆迄今接待基层党组织团队 2 000 余个,参观人数达 35 万余人次,成为全市"思想引领高地、红色文化阵地、干部教育基地"。金山区深入贯彻落实习近平总书记新时代产业工人队伍建设思想,2020 年以来共开展党的二十大精神、党史"四史"教育进企业宣讲 3 778 场,受众 17.9 万人次,增进了企业干部职工对新思想的政治认同、思想认同、情感认同。

2. 加强党对企业文化建设的全面领导。如:市国资委党委在 2020 年 7 月举办以"践行上海国资国企核心价值理念"为主题的企业文化论坛,通过《探索与实践:上海市国资系统企业文化建设汇编》发布 20 个市管国企的企业文化优秀案例,展示各具特色、和而不同的企业文化优秀成果,同时邀请央企、民企、市属国企、区属国企企业家代表,围绕"多元企业文化"进行对话交流,探讨根据

不同所有制企业建设、企业文化,促进企业发展的新思路。长宁区加强党对非公企业文化建设的全面领导,充分发挥党组织在企业文化建设中的党建引领作用,该区民营企业上海置信电气股份有限公司把企业文化建设作为"党建工程",由党委直接领导、党群工作部归口管理,明确总部、子公司职责定位,并专门制定《企业文化建设实施方案》,落实市思研会三年行动计划。

3. 坚持党建引领企业文化发展方向。如:静安区贯彻落实2007 年时任市委书记习近平调研静安时关于上海"要努力走出一条符合改革开放和发展社会主义市场经济条件下党建工作规律、具有上海特大型城市特点的基层党建新路子"的重要讲话精神,充分发挥党建在企业文化建设中的引领作用,推动"楼宇党建"与"楼宇文化"融为一体,培植出"恒隆文化""玫琳凯文化"等,培育了数十万白领,形成了"文化生产力"。长宁区以贯彻落实党中央、国务院《新时代爱国主义教育实施纲要》《新时代公民道德建设实施纲要》为抓手,加强对 7 家市级爱国主义教育基地、28 家区级爱国主义教育基地的统筹管理指导,推动爱国主义和公民道德在企业落地落实。

(二)厚植红色文化,践行初心使命

1. 讲好企业红色人文故事。如:市金融工作党委组织开展"永远跟党走 奋楫新时代"音乐情景党课,演绎在党领导下上海金融沧桑巨变的红色历史,增强党员和职工建设上海国际金融中心的信念、信心;中国银行上海市分行连续四年与中共一大纪念馆联合办展,与上海报业集团举办"99 个瞬间"党史教育特展等,将红色文化融入企业文化。市卫健委以"讲好红色故事,迎接建党百年,弘扬抗疫精神,彰显使命担当"为主题,组织全市医疗单位开展迎接建党百年"五个百"系列活动,即百项医疗服务品牌展示、百名专家志愿者公益活动、百年老院巡礼、百年上海卫生发展成就访谈、百年上海抗疫斗争研讨会等。黄浦区新世界集团打造《南京路上的红色印迹》主题展和两条体验党课路线,展馆开展38天接待参观总人数达18.45万人次。

2. 推动红色文化进企业、植人心。如:市国资委挖掘全系统50个历史纪念馆、专题展示馆等红色资源,通过"国企开放日"等活动,组织干部职工走进国企红色场馆,接受初心使命教育;开展"国企思政课"红色微视频征集,讲活国资国企党史故事,展示国资国企改革发展历程;在浦发银行、申能集团、上汽集团、上海建工、临港集团、机场集团等企业,组织开展"红色文化进国企"系列活动,将红色教育课堂设到工厂内、街道旁、购物中心。青浦区在非公有制企业中推进"红领文化"建设,打造"红领·益企""红领·兴农""红领·E聚""红领·速递"等非公企业文化品牌,举办"红领速递·'治'享未来"新兴领域片区论坛,加快推动快递行业数字化转型,助力长三角数字干线建设。

3. 推进红色文化项目建设。如:静安区静安置业(集团)有限公司对被称为"石库门博物馆"的"张园"实施保护性开发,充分展现城市文化魅力。2021年,该公司在静安区委指导下举办"到百年张园看城市变迁"主题展,以沉浸式观展形式让市民走近可阅读的百年建筑,感受石库门建筑历史内涵,取得良好效应,荣获静安区2021年度群众最喜爱的"十佳"红色文化项目。黄浦区依托首届长三角城市戏剧节,搭建红色主题舞台剧展演平台,参与投资制作的《红色的起点》舞台剧在全国巡演。

(三)塑造企业形象,选树领军人物

1. 弘扬劳模精神。如:徐汇区将企业文化发展与城区文化发展深度融合,注重培育企业劳模精神和工匠精神先进典型,形成了一批具有徐汇文化特色的企业文化示范基地和优秀品牌,先后挖掘选送徐家汇商城集团、马克华菲等11家上海市企业文化建设示范基地,推举恰尔斯电力、泰坦科技等5家上海企业创新文化优秀品牌,亿滋中国等企业连续4届荣膺"中国杰出雇主"认证,米哈游网络等企业荣获"全国文化企业 30 强"。宝山区激活"劳模风采馆"等爱国主义教育基地资源,每年举办劳模表彰大会弘扬劳模精神、工匠精神,有 19 人获评"上海工匠",60 人获评"宝山工匠",并通过区内媒体讲好劳模、工匠故事,营造出广大职工岗位争先进、业务争一流、个人争优秀的浓厚氛围。

2. 弘扬企业家精神。如:黄浦区豫园股份广泛宣传行业领军人物陆亚明、全国劳模陈黎静、国家非遗传人罗玉麟、上海工匠吴生忠、职业道德标兵李媛等优秀事迹,打造"劳模工匠创造营";永业集团以"陈岗房屋修缮技能创新工作室""石建民风貌保护建筑修缮创新工作室""程宇瑾工程技术创新工作室"为平台,培育城市更新领军人物,开展"城市建设主力军,国企先锋勇担当"活动310 余场次。浦东新区在全市主要媒体"新时代奋斗者"报道宣传洋山深水港无人码头智造者——上海振华重工智慧集团智能软件公司交通软件研发部经理金鑫的先进事迹,彰显非公企业科技领军人物的新时代形象。普陀区引导民营企业家提升企业文化,使企业文化在推动民营经济高质量发展中发挥作用,2017 年以来有4 人荣获中国民营企业文化建设优秀企业家和先进个人称号。

3. 弘扬奋斗精神。如:市卫健委大力弘扬伟大抗疫精神,组织抗击疫情特别节目《人间世》共 6 集在东方卫视、纪实人文频道播出;举行上海抗击新冠肺炎疫情先进事迹首场报告会,组织全行业医务工作者收看;选树张文宏、郑军华、钟鸣、陈尔真等抗疫先进人物,联合市文明办开展"上海好医生、上海好护士"推选活动,通过"最美抗疫人物""最美医生"展示奋斗精神。浦东新区以上钢街道"两弹一星"工作者、劳模等为原型,创作编排话剧《追梦的人》,展现剧中人为国家富强、民族复兴而奋斗终生的楷模形象,被市委宣传部喻为"中国梦宣传新样式",在全市巡演推广。

(四) 建设人本文化,培育员工队伍

1. 打造企业与职工利益共同体。如:闵行区践行"员工利益无小事"理念,关注、关心、关爱、关怀员工生活、工作和安全,为员工办实事、解难事、做好事,为员工职业生涯发展创造机会、搭建平台,与员工共享发展成果,促进员工全面发展,不断增强员工的凝聚力、归属感和幸福感。嘉定区秉持习近平总书记提出的"五个人人"理念,打造企业文化走心工程——嘉定企业文化展,强化人本价值,倡导人性管理,全面展示嘉定企业人文形象的平台,展现企业与员工共同成长的人文成果。

2. 引导职工群众以文修身养性。如:市金融工作党委持续开展以"书香满金融"为主题的职工读书活动,鼓励引导基层党组织和群团组织通过形式多样的读书活动,创建特色读书品牌项目,在全系统营造爱读书、读好书、善读书的浓厚氛围,提升了金融员工的人文气质。松江区开展"职工书屋"创建活动,激励职工群众沉浸书海、修身养性,截至目前全区共有国家级职工书屋 16 家、市级职工书屋 1 家、区级职工书屋 128 家、便利型职工阅读站点 5 家、劳模书架 9 个。宝山区丰富职工文化生活,组织开展"宝山职工文化节"活动;搭建企业文化体育阵地建设联席会议平台丰富职工文体活动;开展宝山科创园区线上运动会等体育赛事,吸引数万青年职工参加;持续开展"幸福宝山路,文明修身行"活动,吸引 2 000多团队、近 7 万人次参与。

3. 着力满足职工合法利益需求。如:黄浦区践行"幸福都是奋斗出来的"理念,秉持"企业创造财富,职工共享成果"的价值取向,深化民主管理,确保职工依法享有知情权、参与权、表决权和监督权,支持和保证职工大会依法行使职权,为职工群众提供施展才华机会、创新创造平台、实现梦想舞台,切实保护职工合法权益。

（五）担当使命责任,彰显文化自信

1. 担当发展责任。如:松江区正泰集团以智慧能源产业集群党委为依托,将党建延伸到企业发展最活跃地带,推动党建与科创比翼齐飞,实施"四室联创工作法",使党员创新工作室、劳模创新工作室、工匠创新工作室、技师创新工作室形成合力,成为发挥党员作用、培育创新人才、激发创新活力的新平台。

2. 担当社会责任。如:长宁区以习近平总书记关于决胜脱贫攻坚战重要讲话精神为引领,引导全区企业积极开展消费扶贫、公益扶贫、产业扶贫,使长宁对口帮扶的云南、青海4个贫困县62个贫困村全部实现脱贫,春秋航空董事长王煜获"全国脱贫攻坚奖奉献奖"。

3. 担当民生责任。如:闵行区新东苑集团践行社会责任,挂牌成立新东苑公益基金会,业务范围涵盖为老服务、关心儿童、扶持教育、扶贫帮困等领域,基金会设立救灾与慈善捐助的实施部门,成立至今开展公益善行活动数千场次,累计捐赠金额超过3 900多万元。

三、打造企业文化建设行动计划品牌的思考建议

(一) 加强党的全面领导,坚定企业初心使命

党的二十大报告强调,要推进文化自信自强,铸就社会主义文化新辉煌。企业文化建设说到底,必须以社会主义核心价值观为引领,发展社会主义先进文化,弘扬革命文化,传承中华优秀传统文化,满足人民日益增长的精神文化需求,巩固全党全国人民团结奋斗的共同思想基础。由此,要立足"为国家立心、为民族立魂",把企业文化建设纳入意识形态工作范畴,纳入社会主义核心价值观培育践行工程,纳入爱国主义教育和公民道德建设体系,纳入繁荣发展文化事业和文化产业轨道,由企业党组织统一领导、统筹协调。建议完善本市企业文化建设协调机制,市企业文化促进会在每年部署行动计划的同时,代表市委宣传部对不同所有制企业的企业文化建设进行全面指导,明确企业党组织在企业文化建设中的核心地位和主导作用。

（二）服务改革发展大局，彰显企业文化力量

2022年12月15日召开的中央经济工作会议指出，当前我国经济恢复的基础尚不牢固，需求收缩、供给冲击、预期减弱三重压力仍然较大，外部环境动荡不安，给我国经济带来的影响加深。企业是经济实体，担负稳经济、保就业、促发展的重要使命，必须做强做优做大。要把企业文化作为促进企业高质量发展的强劲动力，通过企业文化建设带动企业改革发展、开放发展、创新发展、转型发展。由此，必须秉持问题导向、增强全局视野、立足上海实际，谋划全市新一轮企业文化建设行动计划目标任务，统筹和协调行动计划推进落实工作，明确不同所有制企业实施行动计划的目标任务，彰显企业文化促进发展的磅礴力量。

（三）做强政工干部队伍，提升行动计划效能

党的十八大以来，市思想政治工作研究会（企业文化促进会）高度重视企业文化工作者队伍建设，每年推荐若干人参加中宣部相关部门的专题培训，举行本市的企业文化工作者专题培训。但随着许多企业撤并企业文化建设机构、一批懂企业文化建设的"老法师"退休，现有从事政工工作的80、90后缺乏企业文化建设专业知识和运作能力，导致企业文化建设水平有所下降，"企业文化建设示范基地""企业创新文化品牌""心理服务示范点"的申报材料质量偏低，围绕企业文化建设开展课题调研的市、区级企业已经很少，加强企业文化工作者队伍建设刻不容缓。建议根据需要和可能，市企业文化促进会每年举办一期企业党组织书记专题培训班，增强他们抓好企业文化建设的综合能力；每年举办一期企业文化工作者提高班，增强市级、区级相关政工干部抓好企业文化建设的专业能力。

（四）持续推进行动计划，打响上海文化品牌

持续九年实施的企业文化建设行动计划在全市产生积极影响，不少区结合实际制定行动计划，如嘉定区制定《企业文化建设

三年行动计划(2021—2023)》,深入推进"铸魂固基""价值引领"
"共创美好""迈向卓越"等 4 项行动。上海要打响企业文化建设
三年行动计划这个品牌,纳入"上海文化"品牌建设工程统筹谋
划,建议制定 2023—2025 年企业文化建设行动计划,实施"服务国
家战略"行动、"融入红色文化"行动、"彰显卓越城市"行动、"提升
发展质量"行动、"担当民生责任"行动,努力提高企业文化建设在
上海践行新发展理念、构建新发展格局中的贡献度。

（执笔人：上海市思想政治工作研究会特约研究员李桦）

合作共赢

"展"往一带一路
推进中外多边宽领域务实交流

谈会明

"一带一路"(The Belt and Road, B&R)是"丝绸之路经济带"和"21世纪海上丝绸之路"的简称。2013年9月和10月,中国国家主席习近平分别提出建设"新丝绸之路经济带"和"21世纪海上丝绸之路"的合作倡议。

近十年来,上海之帆"一带一路"经贸人文巡展项目从初创到成熟,已经成为上海市人民对外友好协会服务国家整体外交、提升城市国际形象、呈现海派文化底蕴和促进上海与国际社会交流合作的品牌项目。

参展:民间交往助力企业借船出海

从2012年起至2014年,在上海市友协具体指导下,由上海市国际服务贸易行业协会、中国贸促会浦东分会主办,连续3年组织上海、浙江和安徽等长三角地区的近30家名特优、中华老字号企业30余人,以"中国上海服务贸易行业协会参展团"的名义,参展阿尔巴尼亚国际贸易展览。展会期间,驻阿尔巴尼亚大使姜瑜亲临展区加以指导,阿尔巴尼亚总理、议长、部长等高层领导陆续莅临中国馆参观、调研。

姜瑜大使向中国企业介绍了阿尔巴尼亚目前十分需求的几类

产品：小农机械、玻璃制品、糖、橄榄油、农产品加工设备及炼矿设备等。姜大使表示，阿尔巴尼亚是"一带一路"海上丝绸之路的重要门户，希望上海市能加强与巴尔干地区在文化经贸等多领域的交流与合作。

参展企业感谢姜大使的介绍，表示通过来阿参展，了解当地经济情况及交通条件，对于巴尔干和前南斯拉夫地区有了相对充分的了解，希望主办方将展会拓展到前南斯拉夫国家，拓展参展公司的对外贸易和经贸合作。

2015年3月28日，国家发展改革委、外交部、商务部联合发布的《推动共建丝绸之路经济带和21世纪海上丝绸之路的愿景与行动》中指出，"一带一路"相关的国家，基于但不限于古代丝绸之路的范围，各国和国际、地区组织均可参与。开展更大范围、更高水平、更深层次的区域合作，共同打造开放、包容、均衡、普惠的区域经济合作架构，让共建成果惠及更广泛的区域。

2015年11月，由上海市友协具体指导，上海服贸协会、浦东贸促会、宁波经贸局等相关单位组织了上海和浙江27家企业，以上海"塞尔维亚-阿尔巴尼亚"联展的团名，分别参加了阿尔巴尼亚国际贸易展、贝尔格莱德国际博览会。

该团参展类别涵盖了轻工、纺织、汽车、物流等领域，展区面积共计468平方米。中国参展企业不仅和专业观众进行了对接交流，同时也和其他国家的展团和参展商进行交流，寻求商机。

参展商们表示：塞、阿两国是全新的、从未涉足的，同时也是十分有潜力的市场，意向客户的需求十分多样化，而参展展品相对有限，无法在展会现场更多地展示给客户。经过几天的展会，也联系认识了很多客户及合作伙伴，对于公司今后的发展十分有利。

通过两个展会，对塞尔维亚和阿尔巴尼亚以及巴尔干地区、前南斯拉夫地区市场有了充分的了解和更加丰富直观的认识，对今后的业务部署及业务发展方向有了明确的目标。希望今后可以继续参加相关展会,拓展公司的对外贸易和合作。将中国上海的名、特、优产品带到世界每一个角落。

办展:民间外交推动双边经贸人文交流

2016年11月5日,李克强总理在里加举办的第六届中国—中东欧国家经贸论坛上发表的主旨演讲中指出,拉脱维亚有句谚语,"原地踏步就是退步",各方要凝聚共识,携起手来,努力构建开放包容、互利共赢的新型伙伴关系,共同迎接中国—中东欧经贸合作的美好明天!

经全面总结历年参展、联展的有益经验,并听取驻外使馆、活动组织方、参展企业等各方意见,根据市政府关于地方外事工作服务于国家一带一路倡议的指示精神,上海市友协对该经贸联展活动进行了全新整体策划和重新架构,将社会人文交流内容整合其中,正式命名该项目为"上海之帆"一带一路经贸人文交流巡展(以下简称:巡展)。市友协作为该经贸人文交流活动的主办和总协调方,负责该活动的方案设计、协调组织、活动安排、对外联络并组织实施。

市友协联合市工商联、市贸促会、市国际服务贸易行业协会共同举办经贸项目。组织上海市和长三角地区各专业协会、行业协会及其下属中小外向型民企参展,经贸交流活动分为经贸展览会、企业洽谈会、投资推广(双向)会等三大经贸合作板块。

市友协联合市相关委办局、各区政府、社会文化团体组织实施社会人文交流项目。经过广泛发动,各单位参展项目经海选报名、筛选入围后分为"人文上海""上海360°""上海之窗"三大社会人文交流板块。

2016年11月11日,"上海之帆"一带一路中东欧经贸文化交流巡展首次启航。此次巡展历时12天(11月11日至22日),出访了"一带一路"倡议欧洲桥头堡塞尔维亚,"中东欧经济转轨最成功的国家"斯洛文尼亚,和"亚得里亚海上的明珠"阿尔巴尼亚三个国家,代表团分为经贸、人文两个板块四个分团,共计55人。时任上海市副市长陈寅率上海市友好代表团,参加了在塞尔维亚举办的巡展活动。

贸促会上海浦东分会、上海国际服务贸易行业协会组织本市33家企业42人,赴三国分别进行了经贸巡展、商务洽谈会、经济推介会、企业家商务会谈等活动。在塞尔维亚和斯洛文尼亚举办了两场经贸展览,参展企业共33家,展览面积621平方,参展范围涉及纺织、轻工机械、灯具、医疗、五金件、化工、家居、工艺品等多个领域,其中30%的企业是第二次前往塞尔维亚参展。

俊选国际贸易(上海)有限公司在2015年访问塞尔维亚时,与塞方达成合作意向并在塞投资设厂。在此次访塞期间举办了开工仪式,时任塞尔维亚总理武契奇(现任总统),莅临出席并与俊选国际总经理共同启动开工仪式。

武契奇在回答记者提问时表示,来自中国上海的企业家到塞尔维亚投资,使荒废已久的纺织厂数十位职工重新就业,解决了几十个家庭的生计问题,这对几万人的小城市来说是个了不起的成就,衷心感谢上海的朋友们。

驻塞尔维亚李满长大使指出:祝贺中资企业在塞尔维亚开业,上海人是认真的,自习近平主席六月访问塞尔维亚以来,(上海代表团)率先来塞落实习主席访塞成果,以实际行动支持了国家的整体外交。

由松江、嘉定、青浦、金山、奉贤等五区政府、上海图书馆、上海音乐学院组成的文化交流团10人,分别在三国举办了"上海之窗——城市与传承"图片展,与阿尔巴尼亚欧洲大学、斯洛文尼亚马里博尔市立图书馆签署合作协议并设立"上海之窗"图书室。

松江的顾绣、剪纸和丝网版画,嘉定竹刻与字砖、青浦田山歌、金山农民画、奉贤滚灯等各区文化遗产在三国做了巡展。松江区文化馆馆员还在展览现场演示了"顾绣"。上海音乐学院大学生民乐团则分别为三国民众带去了江南传统民乐的丝竹雅韵并与当地的音乐学院、文化机构进行了交流。

民乐团还参加驻塞尔维亚使馆举办的招待会并与塞尔维亚东方之家举办中塞联欢晚会。上海市副市长陈寅、驻塞尔维亚大使李满长出席了上述活动。陈寅向现场中塞企业家和友好人士介绍了此次访塞代表团带来的经贸、文化交流项目，希望两地能够一同扬起友谊之帆，真诚合作、携手努力，深化人文交流、经贸往来，共享发展机遇，共创美好未来。

巡展：民间外交构建利益命运责任共同体

2017 年 5 月 15 日，习近平在"一带一路"国际合作高峰论坛圆桌峰会上的开幕辞中指出，民心相通是"一带一路"建设国际合作的重要内容。我们要深入开展人文领域交流合作，让合作更加包容，让合作基础更加坚实，让广大民众成为"一带一路"建设的主力军和受益者。

2017 年 9 月 10 日至 19 日（经贸、展览团为 9 月 8 日至 20 日），上海市友协主办并组织 2017"上海之帆"一带一路经贸人文巡展团，出访爱沙尼亚、拉脱维亚、立陶宛波罗的海三国举办巡展活动。巡展团分为经贸、人文两部分共 18 个分团，166 位参展（出访）人员。

时任上海市人大常委会主任殷一璀率上海市人大代表团，与驻爱沙尼亚大使曲喆、驻拉脱维亚大使黄勇、驻立陶宛大使魏瑞兴，波罗的海三国经济部、文化部、贸易发展署、议会专业委员会、当地市政府、工商会、企业局、经贸专业协会的议员、官员、行会领导、企业家及各界人士数百人分别出席了巡展开幕式和相关经贸人文交流活动。此次巡展交流活动有 6 大板块共 15 个交流项目。

经贸巡展汇集本市和长三角地区愿积极开拓海外市场的中小型民营企业,由上海市国际服务贸易行业协会、东浩兰生展览公司主办,上海文禾会展公司承办。组团参展的行业协会有 7 家,参展企业 63 家。展览设 91 个展位、1 万平方米的展览面积,共有 95 位企业界人士参加经贸巡展活动。

经贸团分别在波罗的海三国租借展览(馆)场地,举办了 3 场(7 天)展览、3 场投资说明会、3 场企业洽谈会;在拉脱维亚举办了巡展新闻发布会;在爱沙尼亚举办了《2040 上海建设科创中心》推介会;在立陶宛举办了中立企业经贸论坛。

另外,经贸团还分别拜会并到访三国的经济部门、贸发机构、工商会、行业协会、企业家协会和我使馆商务处,并组织参展企业家分批参观当地企业、考察市场并与各国官员、企业家座谈,寻求在当地投资、贸易和合作机会。

此次人文巡展由上海市友协主办,黄浦、静安、宝山、嘉定、奉贤、金山六区和上海社科院、上海图书馆、东方网、上海城市规划展示馆共 10 家单位协办。由各单位分别组团,71 位参展人员参展。本次人文巡展共分为 5 个部分:

其一为上海市友协组上海市友协代表团,市外办、黄浦区、宝山区、金山区分别派员参团,组织上海之帆经贸人文巡展活动并开展对外友好交流活动。黄浦区卢湾初级中学学生民乐队、向明初中学生女篮队分别与三国音乐学校、体育学校进行校级交流和文艺演出、体育比赛等活动。

其二为奉贤区组越剧和柘林滚灯 2 个民间艺术演出队分别在三国巡展场内及开幕式现场演出、巡展专场演出,并与黄浦区卢湾中学民乐队、立陶宛民族歌舞团在考纳斯文化中心举办联合演出。黄浦区向明初级中学女子篮球队与三国中学女篮进行了联合训练和友谊比赛。

其三为静安、宝山、嘉定、奉贤、金山五区在巡展场内,组织本市 11 个国家级、市级非物质文化遗产项目的展览演示活动。其中包括宝山区的十字挑花绣和吹塑版画,奉贤区的柘林滚灯、越剧、纸艺、书法、布贴画,嘉定区的黄渡草编、南翔小笼、明止堂字砖,静安区的鲁庵印泥、龙凤旗袍和金山区的金山农民画。静安、金山两区与上海城市规划展示馆联合举办了《人文上海——魅力之都》展览。

其四为上海图书馆分别与爱沙尼亚国家图书馆、拉脱维亚里加中央图书馆、立陶宛考纳斯市立图书馆分别签署合作协议并设立《上海之窗》捐赠图书室。上海社科院在上海图书馆协助下,分别拜会各国图书馆、大学、科学院等单位,积极架构《丝路信息网》网站运营合作,组建一带一路沿线国家信息合作机制。

其五为东方网与我驻外中央媒体、各国官方、平面、互联网、新媒体合作,全程参与、报道巡展团的经贸、人文巡展活动,通过互动交流、合作报道、搭建平台,创新建立中央、地方和外国媒体,官方媒体、传统媒体和新媒体之间新型的合作机制。

巡展融城市形象图片展、非物质遗产展演、上海之窗图书室、丝路信息网、青少年交流、文艺演出、媒体合作等人文社会交流项目为一体,在三国分别举办了开幕式、官方拜会、参观座谈、图片展览、非遗演示、字砖讲座、校际合作、民乐演出、篮球比赛、专场演出等各项内容丰富、项目多彩、形式多样的多达几十场社会人文交流活动。

近年来,根据新时代中国特色大国外交的新形势新要求,上海市友协不断升级上海之帆项目平台,充实内涵并扩大其外延,不断伸展其合作交流领域。

2018"上海之帆"(日本)人文巡展团。2018 年是中国改革开放 40 周年,也是中日友好条约缔结 40 周年。4 月 9 日至 13 日,以上海市友协副会长景莹为团长的"上海之帆人文巡展"团赴日本东京、横滨,开启中日经济、文化友好交流之旅。代表团出访期间,在东京出席"上海日本白玉兰会"活动、访问日本经济广报中心、举办"友-诚　上海横滨友好交流书法展"。此外,上海之帆交流团还赴早稻田大学、森纪念财团城市战略研究所进行交流座谈。

2019"上海之帆"卡塔尔行。在新中国成立 70 周年之际,"上海之帆"来到了卡塔尔。"70 年 70 个瞬间——上海庆祝新中国成立 70 周年"图片展暨"魅力上海,丝路花语——上海广播周",于 2019 年 9 月 15 日晚在卡塔尔首都多哈卡塔尔文化村拉开帷幕。上海市人大常委会主任殷一璀出席"上海之帆"卡塔尔行的开幕式并致辞。

中国驻卡塔尔大使周剑和卡塔尔各界代表、华人华侨一百多人参加了开幕式并参观了展览。访问期间,殷一璀还先后拜访了卡塔尔各界著名人士,考察了卡塔尔自由区。在卡塔尔自贸区管理局,上海市人民对外友好协会副会长景莹向卡塔尔自贸区递交了合作倡议书。

展望:民间外交搭建"一带一路"合作平台

2023 年 5 月 24 日,习近平主席以视频方式出席欧亚经济联盟第二届欧亚经济论坛全会开幕式时指出,"今年是我提出共建'一带一路'倡议十周年。这个倡议的根本出发点和落脚点,就是探索远亲近邻共同发展的新办法,开拓造福各国、惠及世界的'幸福路'。"共建"一带一路"追求的是发展,崇尚的是共赢,传递的是希望。党的二十大报告指出,共建"一带一路"成为深受欢迎的国际公共产品和国际合作平台,提出要推动共建"一带一路"高质量发展。

一、民心相通是推进"一带一路"倡议的基础

在共建"一带一路"倡议所强调的"五通"中,"民心相通"既是推动"一带一路"建设的手段,也是"一带一路"建设的目标之一。

一方面,"民心相通"是其他各项合作的润滑剂,是"一带一路"建设的重要社会基础。正如习近平主席指出的,"国之交在于民相亲,民相亲在于心相通"。

另一方面,促进"民心相通"还"有助于发掘沿线深厚的人文资源,在交融往来中实现不同文明的互学互鉴"。习近平主席指出,"一带一路'要以文明交流超越文明隔阂、文明互鉴超越文明冲突、文明共存超越文明优越,推动各国相互理解、相互尊重、相互信任"。①

民间外交与政府层面的合作,共同构成促进"民心相通"的途径。民间外交是民心相通的"推进器",对于"民心相通"和"一带一路"建设有四点重要意义:其一,通过民间外交来促进民心相通是新的历史时期凝聚国际合作新共识的重要的保障。其二,通过"一带一路"的民间外交促进民心相通,是在新形势下进一步促进"一带一路"的政策沟通与战略对接,减少制度性交易成本的重要前提。其三,以民间外交促进民心相通,也是"一带一路"建设中公共产品供给的重要源泉。最后,民心相通还能够提高各利益攸关方对于"一带一路"国际合作的集体身份认同,促使各方携手共建人类命运共同体。②

二、服务贸易促进经贸合作转型升级

经济活动属于经济基础的范畴,文化活动则归入上层建筑的范畴。根据马克思主义经济学原理,经济基础决定上层建筑,而上层建筑对经济基础有反作用。经贸搭台人文唱戏互为依仗相互促进,组团出海开辟对外合作与交流的新平台,经济和文化互为支撑、互相合作会起到先导和拓展交流领域、扩展国家影响力的

---

① 习近平:《携手推进"一带一路"建设——在"一带一路"国际合作高峰论坛开幕式上的演讲》,2017年5月14日。

② 整理自2017年5月27日,上观新闻对上海国际问题研究院陈东晓院长的专访。

作用。

自入世以来,我国服务贸易继续保持增长态势,进出口总额同比增长 8.5%。自 2013 年起,我国第三产业增加值占比首次超过第二产业,与之相应的是我国服务贸易的持续增长,服务进出口已连续 9 年居世界第二位,仅次于美国,全球服务贸易大国地位稳固。

"上海之帆"经贸巡展通过整合上海市和长三角各地企业外向资源整装出海,通过与各国经济部门、贸促机构、企业家协会的全方位合作,驱动高附加值的知识密集型服务贸易显著增长,信息技术外包、业务流程外包和知识流程外包等服务贸易出口拉动作用明显,企业国际竞争力和影响力明显提升。

服务贸易对促进贸易强国建设和高水平开放的作用日益凸显,成为经济增长一大亮点。服务贸易增长是我国经济迈向高质量发展之路的客观体现,也是贯彻"一带一路"倡议促进产业转型升级,数字经济蓬勃发展,知识技术水平不断提升的重要驱动力。

三、新文化使命焕新传统文化传承发展

2023 年 6 月 2 日,习近平在文化传承发展座谈会的重要讲话中指出,在新的起点上继续推动文化繁荣、建设文化强国、建设中华民族现代文明,是我们在新时代新的文化使命。

从跨文化沟通的角度来看,一是以对方的文化为主来沟通;二是用自己的文化来沟通;三是结合两种文化进行沟通。"上海之帆"人文巡展以国家级非物质文化遗产项目为主题,积极探索在新的发展形势下,不断加强向世界宣传展示。

"文明因交流而精彩,文明因互鉴而丰富"。将宝山区的十字挑花绣和吹塑版画,奉贤区的柘林滚灯、越剧、纸艺、书法、布贴画,嘉定区的黄渡草编、南翔小笼、明止堂字砖,静安区的鲁庵印泥、龙凤旗袍和金山区的金山农民画等物质文化遗产在各国进行了展示。

文化遗产是人类文明的记忆载体，是蕴藏民族精神的符号基因，已成为中华民族精神传承、文脉赓续的重要象征。弘扬中华优秀传统文化，推动不同文明之间人类文化遗产的交流互鉴，把弘扬本市优秀传统文化和发展中国特色社会主义新文化有机统一起来，紧密结合起来，在继承中发展，在发展中继承，努力提升品质，用"非遗"项目讲好中国故事、上海故事，服务于上海"五个中心"和社会主义国际大都市建设。

四、可借鉴各国经验更新旅游生态城市

从波罗的海三国的老城到日本横滨、卡塔尔多哈的海岸，通过借鉴国外城市发展"都市旅游"的成功经验，上海城市历史街区的旅游建设，不仅要兼顾各异的中西建筑形态，而且要赋予其文化内涵，承载着中西文明互鉴的传承。

同时，积极探索跨行业、跨部门的旅游资源统一规划、保护开发、集中管理、整体促销、协调发展的新机制。通过历史文化街区项目开发带动周边城区整体更新，通过"微淘"历史文化街区，去进一步发现上海城市海纳百川的美丽内涵。

只有优质的管理理念和人性化的旅游服务，才能给市民游客带来一流的旅游体验。旅游是民生，完善旅游公共服务体系具有至关重要的作用。为此，一是要完善旅游公共服务人才队伍建设，提升区域化形象宣传、便民服务、投诉受理、信息发布等各项功能。二要与科技机构合作，共同设计出满足各类游客需求的官方 App、3D 实景图等服务性在线旅游产品，便于游客在全域旅行、游玩。三要创新管理体制，将区旅游服务中心功能深入到社区、商区、景区、园区，延伸旅游公共服务的覆盖面。

五、民间外交是民心相通的桥梁和纽带

上海地处海上丝绸之路、沿海经济带与长江经济带的交汇处，具有得天独厚的地理优势。上海与一带一路沿线国家在资源供需、科技研发和产业链等方面存在互补性，具有整合合作的潜力和

基础。随着"一带一路"倡议的提出,民间外交再次扮演了重要的角色。"巡展"升级拓宽对外交往领域,有效整合了民间外交资源:

一是丰富充实了人文交流内容,从青少年篮球友谊赛,到非物质文化遗产展示;从"上海之窗"图书室揭幕到《城市与传承》图片展;从上海音乐学院和卢湾中学学生的民乐演出各项交流内容均充满了人文情怀,让当地民众在参观展览、观看演出的过程中,更直观地了解中国、认识中国,感受到中国人民释放的善意。

二是连同市服贸协会、各区文化机构,机关、事业、企业一体,整合激活社会资源。通过建立有效的工作运行机制,重视发挥参与各方的作用,形成机关、事业、企业三方资源整合的合力。较好地运用有关协会、机构的企业资源、非遗项目资源,特别是知名企业,及世界级、国家级非遗项目的参与,给此次经贸展示活动产生了积极的效果和很好的反响。

三是有效糅合了央地外宣资源,依靠新华社、央视总台、人民日报海外站等央媒与随团上海外宣媒体,与各国当地主流媒体通力合作,为历次巡展活动提供了全方位、多角度的深度报道,将上海开明睿智、大气谦和的城市形象及海纳百川、追求卓越的城市形象借助经贸、人文巡展活动的契机,展现给当地主流社会,极大地扩大了"上海之帆"巡展在国内外的影响力。

结   语

在国际合作进程中,全球城市由于处于跨国政治经济网络的中心,往往能够发挥以点带面的引领作用。全球城市积极参与国际合作能够加强跨国网络的互动密度和凝聚力,从而大大增强国际合作的效果。

上海作为中国的经济中心和最具活力、最开放的全球性城市,一直处在改革开放和国际合作的前沿。上海在资本、商业、技术、制度、人才等一系列维度上具有重要的优势，其政府和各个行业主体的积极行动必然为"一带一路"提供重要的动力，引领作用不可忽视。

上海市人民对外友好协会通过筹划、组织、主办民间外交的"上海之帆"一带一路经贸人文巡展活动，在教育文化、旅游、医疗卫生、科技和社会交流等方面取得诸多合作成果。为本市与一带一路沿线国家的全方位、宽领域、多层次的经济、文化互利合作注入了新动能，为构建"人类命运共同体、利益共同体"作出积极贡献，并为中外多边、宽领域的务实交流与合作开辟更为广阔的发展前景。

（作者系上海市人民政府外事办公室一级调研员、

《上海外事》主编）

高质量、高水平、全方位推进沪港合作

——改革开放 45 周年沪港合作的回顾与展望

尤安山

　　2023 年是上海改革开放走过 45 个年头，也是沪港建立"沪港合作机制"20 周年。45 年来沪港经济合作成绩斐然，为推动两地尤其是上海的现代化发展发挥了极为重要且不可替代的作用。本文首先从香港对上海的投资、沪港合作的机制化推进以及沪港合作宽领域、多层次、全方位的发展态势来阐述香港不仅是上海最早最大的投资者，更是上海改革开放最大的推动者和参与者；其次从港资的大量流入缓解了上海尤其是改革开放初期资金短缺、拓展贸易渠道、加快市场经济体制的培育，促进上海购物环境与城市面貌的巨大变化，以及香港企业家践行社会责任与提升上海城市的国际竞争力几个方面阐述 45 年来沪港合作的成效；最后主要阐述，在当今世界百年变局加速演进，中国向第二个百年奋斗目标进军，以及中国特色社会主义进入新时代的背景下，一方面，上海在迈向国际大都市的过程中更需要学习借鉴香港的经验教训，加强合作，共同携手创造新的辉煌；另一方面，沪港合作必须从服务整个国家发展战略，或者说在国家整体发展战略的框架下来规划设计；即在巩固深化原有合作的基础上，进一步提高两地合作的层次、能级，及不断扩大两地合作领域。因此，高质量、高水准、全方位推进沪港合作，不仅是时代发展的需要、国家发展战略的需要，也是中国式现代化发展的需要、更是中华民族伟大复兴的需要。

一、香港是上海改革开放最大的推动者和参与者

当我们翻开上海实施对内改革对外开放这幅历史画卷时，在聚焦沪港合作的历史发展进程时，我们可以清楚地看到，在上海百废待兴、急需外来投资，尽快改变上海落后面貌的关键时刻，是以唐翔千先生为代表的香港实业家率先叩开了上海对外开放的大门，扮演了港资进军上海的开路先锋角色，直接推动了上海的对外开放，并带动了一大批香港爱国实业家纷纷投资上海，报效祖国。加快了上海吸引外资的步伐，从而成为推动上海社会经济发展不可或缺的力量，并呈现出如下特征。

（一）香港既是上海最早也是最大的投资者

20世纪70年代末，中国实施改革开放举世瞩目，但由于长期的封闭政策再加之历史的原因，海外资本对我国的开放政策充满疑虑，对在上海投资顾虑重重，担心一旦资金进去有去无回等等，所以大都持观望态度，在上海的大门口犹豫徘徊，就是不进来。同时，我们自己也十分担心外商会来上海投资吗？如何打破这种沉闷局面，开创上海改革开放的新局面，这正是当时上海市委市政府及各相关部门极为头疼与急需研究解决的问题。

20世纪80年代初时任上海市市长汪道涵，在一次与唐翔千见面时也恳切希望唐翔千先生到上海来投资办厂，唐翔千直接回复汪市长，早就有此想法，并明确表示，不但我自己会来，还会带着香港朋友一起来投资办公司。汪市长非常满意地笑着说："那就请你做开路先锋吧。"[1]可见，当时上海非常希望港商能带头来上海

---

[1] 蒋小馨、唐晔：《唐翔千传》，三联书店（香港）有限公司2014年12月版，第227页。

投资办厂。实践证明,以后的发展正如汪道涵市长所说的那样,唐翔千先生做到了,兑现了他的承诺。通过调研和论证,唐翔千与上海纺织局于 1980 年 8 月 31 日签署成立合资公司的合同,并于1981 年 7 月 26 日正式拿到国家工商局颁发的(沪字 00001 号)营业执照。[①] 至此,经过近 2 年的努力,上海第一家沪港合资企业——上海联合毛纺织有限公司终于诞生了。这是上海外资引进"零"的突破,是唐翔千先生在上海对外开放后获得的第一个"第一",更是上海对外开放具有里程碑式的重大成果,外商投资上海的大幕在唐翔千先生的带动下由此打开。唐翔千先生真不愧为投资上海第一人、沪港合作的开路先锋这一光荣称号。随着 1984 年11 月和 1985 年 2 月,上海沪港经济发展协会(刘靖基任会长)和香港沪港经济发展协会(唐翔千任会长)的先后成立,以唐翔千先生为代表的一大批港商,加快了对上海全方位多领域投资的步伐,创下了一系列的"第一":第一个来沪投资制造业的是港商,第一个进入经济技术开发区的是港商,第一家合资兴办第三产业的是港商,第一家投资房地产和购买 B 股与 H 股的是港商,最早把房地产按揭贷款方式引进上海的还是港商。香港同胞这种敢于处处率先的精神,为外资更好、更多地进入上海起到了积极的示范作用,为上海更好地扩大开放、融入世界起到了极大的促进作用,从而成为推动上海社会经济发展不可或缺的力量。

统计数据也充分显示,从 20 世纪 80 年代初唐翔千先生率先对上海进行投资以来,香港的大商人、大公司、大财团纷纷登陆沪上。45 年来,香港在上海外资引进的排行榜上一直高居榜首,投资规模约占上海吸引外资总量的 50%左右,成为上海经济发展最直接的推动者和贡献者。(见表 1)

---

　　① 蒋小馨、唐晔:《唐翔千传》,三联书店(香港)有限公司 2014 年 12 月版,第230 页。

表1　香港对上海的直接投资统计（1981—2022）

年份	合同项目（个）			合同金额（亿美元）			实到金额（亿美元）		
	上海总数	香港	占比	上海总数	香港	占比	上海总数	香港	占比
1986	62	17	27.4	2.97	0.20	6.7	0.98	0.29	29.6
1990	201	83	41.3	3.75	1.11	29.6	1.77	0.40	22.6
1995	2 845	990	34.8	105.40	36.47	34.6	32.50	18.44	56.7
1997	1 807	526	29.1	53.20	13.24	24.9	48.08	17.56	36.5
2000	1 814	419	23.1	63.90	9.44	14.8	31.60	7.86	24.9
2005	4 091	916	22.4	138.33	31.00	22.4	68.50	8.74	12.8
2010	3 906	1 335	34.2	153.07	68.08	44.5	111.21	46.35	41.7
2015	6 007	2 589	43.1	589.43	409.36	69.5	184.59	112.95	61.2
2019	6 800	1 788	26.3	502.53	287.30	57.2	190.48	118.29	62.1
2021	6 708	2 098	31.3	603.91	436.86	72.3	225.51	158.63	70.3

资料来源：根据《沪港经济年报》（1998—2006年）、《上海统计年鉴》（2010—2021年）数据编制。

　　如果说20世纪90年代初，港商对上海的投资只是小打小闹或者说还只是带有试探性的话，如平均投资规模仅为139万美元，远低于上海吸引外资单个项目平均236万美元的资金规模。但1992年邓小平南方谈话以后，香港对上海单个项目的投资规模有了突破性的进展，到1996年底，港商在沪投资额超过1 000万美元的大项目就有400多个，并出现了由李嘉诚先生投资总额超过5

亿美元的特大项目①。与此同时,香港包氏家族的九龙仓集团、陈启宗的恒隆集团、郭炳联的新鸿基地产、罗康瑞的瑞安集团等也纷纷以大手笔投资上海。比如九龙仓的大上海时代广场、恒隆的恒隆广场和港汇广场、瑞安的新天地项目以及新鸿基的环贸广场等都成为上海一个个新的地标,不仅大大改变了上海的商业环境,也改变了上海的城市面貌,加大了上海现代化建设中的"香港元素",从而提升了上海城市国际化的能级。截至2021年香港累计在沪投资项目36 755个,占总数的31.6%;合同金额:3 495.43亿美元,占总数的55.52%;实际金额:1 465.03亿美元,占48.47%②。

(二)两地合作的机制化趋势不断加强和完善

2003年10月27日,经国务院批准,沪港经贸合作会议第一次会议在香港召开,沪港经贸合作会议机制正式建立,并确定了在CEPA框架下加强两地全面合作的原则、机制和领域,并明确了近期加强合作的重点。随着"沪港经贸合作会议"机制的建立,两地合作由民间企业层面上升至政府层面的新阶段,从而使沪港两地合作在政府主导下更加有序、有计划、有目标地加快向前推进。2012年1月5日,沪港经贸合作第二次会议在上海举行,双方确定了在商贸投资、金融、航空航运及物流、旅游会展、创新科技、文化创意及体育、专业人才、教育及医疗卫生、青少年发展和社会管理9个领域的合作框架,签署了商贸合作、金融合作和公务员交流、医疗合作4份合作协议;2015年4月10日,沪港经贸合作会议第三次会议在上海举行,双方商定继续深化原有合作项目,增加自贸试验区、城市管理等领域的合作,签署了商贸合作、金融合作和公务员交流3份协议。此外,经国务院批准,沪港经贸合作会议更名为"沪港合作会议",表明沪港合作将突破原有格局,呈现出宽领

① 尤安山:《"上海旋风"沪港经济合作二十年回顾》,载《沪港经济》2003年第12期。
② 见《上海统计年鉴》(2022)。

域、多层次、全方位的发展态势。2018年8月24日,沪港合作第四次会议在香港举行,并在法律服务、教育、商贸、创新及科技、文化以及金融这6个范畴共签署15项合作协议。2021年8月30日,以网上视频形式举行沪港合作会议第五次会议。沪港双方就13个范畴的合作方向达成共识,包括拓展内销及"一带一路"倡议、文化及创意产业、创新及科技、金融、教育及人才培养、法律和争议解决、医疗卫生及药品监管、青年发展、便利港人在内地发展、航空航运和物流、城市规划建设管理和环境保护、体育及旅游和社会福利服务等方面。会上还签署了《沪港合作会议第五次会议合作备忘录》。此外,两地政府部门、法定机构和有关组织还签署了4份合作文件,包括《开启"十四五"双循环商机经贸合作备忘录》《沪港创新及科技合作备忘录》《香港医院管理局与上海申康医院发展中心2021—2026年合作协议书》和《上海博物馆与香港故宫文化博物馆合作意向书》。可以预见,伴随着合作机制的不断完善,两地高层的互访增加,沪港合作交流必将不断上新台阶。

（三）沪港合作呈现宽领域、多层次、全方位的发展态势

　　从原来单一的贸易合作发展到在工业、金融、基础设施、商业服务、旅游、科技等多领域、全方位的合作。自1991年总部设在香港的八佰伴到浦东建立大型购物中心的计划获批后,瑞兴、永安、先施等香港商家已先后在申城登陆。不仅如此,港商还积极投资上海的基础设施建设,如上海南浦、杨浦两座大桥和延安东路越江隧道复线等。此外,包括香港汇丰、东亚、渣打、华侨在内的香港银行和金融机构,在上海建立的分支机构已占整个上海外资金融机构的10%以上;香港著名的会计师楼和律师事务所如罗兵咸等亦落户上海。① 而科技、文化、教育、青少年、机场、司法、公务员、环保等各方面的交流合作都在不同程度地展开。比如,教育领域交

---

① 见沪港经济年报编辑委员会《沪港经济年报》(2000),2001年。

流持续深入。截至 2016 年底,本市共有 23 所高校招收港澳学生,在本市各级各类学校就读的香港学生近 4 500 人,其中大学生 645 人,中小幼学生 3 839 人。文化合作成果丰硕。2012 年,沪港签署《关于沪港文化交流与合作协议书》,在文艺演出和展览方面,每年双方的交流项目近 60 项;2017 年 1 月,为庆祝香港沙田大会堂成立 30 周年,上海歌舞团携《朱鹮》献演沙田大会堂;2017 年 6 月香港中乐团和香港芭蕾舞团分别献演上海保利大剧院,共同庆祝香港回归 20 周年;青少年交流十分活跃,自 2011 年起已连续 7 年举办"明日领袖"大学生暑期实习计划,每年 30 多名香港大学生来沪实习,参加 CEO 座谈分享会,并与上海大学生互动交流。机场合作成绩斐然。两地合作成立沪港机场管理(上海)有限公司,自 2009 年成立以来,借鉴香港的管理经验,全面提升了虹桥机场的运行效率和服务水平,培养了人才队伍,很好地促进了两地航运中心建设。环保合作十分紧密。从 2014 年起,沪港环保主管部门间加强合作,签署相关合作协议,加强双方在空气监测、污水处理、辐射环境监测等领域的合作交流等。司法合作不断深化。2003 年,经司法部批准,上海司法局与香港特区政府律政司签署合作协议,上海市律师协会与香港大律师公会在港签署合作备忘录。两地在司法领域已经建立了良好的合作交流机制,双方合作交流取得新成效。公务员交流常态化,2002 年以来,沪港两地开展为期 15 年的中高层公务员实习交流计划。至 2016 年底,上海共派出 64 位公务员赴港参加交流,香港共派出 36 位公务员来沪交流。交流领域广泛,涉及城市规划、道路建设、住房保障、环境保护等诸多领域。该交流项目对拓展公务员视野,深入了解沪港情况,促进两地合作发挥了积极作用。①

---

① 见《携手并进　合作共赢　再谱新篇(香港回归 20 年沪港合作成果展)》,2017 年 9 月,上海市人民政府港澳事务办公室、香港特区政府驻上海经济贸易办事处制作。

二、沪港合作成效显著

2023年,改革开放45年,上海经济高速发展固然是多种因素促成的,但"香港因素"起了极为重要的作用,即已成为上海整体经济发展极为重要的组成部分。香港不仅是上海改革开放最直接的推动者、示范者、贡献者,也是最大的受益者。改革开放45年来,上海经济的腾飞处处可见沪港合作的轨迹,其规模和成效可以说是史无前例的,亦足以让世人为之惊叹。

(一)缓解资金短缺,拓展贸易渠道,加快市场经济体制的培育

毋庸置疑,港商作为投资上海的开路先锋,作为上海最大的外来投资者,为上海的改革开放与现代化建设作出了巨大的贡献。港资的大量流入,不仅缓解上海经济建设的资金短缺问题,也为上海的经济发展带来很多新的管理理念和管理方式,推动上海改革开放和现代化建设的顺利进行;此外,港商投资上海的同时,也为上海也带来国际贸易的客户渠道、市场信息等,推动了上海国际贸易的蓬勃发展。

值得指出的是,作为一个成熟的市场经济体,香港的商品市场、劳动力市场、金融市场等各方面的发展都相当完善,因此,上海借鉴香港的经验也是多方面的。从香港政府对微观经济活动的积极不干预政策、公务员制度和廉政制度,到土地拍卖、股票市场、证券交易、公共财务投资、社会保障及经济法律的研究与介绍,许多办法被移植过来,再结合上海的实际情况,在上海的现代化建设进程中灵活运用。[①] 如香港土地有偿使用和住宅商品化的管理制度、建立房地产多级市场的经验、香港房地产按揭贷款

---

① 尤安山:《"上海旋风"沪港经济合作二十年回顾》,载《沪港经济》2003年第12期。

的成功经验等,对上海房地产市场的发育发展以及解决居民住房难问题均起到了积极的促进作用。从到香港学习培训和聘请香港专业人士为顾问,直到大量引进香港资金兴建高标准的写字楼和改造旧城区,沪港同行的合作卓有成效,为上海的大变样做出了贡献。

一言以蔽之,改革开放以来,上海在与香港的经济往来中,不仅得到了急需的资金、商品以及销售渠道,还学到了市场运作经验,熟悉了市场经济的国际惯例,从而促进了上海社会主义市场经济体制的不断发育和完善,为上海在中国率先建立社会主义市场经济体制起到了积极的推动作用。

(二)促进上海购物环境与城市面貌的巨大变化

改革开放以来,尤其是 1992 年邓小平南方谈话以后,上海由改革开放的"后卫"被推到改革开放的"前沿",并起步实施"一个龙头、三个中心"的发展战略和"一年一个样、三年大变样"的目标。上海蕴含的潜能被空前的激发出来,香港与上海的经济合作更是一日千里。上海由此开始新的腾飞,城市面貌日新月异,经济发展备受世界关注。

随着上海对外开放的不断扩大,以及经济的快速发展,港商对上海的投资领域也已从最初的工业转向商业、基础设施等许多方面。例如,20 世纪 90 年代,上海开展以道路桥梁为主的大规模城市基础设施建设,急需大量资金,香港中信泰富以 BOT 方式参与南浦大桥的管理,为浦江建桥提供了必要的资金。"香港上海实业"投入巨资建设机场高架道路,保证了进出上海的通道畅通无阻。香港港龙和上海东方、上海航空联手在沪港之间架起空中通道,上海的沪港专列直达香港九龙,使千里之遥的香港与上海近在咫尺。在商业领域,沪港合作的上海东方商厦是全国第一家中外合资的商业企业,该商厦以销售世界著名品牌为特色。东方商厦对面的恒隆港汇广场是上海最大的百货商厦之一。香港九龙仓在淮海中路西段成功经营"美美百货"之后，又在淮海中路东段新建大上海时代广场，开设上海档次最高、最豪华的"连卡佛"商厦。至于一般工薪阶层则可在遍及全市的沪港合作的服装连锁店买到价廉物美的服装。上海已成为购物天堂，舒适的购物环境、热情的服务、琳琅满目的商品能满足各个层次消费者的需要，其中港商的历史功绩是有目共睹的。如今在南京东路中央商业区、淮海中路东段、南京西路、徐家汇地区，举眼望去一座座沪港合作建造的摩天大厦如恒隆广场、港汇广场、上海广场、香港广场、瑞安广场、香港新世界大厦、上海环贸国际广场等，构成了新上海一道道亮丽的风景线。

（三）践行企业家的社会责任与提升上海城市的国际竞争力

　　如果说贸易和投资追求的是利润的回报，那么无偿的捐赠则反映了香港企业家的社会责任和拳拳爱国之情。早在 80 年代初，香港著名实业家包玉刚先生就以其先父之名向上海交通大学捐赠一座现代化图书馆——包兆龙图书馆，这是上海教育机构首次接受的海外捐助。香港企业家从单项捐赠发展到设立基金会，使促进社会进步的义举长期化、规范化。在这方面，香港知名人士唐翔千、胡法光、罗康瑞、刘浩清等做出了贡献。其他如邵逸夫等香港知名人士在上海或捐款办学校，或设立奖学金助学、助教、培养人才，或捐款参与慈善事业，或为上海文化艺术事业和科学技术的发展出资出力，等等。由此可见，香港企业家的善举充分显示了香港企业家回报社会的企业家精神和应有的社会责任。这对上海以及内地企业的发展以及企业家队伍建设无疑起到了很好的垂范作用。当然，这从另一方面也说明香港与上海的经济联系已渗透于两地经济社会的方方面面，对两地经济及民生的发展等产生了广泛而深远的影响。

　　随着上海对外开放的不断扩大及沪港两地合作的进一步深化，以香港为地区总部的中介服务机构纷至沓来。如世界最大的会计师事务所、资产评估和咨询公司、房地产专业服务和物业管理公司等都先后进驻上海,为上海提供了符合国际规范、具有国际水准的服务,并培养了本地的专业人才,大大提升了上海城市的国际竞争力,为上海企业更好地把握及应对世界经济发展的机遇和挑战起到了积极的作用。又如上海机场集团与香港机场管理局合作成立的沪港机场管理(上海)有限公司,引入香港的管理理念和方式,在价值创造、卓越运行、管理效率、人才培养和企业发展等方面都取得了丰硕成果,全面提升了虹桥机场的运行效率、服务质量和经营绩效。合作期间,虹桥机场曾获得国际航空运输评级组织(SKYTRAX)"中国最佳国内机场"第一名、"中国最佳机场"第一名、国内首家五星航站楼、中国民航资源网 2016 年度国内机场综合评分第一等诸多荣誉。ACI 综合评分及排名从 2010 年的第 53名提升至 2016 年的第 15 名。①

三、高质量、高水准、全方位推进沪港合作

当前,是沪港合作步入高质量、高水准、全方位发展的重要时期。毋庸置疑,改革开放以来上海经济发展的进程已表明,"香港元素"发挥了极为重要且不可替代的作用,而今天上海在迈向国际大都市的过程中更需要学习借鉴香港的经验教训,加强合作,共同携手创造新的辉煌。在当今世界百年变局加速演进,中国向第二个百年奋斗目标进军,以及中国特色社会主义进入新时代的背景下,中央对沪港如何融入及服务国家发展大局,如何在国家现代化建设中担当角色,发挥作用均提出了新的要求。

国家"十四五"规划提出,不仅在经济发展方面,要一如既往

---

① 见《携手并进　合作共赢　再谱新篇(香港回归 20 年沪港合作成果展)》,2017 年 9 月,上海市人民政府港澳事务办公室、香港特区政府驻上海经济贸易办事处制作。

支持香港提升国际金融、航运、贸易中心地位;强化香港作为全球离岸人民币业务枢纽、国际资产管理中心及风险管理中心;支持香港建设亚太区国际法律及解决争议服务中心;支持香港服务业向高端高增值方向发展。而且对香港赋予了新的定位,包括支持香港提升国际航空枢纽地位、支持香港建设国际创新科技中心和区域知识产权贸易中心,以及支持香港发展中外文化艺术交流中心。一个枢纽,三个中心,新的定位,进一步显示香港在国家改革开放历程中的特殊地位,也为香港发展以及加快融入国家发展大局再添新的动力。

"十四五"时期,是我国开启全面建设社会主义现代化国家新征程、向第二个百年奋斗目标进军的第一个五年,也是上海在新的起点上全面深化"五个中心"建设、加快建设具有世界影响力的社会主义现代化国际大都市的关键五年。2023 年 11 月习近平主席在上海考察时强调,上海要完整、准确、全面贯彻新发展理念,围绕推动高质量发展、构建新发展格局,聚焦建设国际经济中心、金融中心、贸易中心、航运中心、科技创新中心的重要使命,以科技创新为引领,以改革开放为动力,以国家重大战略为牵引,以城市治理现代化为保障,勇于开拓、积极作为,加快建成具有世界影响力的社会主义现代化国际大都市,在推进中国式现代化中充分发挥龙头带动和示范引领作用。

综观国家对沪港两地的要求,以及沪港两地社会经济发展的态势、在中国现代化建设中的地位与角色,沪港合作必须从服务整个国家发展战略,或者说在国家整体发展战略的框架下来规划设计;必须在巩固深化原有合作的基础上,进一步提高两地合作的层次、能级,及不断扩大两地合作领域。由此可见,高质量、高水准、全方位推进沪港合作,不仅是时代发展的需要、国家发展战略的需要,也是中国现代化发展的需要,更是中华民族伟大复兴的需要。

首先，必须站在整个国家现代化发展战略的高度，来谋划两地的合作。

香港、上海是目前中国也是西太平洋地区经济最发达、最活跃、国际化程度最高的城市，在整个国家社会经济发展中具有举足轻重的影响。因此，未来沪港两地合作不能只局限于两地的发展，而是站位要高、格局要大、视野要广，充分运用各自的优势，强强联合，形成合力，共同推进整个国家现代化建设，并在服务整个国家现代化发展进程中提升自己、壮大自己。

其次，沪港两个科创中心互为依托，着力加强在高新技术领域的合作。

建设国际创新科技中心是国家"十四五"规划赋予香港的新角色。香港地域虽小，但却拥有香港大学、香港中文大学、香港科技大学等8座具有国际影响力的大学，还拥有16个国家重点实验室和6家国家工程技术研究中心香港分中心，教育资源和创新密度在全国名列前茅。更重要的是香港拥有众多的国际化、高素质的爱国爱港科技人才，他们是香港建设国际创新科技中心，以及国家创新发展的重要力量。进入"十四五"，国家科技部将会推出更多支持政策，比如在国家实验室等重大平台规划布局中，支持香港高水平科研机构参与；支持香港专家入选国家科技专家库和奖励评审专家库；支持香港参与"一带一路"科技创新合作等，进一步扩大国家科技计划对港开放。

毫无疑问，上海的科技实力，无论是高校、科研机构的数量，还是科技人才尤其是高端科技人才的数量等都处于全国领先地位。建设国际科技创新中心也是国家赋予上海的角色，"十四五"期间，上海将按照把创新放在国家现代化建设全局核心地位、把科技自立自强作为国家发展战略支撑的总要求，面向世界科技前沿、面向经济主战场、面向国家重大需求、面向人民生命健康，坚持科技创新和制度创新双轮驱动，以提升基础研究能力和突破关键核心技术为主攻方向,疏通基础研究、应用研究和产业化双向链接的快车道,激发各类主体的创新动力和活力,强化知识产权运用和保护,以更加开放包容的政策和环境培育集聚各类科创人才,推动国际科技创新中心核心功能取得重大突破性进展,努力成为科学新发现、技术新发明、产业新方向、发展新理念的重要策源地。

因此,在科技创新方面,沪港两地可充分融合各自的优势,加强两地大学、科研机构的密切合作,联合申请、共同承担国家重大课题,共同参与两地的重大科研项目,共享两地科技创新平台,共享两地科技人才,共享两地的科研设备与实验室。

第三,搭建沪港两地对外文化艺术交流的平台,弘扬中华文化,提高国家文化软实力。

国家"十四五"规划提出支持"香港发展中外文化艺术交流中心",这是国家层面首次提出香港的新定位。这不仅是中央政府对以往香港在国际文化艺术交流方面所作贡献的充分肯定,为香港未来发展明确新定位、培育新优势,更是国家增强文化软实力,提升中华文化国际影响力的重要举措,意义重大而深远。毫无疑问,香港发展中外文化艺术交流中心的新定位,对上海文化大都市建设有着积极的影响。重视及把握香港新定位带来的发展机遇,积极谋划与香港的互动合作,将会加快上海文化大都市建设的进程。目前,上海海派文化需要更多的走出去在国际舞台上进行广泛的交流,以及更多地注入有助于丰富提升海派文化内涵的国际化元素,而香港中外文化艺术交流平台恰好可以较好地满足上海的这一需求,且这还是一个成本最低效率最高的路径。

综观两地发展,加强与香港在中外文化艺术交流方面的互动合作,对提升上海对外文化艺术交流的功能与层次;提升上海文化艺术团体的国际化运作能力;提升上海海派文化的国际影响力,从而进一步提升整个国家的文化软实力均具有积极的影响。为此,笔者建议未来应进一步加大沪港两地文化艺术交流的力度;引入香港因素,依托政策创新,创建一流艺术品交易中心;设立主题文化节庆,借力香港提升上海城市品牌效应;进一步加强两地在文化创意产业领域的合作;设立推进两地文化艺术交流的专家委员会。

除上述外,香港是成熟的世界知名的国际金融中心,上海已在2020年建设成为与人民币国际地位相适应的国际金融中心。在目前全球金融市场动荡加大,新一轮金融风险爆发的可能性大大增加,以及近年来美国对中国在金融领域的遏制不断加大,金融脱钩势态渐显的背景下,沪港应进一步深化和加强在金融领域,尤其是在绿色金融、数字金融、科创金融方面的合作,同时积极推动两个金融中心在全球金融领域的合作,如一带一路的金融合作、RCEP的金融合作,开拓国际金融市场和国际金融资源,共同推进人民币国际化进程。

总而言之,沪港合作潜力巨大,前景广阔。我们有理由相信,在中国崛起并向第二个百年奋斗目标进军的过程中,香港、上海这两颗东方明珠在未来的合作中,必将交相辉映,相得益彰,而两地经济联动所产生的合力,必将大大推动整个中国现代化的进程。

(作者系上海东亚研究所资深研究员,
上海社会科学院港澳研究中心原主任)

参考文献

[1] 尤安山等著:《沪港经济发展报告》(2011—2012),上海社会科学院出版社2012年9月版。

[2] 尤安山主编:《沪港蓝皮书》(2013),社会科学出版社2013年9月版。

[3] 尤安山主编:《沪港蓝皮书》(2014—2015),社会科学出版社2013年9月版。

[4] 尤安山主编:《沪港蓝皮书》(2016),社会科学出版社2013年9月版。

[5] 陈多主编:《改革开放40年与香港》,香港三联书店2019年1月版。

立足区域协同
发挥上海地方立法引领作用

华东师范大学长三角一体化法治研究院[*]

随着长三角区域一体化不断推进,沪苏浙皖区域协同立法活动在不同层面展开。为促进长三角区域一体化法治保障工作高质量开展,上海市人大常委会法工委委托华东师范大学长三角一体化法治研究院(以下简称"研究院")开展课题研究,梳理长三角区域的立法资源和立法诉求,从区域协同角度提出上海未来五年地方立法建议。研究院运用文本分析、数据统计、关键词抓取等方法,对比研究上海市 258 部、江苏省 287 部、浙江省 242 部、安徽省 234 部地方性法规的文本内容及其社会影响,总结提炼出三方面立法建议。

一、需要上海市应长三角区域趋势开展的立法项目

苏浙皖已经进行立法的专题,一定程度上反映了长三角区域地方性立法的共同关注、总体趋势和前瞻思考。目前,上海尚未制定,但苏浙皖中至少有两省已经制定、实施的,有 41 个立法主题。具体到各省,上海尚未制定,江苏省已经制定、实施的地方性法规有 129 部;上海尚未制定,浙江省已经制定、实施的地方性法规有 124 部;上海尚未制定,安徽省已经制定、实施的地方性法规有 111 部。

---

* 本研究报告完成于 2023 年初。

但苏浙皖三省已有,而上海尚未制定的法规,并不需要全部进行借鉴。以上海市立法需求为中心,苏浙皖三省地方性法规中可供借鉴的立法专题分为两类:一是,苏浙皖三省中至少两省已立法的专题。这些专题反映了三省在相关领域的共同关注,在长三角地区形成了一定的立法趋势,上海应根据自身需要,积极做好规范协同。二是,虽仅有一省制定,但法规创新性强、实施效果好、可移植,且契合上海市发展需要的专题。这些专题所针对的问题,上海存在类似情况;条例提供的解决思路具有全国引领性,解决方案也具有可复制性,可以进行借鉴。经过筛选,建议上海将以下 9 个项目列入五年立法规划:

1. 民生与社会治理领域

(1)民生实事项目人大代表票决制规定。票决制的工作理念,起源于习近平总书记在浙江工作期间提出的为民办实事长效机制。2022 年通过并施行的《浙江省民生实事项目人大代表票决制规定》,对浙江省经验进行总结,规范了民生类公共事业项目的建议、票决程序。从 2020 年开始,上海市部分镇人大已经开展民生实事项目人大代表票决制试点;部分区人大常委会也开展了民生实事项目人大代表票决制相关工作。建议提炼总结上海票决制实践经验,进行专题立法。

(2)平安建设条例。上海市平安建设已进行二十余年,并形成了多领域、可持续的工作成果。2010 年,上海出台《上海市社会治安综合治理条例》,对上海市社会治安秩序维护进行规范。但随着经济社会的发展,平安建设已经远远超越了一般意义上"社会治安综合治理"范畴。建议借鉴浙江省、江苏省做法,结合上海成功的平安建设工作实际,提炼总结平安建设中的工作机制、风险防控、基层治理、数字平安等方面的经验制定条例。

(3)行政程序条例。2022 年通过并实施的《江苏省行政程序条例》在全国率先就行政程序开展地方立法。上海进行了具有全国领先性的行政执法、行政程序改革,提出了"轻微违法不处罚"等创新方法。建议总结近年来上海市在行政程序、行政执法领域创新的成功经验,借鉴江苏省做法制定条例。

2. 农业农村发展领域

(4)农村土地承包经营权条例。党的二十大报告指出,"深化农村土地制度改革,赋予农民更加充分的财产权益"。随着农村土地"三权分置"改革的推进,江苏、浙江、安徽三省均制定或新修了有关农村土地承包经营管理相关法规。虽然《上海市乡村振兴促进条例》中共有15处对农村土地资源进行了规定,但这些规范着重从资源利用角度规定。建议上海根据农村土地制度改革实际情况,借鉴其他三省做法制定条例,与《上海市乡村振兴促进条例》配套,促进农业、农村经济发展和农村社会稳定。

(5)农产品质量安全条例。随着农业科技的进步,电商平台、直播带货等新经济模式对农产品产销的影响,社会愈加重视农产品质量问题。2022年9月,全国人大对《农产品质量安全法》进行全面修订。上海虽然不是主要农业出产地,但由于工业发达、对外贸易频繁等优势,是我国重要的农产品深加工地和出口地。建议根据上海农产品生产、销售特色,结合新经济模式规制经验,借鉴其他三省做法制定条例。

3. 环境与生态保护领域

(6)固体废物管理条例。上海围绕固体废物制定了《上海市生活垃圾管理条例》《上海市再生资源回收管理办法》等地方性法规、规章。但随着长三角一体化的推进,固体废物在三省一市的流动性变强,危害性变大,需要在区域协同的视角下重新审视上海市关于固体废物管理的各类规范。建议借鉴其他三省的做法,站在区域一体化的高度制定条例。

4. 科教文卫领域

(7)医疗保障条例。二十大报告提出,要"促进多层次医疗保障有序衔接,推动医疗保障治理体系和治理能力现代化"。上海市已经出台《基本医疗保险监督管理办法》《城乡居民基本医疗保险办法》《职工基本医疗保险办法》等规章。在老龄化、公共医疗普及化等新形势下,建议借鉴江苏、浙江做法,在已有规章基础上,结合当前医疗保障新问题制定地方性法规。

5. 市场监管领域

(8)快递业促进条例。2021年通过并实施的《浙江省快递业促进条例》总结了浙江在促进快递发展上的创新举措、成功经验。上海快递业务量在各省(区、市)中位列第二,全国占比达16.6%,长三角城市群占比超43%,上海快递业对全国及区域快递业发展的推动作用较大。建议借鉴浙江省做法制定条例,对新兴业态引发的快递行业问题进行规制,对人工智能配送、绿色配送等新快递方式进行促进。

(9)广告管理条例。上海市围绕广告行业仅出台《上海市户外广告管理办法》《商业广告代言活动合规指引》。两个规范性文件规制范围窄。随着平台经济的发展,广告的发布、传播出现诸多新模式;直播带货、短视频软广等新形式也给广告规制带来新问题。建议借鉴江苏、浙江做法制定条例,对新业态带来的广告问题进行综合立法。

二、需要三省一市协同制定的立法项目

当立法事项的影响范围超出了本行政区域,影响到其他行政区划,需要通过区域协同立法来解决。目前三省一市人大常委会通过协调互补的协同模式,以及步调一致的"三同"模式等立法供给方式,展开了一系列区域协同立法活动。三省一市协同制定《大气污染防治条例》《关于促进和保障长江流域禁捕工作若干问题的决定》;两省一市协同通过《推进长三角区域社会保障卡居民服

务一卡通规定》《关于促进和保障长三角生态绿色一体化发展示范区建设若干问题的决定》。

但长三角一体化发展过程中,存在大量事项不宜进行文本统一,或简单的协调互补式立法,而是需要根据三省一市各自资源禀赋,进行"协而不同"的立法协同。在一体化过程中,此类事项主要来源于以下三方面:一是区域发展中产生的负外部性问题,且无法由一省单独立法解决,如环境污染问题、流动性违法问题;二是区域发展中形成的正外部性,需要通过立法扩大正外部性的溢出范围,如社保、教育、医疗、技术、交通、基础设施、公共服务等事项;三是克服区域发展中零和博弈,形成差异化发展的事项,如产业链、产业群打造。从京津冀和粤港澳的区域协同立法经验看,产业发展、交通基础设施、公共卫生、历史文化保护、文化旅游资源共享、跨区域生态保护、流域水污染防治等方面,能够进行"协而不同"的协同立法。

未来五年,建议由上海牵头,三省一市根据各自特色、各自优势,在产业发展、民生与社会治理、环境与生态保护、科教文卫等领域共7个立法项目上,开展"协而不同"的区域协同立法。

1. 产业发展领域

(1) 促进战略性新兴产业集聚发展条例。三省一市新兴产业发展的资源禀赋各不相同,建议根据各自优势、特色,以形成产业集聚、产业链,法治化产业协同机制为立法目的,制定条例。

(2) 长三角创新共同体建设条例。在《长三角科技创新共同体建设发展规划》基础上,总结三省一市创新协同经验,根据各自分工制定条例。

2. 民生与社会治理领域

(3) 公共信用信息管理条例。三省一市统一大市场的建立,需要公共信用信息全面打通。各省市制定的条例,既体现各自公共信用信息管理的实际情况,又能实现区域协同管理机制,达到

"协而不同"的效果。

（4）公共数据共享条例。三省一市公共服务互联互通,需以公共数据共享为前提。各省公共数据管理情况不同,需各自制定管理标准不同,但根据分工形成区域协调、数据共享的条文内容。

3. 环境与生态保护领域

（5）河长制规定。总结跨区域河长协同机制,在三省一市实践经验基础上制定条例。

（6）生态环境监测条例。三省一市环境治理协同,需要以生态环境监测协同为前提。建议,三省一市结合各自情况,据环境保护整体性、联动性的特征制定条例。

4. 科教文卫领域

（7）文旅融合条例。三省一市在文化和旅游业上各具优势,且发展成熟,应当采取"1+1>2"的协同立法模式,通过立法促进旅游业业态融合,形成发展合力。

三、需要提炼总结协同工作经验
形成的制度性文件

在区域协同立法工作机制方面,长三角区域协同立法有着国内领先的经验与实践。早在 2007 年,沪苏浙法工委就在上海签订协议,启动协同立法相关工作。2014 年起,三省一市人大常委会法制工作机构每年召开一次立法协作会议,实现地方立法协作常态化。2018 年,三省一市人大常委会法工委正式签署《关于深化长三角地区人大常委会地方立法工作协同的协议》,进一步完善决策层、协调层和工作层推进立法协同的机制。

然而长三角地区协同立法重在立法项目落地,目前尚未及时将协同经验制度化、规范化。未来五年,建议由上海牵头,三省一市提炼总结协同立法工作机制经验,制定《长三角地区人大立法项

目协同办法》《长三角地区人大立法项目协同实施细则》《长三角
地区人大法制工作机构联系办法》。同时，还可在三省一市制定五
年立法规划之时，倡导制定《长三角地区人大协同立法规划
（2023—2027年）》。

附：长三角一体化区域协同立法资源存量表
（上海尚未制定，苏浙皖中至少两省已制定的专题）

立法专题	江苏省立法情况	安徽省立法情况	浙江省立法情况	上海市立法情况
农产品质量安全	江苏省农产品质量安全条例	安徽省农产品质量安全条例	浙江省农产品质量安全规定	无规范性文件
矿产资源管理	江苏省矿产资源管理条例	安徽省乡镇集体和个体开采矿产资源管理办法	浙江省矿产资源管理条例	无规范性文件
农村土地承包经营权保护	江苏省农村土地承包经营权保护条例	安徽省实施《中华人民共和国农村土地承包法》办法	浙江省实施《中华人民共和国农村土地承包法》办法	无规范性文件
企业民主管理	江苏省企业民主管理条例	安徽省企业民主管理条例	浙江省企业民主管理条例	无规范性文件
财政监督	江苏省财政监督条例	安徽省财政监督条例		无规范性文件
湿地保护	江苏省湿地保护条例	安徽省湿地保护条例	浙江省湿地保护条例	无规范性文件
气候资源保护和开发利用	江苏省气候资源保护和开发利用条例	安徽省气候资源开发利用和保护条例		无规范性文件

（续表）

立法专题	江苏省 立法情况	安徽省 立法情况	浙江省 立法情况	上海市 立法情况
海洋环境 保护	江苏省海洋环 境保护条例		浙江省海洋环 境保护条例	无规范性文件
农业生态 环境保护	江苏省农业生 态环境保护条 例	安徽省农业生 态环境保护条 例		无规范性文件
渔业管理	江苏省渔业管 理条例	安徽省实施 《中华人民共 和国渔业法》 办法	浙江省渔业管 理条例	无规范性文件
蚕种管理		安徽省蚕种管 理条例	浙江省蚕种管 理条例	无规范性文件
风景名胜 区管理	江苏省风景名 胜区管理条例		浙江省风景名 胜区条例	无规范性文件
广播电视 管理	江苏省广播电 视管理条例	安徽省广播电 视管理条例	浙江省广播电 视管理条例	无规范性文件
各级人民 代表大会 常务委员 会监督规 范		安徽省各级人 民代表大会常 务委员会监督 条例	浙江省各级人 民代表大会常 务委员会监督 条例	无规范性文件
广告管理	江苏省广告条 例		浙江省广告管 理条例	《上海市户外广告 管理办法》、市市 场监管局《商业广 告代言活动合规 指引》

（续表）

立法专题	江苏省 立法情况	安徽省 立法情况	浙江省 立法情况	上海市 立法情况
绿色建筑	江苏省绿色建筑发展条例	安徽省绿色建筑发展条例	浙江省绿色建筑条例	《上海市绿色建筑管理办法》
招标投标	江苏省招标投标条例	安徽省实施《中华人民共和国招标投标法》办法	浙江省招标投标条例	《上海市建设工程招标投标管理办法》
房地产交易管理	江苏省城市房地产交易管理条例	安徽省城市房地产交易管理条例		《上海市房地产转让办法》
非税收入管理	江苏省非税收入管理条例	安徽省非税收入管理条例	浙江省政府非税收入管理条例	《上海市财政局、中国人民银行上海分行关于印发〈上海市政府非税收入收缴管理办法〉的通知》
耕地占用税	江苏省人民代表大会常务委员会关于耕地占用税适用税额的决定	安徽省人民代表大会常务委员会关于安徽省耕地占用税适用税额的决定	浙江省人民代表大会常务委员会关于耕地占用税适用税额的决定	《上海市人民政府关于印发〈上海市耕地占用税实施办法〉的通知》
新型墙体材料	江苏省发展新型墙体材料条例	安徽省发展新型墙体材料条例	浙江省发展新型墙体材料条例	地方政府规章但已失效
散装水泥		安徽省促进散装水泥发展和应用条例	浙江省促进散装水泥发展和应用条例	地方政府规章但已失效

（续表）

立法专题	江苏省 立法情况	安徽省 立法情况	浙江省 立法情况	上海市 立法情况
固体废物 污染	江苏省固体废 物污染环境防 治条例	安徽省实施 《中华人民共 和国固体废物 污染环境防治 法》办法	浙江省固体废 物污染环境防 治条例	《上海市浦东新区 固体废物资源化 再利用若干规定》
水土保持	江苏省水土保 持条例	安徽省实施 《中华人民共 和国水土保持 法》办法	浙江省水土保 持条例	《上海市水土保持 管理办法》
基本农田 保护	江苏省基本农 田保护条例	安徽省基本农 田保护条例	浙江省基本农 田保护条例	《上海市基本农田 保护的若干规定》
水文	江苏省水文条 例	安徽省水文条 例	浙江省水文管 理条例	《上海市水文管理 办法》
农村公路	江苏省农村公 路条例	安徽省农村公 路条例		《上海市农村公路 管理办法》
森林保护	江苏省实施 《中华人民共 和国森林法》 办法	安徽省实施 《中华人民共 和国森林法》 办法		《上海市森林管理 规定》
海域使用	江苏省海域使 用管理条例		浙江省海域使 用管理条例	《上海市海域使用 管理办法》
无线电管 理	江苏省无线电 管理条例	安徽省无线电 管理条例	浙江省无线电 管理条例	《上海市无线电管 理办法》
地方志	江苏省地方志 工作条例	安徽省地方志 工作条例		《上海市实施〈地 方志工作条例〉办 法》

（续表）

立法专题	江苏省 立法情况	安徽省 立法情况	浙江省 立法情况	上海市 立法情况
艾滋病防治	江苏省艾滋病防治条例		浙江省艾滋病防治条例	《上海市艾滋病防治办法》
数字经济	江苏省数字经济促进条例		浙江省数字经济促进条例	《上海市数据条例》包含部分条款
工会劳动法律监督	江苏省工会劳动法律监督条例	安徽省工会劳动法律监督条例	浙江省工会劳动法律监督条例	《上海市工会条例》包含部分条款
义务植树	江苏省全民义务植树条例	安徽省全民义务植树条例		《上海市植树造林绿化管理条例》包含部分条款
人民防空	江苏省实施《中华人民共和国人民防空法》办法	安徽省实施《中华人民共和国人民防空法》办法	浙江省实施《中华人民共和国人民防空法》办法	《上海市民防条例》包含部分条款
机动车排气污染防治	江苏省机动车排气污染防治条例		浙江省机动车排气污染防治条例	《上海市大气污染防治条例》第四章"防治机动车船排放污染"已包含相关内容
人民调解	江苏省人民调解条例	安徽省人民调解条例		《上海市促进多元化解矛盾纠纷条例》已包含人民调解的组织、活动程序等内容
水上交通安全		安徽省水上交通安全管理条例	浙江省水上交通安全管理条例	《上海市安全生产条例》包含部分条款

（续表）

立法专题	江苏省 立法情况	安徽省 立法情况	浙江省 立法情况	上海市 立法情况
家庭暴力	江苏省反家庭暴力条例	安徽省实施《中华人民共和国反家庭暴力法》办法	浙江省预防和制止家庭暴力条例	《上海市妇女权益保障条例》第七章"婚姻家庭权益"包含部分条款
家庭教育	江苏省家庭教育促进条例	安徽省家庭教育促进条例	浙江省家庭教育促进条例	《上海市未成年人保护条例》包含部分条款

（执笔人王美舒系华东师范大学法学院副教授、

长三角一体化法治研究院副院长；

肖鹏系华东师范大学法学院、

长三角一体化法治研究院研究助理）

长三角"田园五镇": 沪浙乡村振兴共同富裕的实践区

长三角"田园五镇"——沪浙乡村振兴共同富裕的实践区(以下简称"田园五镇")是由上海市金山区所辖的廊下镇、吕巷镇、张堰镇与浙江省平湖市所辖的广陈镇、新仓镇联合共建的乡村振兴先行示范区。"田园五镇"超越行政区划,凭借契约精神,以"梦想合伙"为理念,用"毗邻党建"的力量重组,通过"毗邻支部联建、毗邻产业联盟、毗邻资源联享""三联"治理达到"自治"促"共治",走出了一条具有"共生"特征的乡村振兴之路。本文从目前"田园五镇"建设所表现的突出矛盾出发,在协同机制、合作内涵和发展成果等方面进行探讨。

一、"田园五镇"的发展逻辑

"田园五镇"的发展逻辑十分清晰,总的来说是继承了古人智慧和党的创新理论光芒的结果。早在唐朝时期,古人开始聚居于现在"田园五镇"所辖的周边村落"以农为业",而后形成千余年来的交流、交往、交融,村镇之间的文化、文脉从未中断。改革开放初期,伴随着"长江三角洲经济区"规划概念和"共同富裕"理论的提出,"田园五镇"所属的上海市和浙江省积极加入建设行列。新世纪以来,习近平总书记曾先后在浙江省和上海市担任主要领导,为两省市分别提出"绿水青山就是金山银山"和"三个百里"①的重要指示,农业生态属性的相同"底色"为两地共同建设奠定了基础,"田园五镇"在党的理论引导下应运而生。历史地演替与理论地升华交织在一起为"田园五镇"的建设与发展奠定坚实基础。

(一)"田园五镇"的历史渊源

"田园五镇"的探索具有悠久的历史渊源。由于地理位置和气候环境的影响,沪浙地区自古多河流,形成纵横交错的天然格局,两地居民以水为源发展特色农业延续至今。其中,在上海市金山区与浙江省平湖市交界处有一条"山塘河",横跨河面而建山塘桥。桥的北边,连着上海市金山区廊下镇山塘村,俗称北山塘;桥的南边,连着浙江省平湖市广陈镇山塘村,又名南山塘。南、北山塘村地理位置的毗邻关系使得两地居民自古人缘相亲,新中国成立后,更是以"山塘桥"为中点向南北延伸,形成了水运物资流转停留点,凡经由此水路的商人都会在两岸南、北山塘村歇脚,由此岸上自然形成以物品交易为主的集市——"山塘集镇"。在传统文化方面,两地都有传统民间曲艺文化——钹子书,是江南吴语地区特有的地方传统曲艺形式;在交流交往方面,两村人口数量相差无几,年龄结构相类似,联姻习俗盛行,人员来往密切、流动性较强。因此,南、北山塘村在渊源、文化和交往上形成了较为亲密的关系,也正是这层特殊的关系成就了新时代的"田园五镇"。

(二)"田园五镇"的理论内涵

1. 贯彻党的全面领导的根本要求

党的全面领导是中国建成社会主义现代化强国和实现中华民族伟大复兴的根本保证,而乡村振兴是建构现代国家的重要组成部分,在实现中国式现代化进程中处于重要的位置。党的十九大

---

① 2007年6月12日,时任中共上海市委书记的习近平来金山区调研时提出:"金山要建设百里花园、百里果园、百里菜园,成为上海的后花园。"(简称"三个百里")

报告首次明确提出"实施乡村振兴战略"；党的二十大报告再次对推进乡村振兴战略作出了深刻论述和全面部署。以乡村振兴战略统领中国式现代化进程中的农业农村发展，是解决我国发展不平衡不充分问题、满足人民日益增长的美好生活需要的要求。长三角地区作为中国经济发展最活跃、开放程度最高、创新能力最强的区域之一，在农业农村现代化发展方面仍存在一定的潜能有待激发。特别是，上海作为中国国际经济、金融、贸易、航运、科技创新中心，农业资源是稀缺资源，农业农村的发展对提升城市能级和核心竞争力具有举足轻重作用。"田园五镇"实践区建设既是贯彻国家乡村振兴战略的必然要求，又是落实上海市委对金山区"两区一堡"①战略定位的重要举措，更是满足地区自身发展的必要选择。

2. 体现区域一体化发展的战略大局

区域一体化发展战略是以城市群为主体构建大中小城市和小城镇协调发展的城镇格局，打造新的高水平、高质量经济增长极的国家战略。长三角地区作为中国的五大城市群之一，承担着区域一体化发展战略先行先试的历史重任。1992 年，在北京召开的长江三角洲及长江沿江地区经济规划座谈会，首次提出"长三角城市群"的概念；2008 年，国务院印发《关于进一步推进长江三角洲地区改革开放和经济社会发展的指导意见》，打造以上海为"龙头"的新型都市圈，长三角一体化发展进入"快车道"；2018 年，长江三角洲区域一体化发展上升为国家战略。长三角区域一体化发展战略的演变贯穿了"自上而下推动、市场力量拉动、省市地区联动、国家战略驱动"的发展主线。"田园五镇"在长三角区域一体化发展战略中充当着省际乡村联动发展的角色，"田园五镇"的建设既响

---

①　2018 年 5 月 7 日，时任中共上海市委书记的李强在金山调研时，要求金山区努力成为打响"上海制造"品牌的重要承载区、实施乡村振兴战略的先行区、长三角高质量一体化发展的桥头堡（简称"两区一堡"）。

应了国家推进区域一体化发展的战略大局,又有其特殊地域的自觉行动,是以"长三角一体化"时代大战略为理论基础的地域"小课题"。

3. 实现乡村振兴共同富裕的价值旨归

共同富裕是社会主义的本质要求,乡村振兴是实现全体人民共同富裕的必然选择。党的十八大以来,党中央就全面推进乡村振兴作出了一系列重要部署,为扎实推进共同富裕指明了方向。2020年,党的十九届五中全会明确提出,到2035年"全体人民共同富裕取得更为明显的实质性进展"。2021年6月,国家赋予了浙江重要的示范改革任务,先行先试、作出示范,为全国推动共同富裕提供省域范例。这意味着共同富裕作为中国共产党人的一种理念,已经转变为一种国家发展阶段的目标,并将这一目标付诸具体的实践行动。"田园五镇"实践区建设是积极响应这一省域实践行动率先作出的模式探索,本质上是基于国家关于"共同富裕"理论完善与延伸的结果,这既是进一步缩小沪浙毗邻地区城乡发展差距的有效行动,也是诠释国家乡村振兴共同富裕理论的价值旨归,有力地证明了实现共同富裕的可行性和必然性。

(三)"田园五镇"的实践基础

1. "田园五镇"的起源:南、北山塘村8平方公里互联互动

"田园五镇"起源于南、北山塘村8平方公里互联互动。新世纪以来,城镇化建设如火如荼,南、北山塘村作为沪浙毗邻地区商贸往来集会地也顺应时代发展,助力金山区和平湖市(以下简称金平两地)城镇化建设。2010年,中国上海世界博览会举办,南、北山塘村作为上海入口的重要关口,为确保世博会的安全而在南、北交界处设立了检查关卡,合作防卫省界安全;2013年,廊下镇结对金山区水务局,共同实施由两地两局共同参与的平安省际水系边界建设,主要道口安装视频图像监控设备,各村组织村级巡防队、河道保洁员和平安志愿者定期开展巡查;2016年,南、北山塘村委

会考虑到已有两村在水系、省界安全等区域公共设施方面合作治理基础，多次商讨合作发展，积极推动毗邻党组织共建的前期工作；2017年，"浙沪毗邻党支部"正式成立，两地坚持以毗邻党建为引领，围绕文化认同、治理协同、发展互同三个方面积极发展合作规划，两地农户也在"农文旅相结合"创新发展模式引导下实现创收增收。从民间百姓"走亲"到政府区域协作，南、北山塘村8平方公里互动联动为"田园五镇"乡村振兴共同富裕的实践区建设埋下了伏笔。

2. "田园五镇"的雏形：廊下、广陈镇100平方公里结对共建

"田园五镇"的雏形是南、北山塘村"由点到面"，从村级互联互动到镇域结对共建的进阶。2017年2月，金山区廊下镇与平湖市广陈镇签订结对共建协议，在100平方公里的土地上共同建设一条毗邻党建示范带和跨界绿色生态走廊（以下简称"一带一廊"）；同年7月，两镇党委开展"党建引领全面对接——廊下、广陈'一带一廊'结对共建项目对接会"，以产业相近、人文相亲为基础，以党建为引领，资源共享、部门联手、人员对接，开展结对共建全面合作，确定"六联"①项目，推动两镇全方位的交流与合作。多年来，在"毗邻党建"引领下的"一带一廊"建设成果显著。"党建联心"发挥推动全领域合作的桥梁纽带作用，督促既定项目实施落地；"文化联姻"拓展了在历史文化、民俗文化和乡贤文化等领域的合作交流；"发展联动"推动了资源、人才、环境、产业等方面的优势互补；"民生联建"形成了两镇在医疗卫生、科教文卫、交通道路等领域的共建格局；"平安联防"促进了两地社会和谐稳定；"人才联育"强化了两地干部人才共同成长的机制保障。"一带一廊"结对共建项目使得"毗邻党建"从实践到理论再到实践，愈发完善并走向成熟，廊下镇、广陈镇共同建设"明月山塘"景区，这是毗邻

---

①　六联：党建联心、文化联姻、发展联动、民生联建、平安联防、人才联育。

党建引领区域联动发展的缩影,"田园五镇"的雏形也在此过程中孕育形成。

3."田园五镇"的形成:金山、平湖五镇255平方公里抱团建群

"田园五镇"的最终形成是金平两地五镇抱团建群的结果。2019年3月,金山区廊下镇、吕巷镇、张堰镇与平湖市广陈镇、新仓镇五镇"抱团建群",共同签署《长三角"田园五镇"乡村振兴先行区五镇联盟共建协议》,全面启动长三角"田园五镇"乡村振兴先行区建设;同年7月,长三角区域合作办公室印发《2019年长三角一体化发展重点合作事项清单》,长三角"田园五镇"乡村振兴先行区,作为乡村振兴板块唯一重点工作被纳入清单,意味着沪浙携手打造的这一实践区成为全国创举。近年来,"田园五镇"从两个村互联互动发源,到两个镇结对共建的雏形,再到五个镇抱团建群的最终形成,区域总面积扩展到255平方公里,共同推进的合作项目也从单一的文旅产业振兴拓展到涵盖产业、人才、生态、文化和组织等五个方面的全面振兴,总投资金额达上百亿元。"田园五镇"以金平两地的总体规划和发展规划为基础,积极整合五镇的优势资源,加强镇域政策和重点项目地对接和优化,形成了错位协调的发展布局,形成并深化互联互通、共建共享的发展态势。

二、"田园五镇"的实践成效

"田园五镇"的实践历程是村级互联互动到镇级结对共建协同机制日趋完善的过程,伴随着合作范围从8平方公里到100平方公里,再到255平方公里的延展,"田园五镇"克服了传统合作内涵简单叠加的结构形式,从文化、资源、产业、空间和政策等多层次考量,实现错位发展、互补发展,走出一条党建引领、一体推进、生态兴业、合作共赢的协同发展之路。

（一）科学构建多层面合作机制

"田园五镇"作为"毗邻党建"的萌发地，坚持以"毗邻党建"为引领，科学构建了多层面合作机制，在工作制度、配套政策、区域规划、抗击疫情等方面都取得了一定的现实成效。共同编制规划发展蓝图。为了加强区域规划衔接，"田园五镇"委托上海城策行建筑规划设计咨询有限公司、上海市城市规划设计研究院编制完成《沪浙毗邻地区"大田园"乡村振兴协同发展规划（廊下-吕巷-张堰-新仓-广陈）》，明确"浙沪毗邻地区大田园""国家生态农业公园"的目标定位，并形成一张空间蓝图、一套指标体系、一个建设标准的"1+3"成果体系。完成长三角现代农业园区建设研究，形成长三角现代农业园区发展战略规划，对五镇进行了"两轴两带六区一环十二园区"的功能区划。共同建立工作联席制度。明确成立长三角"田园五镇"乡镇振兴先行区轮值主席和联席会议机制。以镇为前台，建立健全"田园五镇"工作联席会议机制，五个镇的主要领导以一年为期担任轮值主席，每季度召开联席会议，负责牵头规划承办本年度的合作项目，具体协商推进各项工作落地；以区（市）为后台，成立长三角"田园五镇"乡村振兴先行区协调领导小组，由金平两地主要领导任组长，统筹建设过程中的重大事项协调、政策支持等工作。共同推动优势政策协同。全面梳理本区域现有的农业农村领域相关政策，通过打造政策互通平台，两地相关政策整合完善、统一成册，有效推动长三角"田园五镇"乡村振兴先行区建设需求。如平湖市有针对性地吸收采用金山区在重点农业产业项目"一事一议""上不封顶""事前事中事后分步补助"等做法，进一步完善农业现代化发展扶持政策；金山区借鉴运用平湖市在村庄景区化建设、运维、经营等方面的政策，系统制定乡村旅游开发配套政策。共同开展社会跨界治理。为了形成强大且有效的治理合力，金平两地政府开展全方位的跨界治理新模式。特别是在抗击新冠肺炎疫情期间，两地率先建立跨省市联防联控制度，

经济完美结合的亮丽水上风景线,打响"江南水乡徒步游"品牌;同时,金山区还加强与平湖市的内河水运联系,保障平申线航道(上海段)整治工程顺利推进,并适时提升航道等级。实现医疗卫生服务共享。两地政府推出跨省异地"点对点"门诊医保联网结算,优化异地就医结算流程,探索异地就医医保费用监管新模式,现金平两地医疗资源优势互补、卫生设施共用共享。实施食品安全检测监管。两地政府构建食品检测在线平台,实时共享检验项目和指标,实现检测电子化管理。由此,"田园五镇"初步建成了交通一体化、生态一体化、医疗一体化、安全一体化的公共配套设施。

三、"田园五镇"建设面临的困境及对策建议

近年来,"田园五镇"在合作机制、区域经济和基础设施等重点领域作探索,基本完成了沪浙乡村振兴共同富裕实践区的地域"小课题"框架构建。但与国家共同富裕的远期目标相比、与长三角一体化时代大战略相比、与人民群众日益增长的美好生活需要相比,差距依然明显,发展不平衡、合作不充分的矛盾依然突出。一是组织层级有待提升,村级互动比较多,主要靠镇级推动,区级以上联动较少,党组织活动较多,但产业项目孵化较少,项目支撑不足,党建引领力不从心。二是合作内涵领域不够丰富,五镇的合作领域主要涉及民生方面,合作资源的空间布局不够均衡,在民生实事的投入力度、科技创新产业体系赋能和文化传承与文明构建等方面还存在较大短板。三是成果共享范围不够大。发展收益在政府、企业和居民三个层面的整体共享水平还有较大提升空间,仅有五镇"抱团建群"的发展模式满足不了未来更大地域范围和更深合作内涵的"田园五镇+"建设要求。本文认为解决这些问题既需要突破更高层面的协同机制,强化毗邻地区的协同治理;又需要

深化更多领域的合作内涵，推进民生福祉、科技产业和文化文明的共同发展；更需要共享更大层面的发展成果，满足人民对美好生活的向往。未来的"田园五镇+"不仅是沪浙乡村振兴共同富裕的实践区，更要成为长三角乃至全国乡村振兴的样板区。

（一）协同机制要在更高层面突破

首先，成立"田园五镇+"党建联盟。强化党建引领，完善联席会议机制，建立起金平两地区（市）级党委政府高层领导直接对话、专家学者共同参与的协商议政平台。其主要职能是引领推动两地政府定期开展专题研究、进行专项联手调研，围绕"田园五镇+"区域空间范围的整体扩大、合作内涵领域的深化、发展能级的提升等重点任务和重点工作共同编制"田园五镇+"建设方案。其次，建立两地职能部门工作协同和常态化联系机制。聚焦两地协同发展难题和治理困境，职能部门主动对接梳理涉及的政策差异，组织协商研究，争取政策突破，为双方寻找合作契机、孵化培育合作项目提供试点依据，为区级、镇级、村级联动机制的有效运行发挥"承上启下"的枢纽作用。最后，打造一体化的基层运行管理机制。由镇（街道）级政府牵头，协同项目所在地村（居）委会，共同承担起各自区域内项目正常运作和日常管理的责任，各镇（街道）根据运行情况定期开展交流探讨，推进落实各项决策部署，形成协同发展的强劲合力。

（二）合作内涵要在更多领域深化

首先，加大民生方面的投入力度。在交通方面，基于"田园五镇+"产业空间布局，要建设便捷的公路交通网和智能的交通服务体系，实现客运专线覆盖所有乡镇，打造"半小时交通圈"，建成安全可靠、便捷高效、经济适用、绿色环保的综合交通运输体系。在医疗方面，依托医疗优势资源，组建"田园五镇+"医疗联合体，为各镇（街道）社区卫生服务中心开展远程医疗、派驻专家、交流进修等，共同提升镇域医疗卫生服务能力和水平；在教育方面，以两地政府为主导、以市场机制为调节,搭建"田园五镇+"教育共建共享平台,通过组建一体化学校、集团化学校、联盟式学校等方式在课程教学和师资队伍方面共建共享,同时扶持沪浙两地职业院校共建特色学科、开展合作办学,促进职业院校优质教学科研资源共享。其次,加速科技创新赋能产业振兴。从金平两地发展对科技创新的实际需求和优势资源出发,围绕"优质稻米、绿色蔬菜、特种养殖、名优瓜果"四大农业特色产业部署科技创新链,同时在生态种植、健康养殖、智慧农业等重要领域开展关键核心技术攻关和产业化推广应用,提升科技支撑现代农业创新能力;围绕新型材料、生物医药、智能制造等新兴产业部署科技创新链,促进高新技术企业孵化、科技创新成果转化,提升科技支撑新兴工业创新水平;围绕休闲旅游、健康养老、颐养康疗等产业部署科技创新链,加快电子商务、智慧物流、生态修复等重要领域配套设施完善,提升科技支撑社会事业发展能力。同时,加大传统文化的传承力度与现代文明的构建程度。传统文化与现代文明一脉相承,传统文化是现代文明的"根"和"魂",现代文明是传统文化在新时代的发展和升华。金平两地拥有丰厚的地域特色传统文化,"开放包容、敢为人先、崇文重教、精益求精、尚德务实、义利并举"的江南文化在这里汇聚,"古典与雅致、现代与时尚"的海派文化在这里交融,"开天辟地、党的创立"的红色文化在这里发源。加强两地文化交流互鉴,通过研究阐发、国民教育、文化传播等手段从传统文化中汲取精神养料,来构建中国特色社会主义的现代文明。

(三)发展成果要在更大层面共享

首先,两地政府既要"做大蛋糕"也要"分好蛋糕"。一方面,要以国家供给侧结构性改革和产业转型升级为契机,协调金平两地各项特色产业要素与优势资源,增大区域创造收益的实际份额,实现"田园五镇+"产业互补融合发展,以此为基础协调城乡和地方发展;另一方面,要以金平两地大中小企业生产的真实情况和实际需求为前提,通过政府宏观调控的手段针对不同类型和不同规模的企业给予"定制的""科学的""优惠的"政策补贴,进一步发挥收益共享对企业发展速度的带动作用。其次,两地企业要把准自身定位,提高核心竞争力促进乡村振兴。金平两地企业深刻理解强化科技创新支撑地方产业振兴的作用对于实施乡村振兴战略具有的重要现实意义。如上海石化钻研转型发展新模式、吕巷镇聚焦汽车零部件制造新产业、新仓镇研发新材料新技术等如何在沪浙"田园五镇+"乡村振兴中扮演"新角色"。最后,探索并深化多种入股分红方式,使老百姓分配到更多"真金白银"。在此之前,已有南北山塘村"土地、房屋、服务等资源入股"、金山区山阳镇杨家村经济合作社"农龄入股"和朱泾镇待泾村"土地作价入股"实现分红。"田园五镇+"要在整合自身农业资源禀赋的基础上借鉴优秀经验做法,开辟企业转型和乡村振兴创新合作之路,推动产业振兴和老百姓分配到"真金白银"双赢,使发展成果惠及更多人民,使"田园五镇+"实践区发展沿着更高质量、更有效率、更加公平、更可持续、更为安全的道路行稳致远、朝着共同富裕方向稳步前进。

（课题组组长：中共金山区委党史研究室副主任
副教授刘娥苹；
成员：中共金山区委党史研究室党史科副科长王樱茜；
执笔：党史科科员崔永元）

后　记

由中共上海市委党史研究室、上海市现代上海研究中心编撰的《现代上海研究论丛》第 16 辑与大家见面了。论丛以研究百年上海经济、政治、社会、文化与人物等为主。本辑共收录 28 篇文章，设 5 个栏目。

本辑文稿由唐旻红组稿选稿，完颜绍元、邵雍、李建平编审，年士萍、马婉复审，严爱云终审。在本辑策划、组稿、编辑过程中，正值长三角一体化进入新加速期，对外开放方面，也在持续推动经济全球化朝着更加开放、包容、普惠、平衡、共赢的方向发展。正如习总书记所指出的："只有合作共赢才能办成事、办好事、办大事。"为此，我们在更新、丰富原有历史、经济、文化、人物等老栏目基础上，又特别设置了"合作共赢"这一新栏目，力求更全面、更及时地展现上海现代化发展历程中，相关领域理论与实践工作者的探索与思考。

限于编辑水平和篇幅容量，本辑所选文章无法全面涵盖现代上海研究领域的诸多优秀成果。同时本书所选论文并不代表选编者的观点，编辑时仅对论文作了一些文字和结构上的技术性处理，错误和不当处在所难免。希望各位专家学者提出宝贵意见，并能参与以后各辑的选题提供、稿源组织与直接送稿等。论丛编辑部邮箱：2447539085@ qq.com；邮编：200336，地址：上海市仙霞路 326 号。

编　者

2023 年 12 月

图书在版编目(CIP)数据

现代上海研究论丛. 第 16 辑 / 中共上海市委党史研究室, 上海市现代上海研究中心编. -- 上海 : 上海书店出版社, 2024. 9. -- (现代上海研究论丛). -- ISBN 978-7-5458-2401-8

Ⅰ. K295. 1-53

中国国家版本馆 CIP 数据核字第 2024R7N873 号

责任编辑 邓小娇
装帧设计 郦书径

现代上海研究论丛

（第 16 辑）

中共上海市委党史研究室
上海市现代上海研究中心 编

出 版	上海书店出版社
	（201101 上海市闵行区号景路 159 弄 C 座）
发 行	上海人民出版社发行中心
印 刷	上海商务联西印刷有限公司
开 本	889×1194mm 1/32
印 张	11.625
字 数	240,000
版 次	2024 年 9 月第 1 版
印 次	2024 年 9 月第 1 次印刷

ISBN 978 - 7 - 5458 - 2401 - 8/K.507

定 价	68.00 元